Digital
Doctor

Digital
Doctor

현실 장애물 넘어서 지능화 & 탈중앙화
기업 디지털 전환에 필요한 진단과 처방

이기열 지음

좋은땅

4차 산업혁명의 중심 키워드, 지능화와 탈중앙화

4차 산업혁명이 처음 이야기가 나온 지 어느덧 6~7년이 지났다. 사실 아직도 4차 산업혁명이 정확히 어떤 것인지 그 정의가 다양하다. 단지 새로운 기술의 적용이 아니라 산업 전반을 크게 변화시키고 우리의 일상을 바꾸게 될 산업의 혁명이라는 관점에서는 다양한 해석이 있다.

저자는 4차 산업혁명을 대표했던 중심 단어를 지능화와 탈중앙화로 정의한다. 아날로그 세상을 디지털 세상으로 전환하는 것은 4차 산업혁명 이야기 전에도 꾸준히 진행되던 것이다. 3차 산업혁명, 즉 인터넷 기반 정보화 혁명으로 정의할 수 있다. 사실 정보화 혁명으로 많은 것이 바뀌었다. 새로운 기업이 탄생했고 기업의 순위가 변경되었다. 우리의 일상이 크게 변화했다. 우리는 이제 인터넷에서 완전히 새로운 형태의 혁신 비즈니스를 만들어 내고 있다.

4차 산업혁명은 아날로그에서 디지털화된 세상에서, 이를 기반으로 한 지능화와 탈중앙화 적용으로 지금까지 없었던 새로운 산업의 탄생을 기대한 것이었다고 생각한다. 시대가 흐르며 새로운 기술들이 당연히 나오고, 새로운 기술을 기반으로 사회·경제 문제를 해결해 가고 있지만, 일상적인 진화가 아니고 혁신적인 변화를 지능화·탈중앙화를 통해 만들어 갈 것으로 생각했다. 정보화 혁명도 그 탄생부터 우리의 생활 변화까지 만들어 가는 데 10년 이상 소요된 것으로 생각된다.

결론부터 말하면 아직은 **지능화·탈중앙화**로 인한 혁신적인 성과는 만들어 가지 못하고 있는 것 같다. 새로운 기술이 나오면서 큰 관심을 두게 하고 곧 뭔가 큰 변화가 만들어질 것 같다가도 얼마 지나지 않아서 그 열기가 식어 버리는 흐름이 반복되고 있다. 특히 **지능화**와 **탈중앙화**는 더욱 관심과 실망의 반복이 심하다. 물론 이러한 기대와 실망의 반복 과정에서 기술의 점진적 발전이 이루어지지만, 예상보다 기대와 실망이 반복되는 현상이 자주 나타나고 있는 것 같다.

특히 상당한 추진 시간이 지나가고 있음에도 여전히 **지능화·탈중앙화** 기술을 사업모델의 중심으로 추진하는 기업들은 대부분 사업적 자생 능력이 없고 투자금에 전적으로 의존하는 적자 상태이다. **지능화·탈중앙화**를 기업 경영에 적용한 기업들도 획기적인 성과를 통한 비즈니스모델 혁신을 만들어 낸 사례는 찾기가 어렵다. 오히려 기술의 미래를 부풀려서 투자자로부터 투자를 받아 내고 이를 통해 재무 이득을 얻고 사업에서 탈출하려는 사람들이 아직은 많은 듯하다.

과거 몇 년간 디지털 전환이 기업의 경쟁력을 강화하고 기업의 비즈니스모델을 혁신하는 것에 매우 중요한 역할을 할 것이라는 리포트들이 쏟아져 나왔다. 그 이후 이를 추진하고 인력을 보강하고 인프라에 대한 투자가 있었지만, 현재 많은 최고경영자가 디지털 전환이 기업의 경쟁력을 확보하고 있는지, 또는 비즈니스모델의 혁신에 성과가 있는지 의문이 많은 듯하다. 성과가 나지 않은 이유를 정확히 파악하지 못하고 성과를 만들어 내기 위해서 지금 무엇에 우선순위를 두어야 하는지 잘 몰라 답답함을 느끼고 있는 것 같다.

4차 산업혁명이 진행 중인가에 대한 답은 진행 중이기는 한데 아직 눈에 보이는 성과가 없고, 디지털 혁신 본질에 집중하기보다는 디지털 기술을 기업 홍보하는 마케팅 중심으로 이용하거나, 미래 성장에 대한 기업 가치 기대 부풀리기로 인해 오히려 그 진행 속도가 현저히 늦어지고 있다는 것이다. 디지털 기술을 통해서 기업의 차별화와 비즈니스모델 혁신 성과를 만들어 낼 수 있는가에 대한 의문이 있는 지금, 기대와 실망의 반복 시기에 우리는 어떤 본질에 집중해야 하는지 생각해 보고자 한다. 이러한 일에 정답이 있을 수 없고 여러 가지 해답 중 하나를 제시해 볼 것이며, 기대와 실망이 반복되고 있는 지금 우리가 준비해야 하고 추진해야 하는 본질적 과제에 관해 이야기해 보려고 한다. 지금부터 이야기하는 내용은 IT서비스산업 현장에서 30년 동안 정말 치열하게 고민했던 내용을 정리하는 과정에서 나온 내용들이고 특히 최근 5년 AI와 블록체인 기술 중심의 디지털 전환 적용 경험을 이를 적용하는 기업관점과 디지털 서비스를 제공하는 기업관점에서 정리해 보았다. 특히 최근 SK그룹 디지털 전환 총괄을 맡으며 고민하고 만들었던 아이디어가 많이 참고되었다. 책을 처음 써 봐서 앞뒤 내용에 짜임새가 부족하고 여전히 공부할 것이 많다고 느끼고 있지만 현재 시점에서 전달하고 싶은 메시지는 명확하다. 이러한 메시지를 이후 디지털 전환을 추진하는 모든 분에게 공유하고 추진에 참고되길 희망한다.

목차

1부   Digital Winter

1부

Digital Winter

탈중앙화 혁신에 대한 기대와 실망의 반복

먼저 탈중앙화 관점에서 보면 블록체인의 코인 열풍이 잠잠하다가 최근 비트코인을 중심으로 일부 다시 가열되고 있는 분위기이다. 중앙집중식 세상을 탈중앙화 세상으로 곧 바꿀 수 있을 것 같았던 기세는 조용해지고 온통 비트코인 반감기와 ETF 출시에 많은 관심이 몰리는 상태이다. 세상을 크게 변화시킬 것 같던 블록체인 기술은 아직은 코인 투자로 벼락부자가 된 몇 그룹만의 이야기에 머무르고 있다.

비트코인만 보면 놀라운 변화이기는 하다. 전 세계 누구나 어디서나 현금화할 수 있으면서 이동, 보관, 분할이 간편하고 결제 기능까지 되는 가치 저장의 수단으로 비트코인은 어느 정도 혁신을 이룬 것 같기는 하다. 하지만 그 외 블록체인 기술이 지향하는 탈중앙화 세상을 지향하는 비즈니스모델은 현실 세상에서 어떤 성공 사례도 체험해 볼 수가 없다. 블록체인 기술은 기술 그 자체로는 확실히 혁신이라고 생각한다. 비트코인의 창시자인 사토시가 처음부터 미래 세상의 변화를 의도하고 만든 것인지 우연히 그렇게 된 것인지는 불확실하지만, 기존 사회·경제 구조를 변경할 수 있는 대단한 아이디어인 것은 분명하다.

특히 더 대단한 점은 응용 애플리케이션 차원의 기술이 아니고 기반 프로토콜 인프라 차원의 기술이어서 인터넷이 처음 세상에 나왔을 때와 같이 블록체인 인프라 위에 너무나 다양한 응용 사업모델이 가능하다는 것이다. 모든 사회·경제 구조가 중앙집중식으로 움직이고 있는 현실의 세상에서 블록체인 기술이 산업의 형태를 크게 바꾸고 새로운 비즈니스모델을 만들며 중앙집중식의 사회·경제적 폐해를 블록체인 기술이 극복하게 해 주는 것은 그야말로 혁신적인 생각이라고 할 수 있다. 아직 가치 저장 수단으로 어느 정도 인정을 받는 비트코인 이외에 이렇다 할 탈중앙화 혁신을 만들어 내는 사례는 볼 수 없지만 블록체인 기술은 탈중앙화를 통해 산업혁명을 만들어 낼 수 있다고 생각한다. 그 기술 기반이 특정 분야에 국한하지 않는 프로토콜과 같은 기반 규칙에 관한 기술이어서 그 위에서 완전히 새로운 형태의 탈중앙화 또는 융합 비즈니스모델을 만들어 낼 수 있기에 산업 전반에 영향이 매우 크고 완전히 새로운 형태의 사회·경제적 구조를 만들어 낼 것이라 확신한다.

과거 산업혁명이 사회, 경제 전반에 큰 변화를 만들어 낸 시간도 30년 이상 걸린 것을 보면 좀 더 시간이 걸릴 것 같기도 하다. 하지만 현재 상황은 언제쯤 그런 성과가 나올지 또는 우리가 그 변화를 느낄 수 있을지 불투명하다. 디지털 골드로 자리를 잡아 가고 있는 비트코인을 제외한 모든 시도는 현재 성숙 단계로 넘어가지 못하고 있다. 이 단계에서 완전히 잊힐 수도 있다. 산업혁명을 만들어 낼 수 있을 것 같은 혁신적인 기술인데 아직은 그 시도가 이렇다 할 성과를 보여 주고 있지 못하다. 중앙집중식 체계의 저항과 견제가 너무 강력하다. 우리는 중앙집중식 체계에 불편함도 있지만 너무 익숙한 면도 있다. 혹시 너무 토큰 이코노미 관점으로 초기에 접근해서 중앙집중식 금융체계의 강력한 저항에 부딪히고 있는지도 모른다. 블록체인은 반드시 토큰 이코노미로 접근해야 하는 것은 아니다. 토큰 이코노미를 제외하고 문서의 공유, 신원 인증 등 기존 중앙집중식 데이터베이스가 가진 문제를 분산 데이터베이스 형태로 그 효과성을 높일 수 있으나 이를 적용하고 있는 기업은 아직 별로 없다. 현재는 의미 있는 사용 사례로 인한 영향이 없다.

하지만 모든 산업혁명이 결국은 금융과 연계되어서 만들어지듯이 결국 블록체인 기술의 혁신은 토큰 이코노미와 결합해서 나오게 될 것이다. 토큰 이코노미가 블록체인 기술의 전부가 아니지만 또는 처음에 지나치게 토큰 이코노미로 접근해 저항이 있기는 했지만, 결국은 토큰 이코노미로 혁신이 만들어질 것이다. 비트코인 같은 토큰 이코노미는 아직은 주로 가상화폐 투자 또는 암거래 자금 유통 등에 주로 사용되고 기업의 디지털 혁신을 만들어 내는 것에 활용되고 있지 못하는 것이 현실이지만 결국 블록체인 기술이 혁신을 만들어 내기 위해서는 토큰 이코노미가 기업의 비즈니스모델에 접목될 때 만들어질 것이다. 현재 다양한 시도가 진행 중이지만 아직 그 성과가 미미하다.

지능화 혁신에 대한 기대와 실망의 반복

AI는 지능화 관점에서도 챗GPT로 대변되는 초거대 언어모델 또는 생성형 AI의 열풍이 높아졌다가 수그러지는 것은 반복되는 분위기이다. 사실 AI를 통한 지능화 혁신에서 생성형 AI는 한 부분인데 너무 쏠리는 분위기도 있는 것 같다. 초거대 AI모델의 경우 2023년 여름을 기점으로 구독자가 줄어들고 있다는 뉴스와 함께 기업에서는 생성형 AI를 활용한 업무 생산성 향상을 어떻게 만들어 갈지 고민이 많아 보인다. 아직은 이렇다 할 성공사례는 찾아보기 힘든 상황으로 보인다. 현재는 업무 적용 성공사례보다 생성형 AI 만드는 반도체 등 제반 인프라 투자에 더 열광하는 분위기이다. 처음에 사람과 대화하는 듯한 사용자 친화적 인터페이스를 활용해 시간이 오래 걸리는 자료 검색을 AI가 빠르게 해 주는 신기함이 있었는데, 그 신기함은 점차 익숙해지고 뭔가 그 이상의 유용함이 보이지 않는다. 꼭 필요한 자료는 역시 사람이 별도로 찾아야 한다. 초안이나 생각을 좀 정리하는 차원에서 필요한 정도로 인식되어 가고 있다. 아직은 사람의 손길이 닿아야 일이 마무리된다. 글로벌 IT 기업들의 검색 엔진 경쟁 또는 업무 생산성 프로그램의 한 기능 정도로 되어 갈 듯하다. 그 정도 활용도 사실 의미 있고 대단한 사업이지만, 사업적으로 보면 미국의 대형 IT 기업들의 이야기이지 우리 이야기가 아니다. 그냥 좀 편한 검색 엔진 또는 업무 생산성을 높여 주는 문서작성 도구 정도의 느낌으로 그 영향력이 약해지고 있는 듯한 생각이 든다. **신기술이지만 새로운 사업모델을 탄생시키는 혁신까지는 아직 아닌 듯하다는 생각이다.**

물론 최근 프롬프트 엔지니어링의 소개로 생성형 AI도 활용을 고도화하고 기업의 비즈니스에 활용하기 위해서는 숙련된 사용자의 육성이 필요하다는 소개가 되고 있으나 **혁신의 단계로 갈 수 있는 프롬프트 엔지니어를 육성해서 생성형 AI를 활용하고 있는 기업을 찾아보기는 쉽지 않다.** 아무튼 이 추세로 가면 생성형 AI의 열풍도 곧 조용해져 그냥 일상화가 될 듯하다. **생성형 AI가 새로운 비즈니스모델을 전 산업에 걸쳐서 만들어 낼지 아직은 의문이다.**

블록체인 기술도 그렇고 AI 기술도 모두 그 기술 자체는 상당히 혁신적이다. 중앙화된 사회·경제 중심에서 분산화된 경제·사회로 전환이 혁신적이고 사람이 일일이 만들어야 했던 프로그램 로직을 프로그래머가 만들지 않아도 데이터 학습을 통해 프로그램 로직을 생성해 아주 복잡한 예측이나 판단이 되도록 하는 AI의 활성화는 산업 전반에 큰 변화를 만들어 낼, 즉 4차 산업혁명을 만들어 낼 수 있는 기술이 맞다.

지난 30년간 오로지 IT산업에서 컨설팅, 개발, 운영 등의 디지털 사업을 담당했던 저자의 경험에 기반한 과거 산업의 흐름을 생각해 볼 때 그 어떤 기술의 출현보다 탈중앙화라는 주제를 던진 블록체인과 지능화라는 주제를 던진 인공지능의 출현은 혁신을 만들 기술 정말 맞다. 그럼 어떻게 하면 기대가 실망으로 가는 반복을 최소화하고 가시적 성과를 만들게 할 것인가. 가능한 한 시행착오를 최소화하고 지름길로 갈 것인가. 결국 이 지름길을 찾아내는 기업과 국가가 향후 4차 산업혁명 시대를 주도하게 될 것이다. 우리나라와 우리 기업이 그 중심에 설 수 있다. 아직 늦지 않았다.

2011년 〈제퍼디 퀴즈쇼〉 IBM Watson, 인간과 경쟁에서 우승

저자는 SK와 IBM이 Watson 인공지능을 한국에서 사업화하기 위해 2017년 사업 협력 계약을 뉴욕 IBM Watson 사무실에서 진행하고 한글 학습 작업을 시작했다. 당시 저자가 IBM Watson을 한국에 도입해야겠다고 생각하게 된 계기는 IBM Watson의 〈제퍼디 퀴즈쇼〉 우승이었다. 2017년 당시로 보면 6년 전인 2011년 2월 미국 ABC 방송 최고 인기 프로그램이었던 〈제퍼디 퀴즈쇼〉에서 당대 최고로 꼽히던 켄제닝을 이기고 인공지능 Watson이 우승했다.

2017년 AI 시대가 곧 올 것 같은 상황에서 어디서부터 시작해야 할지 고민하며 AI를 열심히 공부하고 있던 시기에 IBM Watson이 눈에 들어 왔다. 사실 2017년 그때 AI의 사업화는 좀 빠른 것이 아닌가 생각했었다. 하지만 뭔가를 시작하지 않으면 무엇부터 해야 할지 모른다는 생각에 Watson AI 도입을 추진하게 되었다. 바둑, 체스 포함 그 어떤 게임보다도 경우의 수가 많다는 사람의 언어 영역에서 인공지능 Watson은 진행자의 자연어를 정확히 이해하고 큰 데이터베이스에서 답을 빠른 시간에 정확히 찾아왔다. 기계가 사람의 복잡한 언어를 이해하고 답을 정확히 찾아오는 것뿐 아니라 추정까지 하는 모습은 정말 충격이었다. 이 분야에서 오랜 기간 일을 해 왔던 사람으로서는 그동안 본 혁신 중에서 가장 충격적이었다. 2024년 요즘 초거대 언어모델 AI이니 생성형 AI이니 하는 단어들이 연일 보도자료에 나오지만, 저자는 이미 2017년 인간의 언어모델이 향후 인공지능의 핵심 분야가 될 것임을 이때 분명히 인식할 수 있었다.

어린 시절 본 미국 드라마 〈600만 불의 사나이〉에 나오는 말하는 컴퓨터, 스타워즈의 알투디투, 말하는 자동차 전격 제트를 곧 만날 수 있을 것 같은 충격이었다. 이를 응용할 수 있는 무궁한 사례를 만들어 낼 수 있을 것이라는 생각에 당시로는 많은 투자를 해서 Watson을 한국에 들여오기로 한 것이다. 사람의 언어를 이해하고 사람이 만든 지식자산을 읽어 낼 수 있으며 이를 사람의 언어로 표현할 수 있다면 해 볼 수 있는 새로운 혁신이 무궁무진하다고 생각하고 매일 잠을 잘 수가 없이 설레는 마음으로 사업화에 집중했다. Watson 도입 당시 일본 소프트뱅크의 로봇 페퍼와 연결은 새로운 세상을 만들어 줄 것 같았다. 그때 상상하고 기대했던 자연어처리 AI는 아직 못 만나고 있다. 언젠가 올 것인데 아직은 오지 않았다. 아직은 아니지만 챗GPT가 상당히 근접해 오기는 했다. 하지만 현실의 문제 해결과는 아직 거리가 있고 사업화도 경제성도

아직은 현실 적용에 부족하다고 생각이 된다.

지금부터 7년 전인 2016년 뉴욕의 IBM Watson 사무실을 방문했을 때 기억이 난다. 한참 한국 도입 협상을 마무리하는 단계였다. 휴게실 같은 곳에서 뭔가 테스트를 하는 로봇 페퍼를 만났다. 몸은 소프트뱅크의 로봇 페퍼였고 머리는 IBM Watson이었다. 당시 저자는 반가워서 질문을 했다. '한국에서 가장 아름다운 도시는 어디인가 설명해 줘'라고 Watson에 물었다. 최근 이를 챗GPT에 물어보니 2023년 챗GPT는 질문이 너무 주관적이고 개인의 취향에 관한 것이라고 답을 하는데 당시 Watson은 이렇게 대답했다. '저는 한국에 대해서 잘 모릅니다. 다만 뉴욕에 대해서는 잘 알고 있으니, 뉴욕에 관해서 설명해 드릴까요?'라고 답했다. 이것이 2016년이니 지금부터 7년 전 이야기이다. 상당히 똑똑한 대답에 역시 놀랐고 질문자의 의도를 정확하게 파악하고 있었다.

그 후 부지런히 한글 학습을 시키고 한국에서 Watson을 활용해 다양한 혁신을 만들어 보고자 엄청나게 노력했었다. 이 정도면 시기상 거의 선구자라고 할 수 있지 않을까? 이 시기는 몇몇 학자들을 제외하고는 AI의 개념조차 잘 알려지지 않은 시기였고 이세돌과 알파고의 바둑대국을 보면서 놀라던 시기에 자연어처리 언어모델을 현장에 활용하고자 뛰어다녔으니 지금 생각해 보면 선구 역할을 한 것은 맞을 듯하다. **사업적으로는 너무 빨라서 제대로 적용해 보기도 전에 지쳤던 것 같기도 하다.** 사업적으로는 이렇다 할 성과를 만들어 내지는 못했지만, 이때 학습한 지적 자산과 경험이 축적되어서 SK는 이를 기반으로 자체 개발 기업용 생성형 AI 사업을 지금은 진행 중이다. 2024년 IBM도 최근에는 Watson X라는 기업용 생성형 AI 모델을 주력하고 미래 가능성을 시장으로부터 인정을 받는 것으로 보고 있다.

챗GPT 등 AI 언어모델이 지금은 많이 알려졌지만, 당시는 매우 생소한 개념이었다. 당시 Watson을 기반으로 한 언어모델로 병원에서 암을 진단하고 치료 방법을 제시하는 Watson 온콜로지(종양학)를 국내 대학병원에 소개했다. AI를 활용한 암 치료에 대해 당시 많은 의료인도 기대와 우려가 같이 있었다. 한 대학병원과는 항생제 투약과 관련된 의학 논문을 읽고 적절한 항생제를 추천해 주는 AI를 만들어서 항생제 내성 문제를 해결하는 솔루션을 상용화해 보기도 했다. 보험 회사 콜센터의 전화 내용을 분석해서 고객만족도를 점검하고 불완전판매를 방지하는 AI를 만들어서 현장에 투입해 보기도 했다. 학습지 선생님들이 하던 첨삭학습을 AI로 대체해서 진행해 보기도 했다. 부동산 등기부등본의 권리사항을 분석해 주는 AI도 만들었다. 주가를 예측하는 AI는 지금도 진행 중이다. 시도는 정말 많이 다양하게 시도해 보았지만 재무적 성과는 미미했다. 콜센터에 적용으로 상담원을 줄이거나 고객의 대기시간을 줄이는 효과를 만들기 어려웠다. 재미있기는 한데 2017~18년에도 재무적 성과를 만들지는 못했다.

IBM Watson으로 시작했다가 자체 개발 AI로 변경한 사례도 있었다. 당시 IBM Watson은 클라우드 형태의 서비스를 하고 있었는데 클라우드 사용에 대한 고객들의 저항이 대단해서 사업을 전개하는 데 어려움이 많았다. 당시는 의사도, 변호사도, 상담원도 선생님도 자연어처리를 주로 해야 하는 모든 전문 직업을 곧 보완 또는 대체할 수 있을 것 같았다. 그리고 많은 것이 변경될 산업 형태에 대해 가슴이 설레었다. 곧 산업혁명의 급격한 혁신이 시작될 것 같았다. 하지만 이 추진은 결과적으로 잘

되지 않았다. 앞에서 언급한 것처럼 과도한 기대, 기술의 미성숙, 관련 생태계 부족으로 인한 경제성 등으로 성과를 만들어 낼 수 없었다. 실패를 통해 이제는 어떻게 해야 할지 알 수 있을 만한데 이제 그만하라고 해서 그 일을 그만하게 되었다. 최근 저자는 오랜 기간 투자에도 성과를 만들어 내지 못한 것에 대한 책임에 대해 질문을 받기도 했다. ㅠㅠ

한때 IT산업에서 글로벌 최고의 기업 IBM의 다음 주력 비즈니스로 계획되어 있던 Watson은 요즘 그 존재감이 별로 없는 듯하다. 적어도 한국에서는 위상이 많이 낮아진 느낌이다. 여러 가지 이유를 생각해 볼 수 있지만 저자가 직접 이 사업을 아주 초기에 현장을 직접 뛰어다니면서 추진했던 사람으로 Watson의 2024년 현재 존재감은 사실 실패는 아니다. 성공을 위해서 기업의 AI 생태계를 빨리 사전 경험한 것이다. 당시 언어모델 AI 사업을 추진하면서 배웠던 어려움 즉 실전 경험으로 IBM Watson은 반드시 다시 기업 AI 산업에서 주력사업이 될 것이다.

IBM Watson이 2011년 〈제퍼디 퀴즈쇼〉에서 보여 준 자연어처리 능력은 사실이다. 하지만 그 퀴즈쇼에서 우승하기 위해 사전에 인프라 준비, 데이터 준비, 인공지능 학습 등에 엄청난 투자가 있었고 퀴즈 진행 당시에도 엄청난 서버 인프라가 실시간으로 지원되어서 그 순간 그런 Watson의 우승 역량이 나온 것이다. **이를 현실 세상에 그대로 적용할 수는 없었다. 한마디로 경제성이 없었다.** 그렇다 보니 한국 시장에서 실제 적용을 시도한 고객에게 제공하는 Watson은 데모 시스템에서 보여 준 기능을 실전에서는 제공할 수 없었고, 데모 시스템을 통해 본 내용으로 고객은 과도한 기대를 하게 되었고 사용자의 기대치만 높아져 갔다. **데모 시스템에서 보여 준 기능을 현장에서 만들기 위해 대규모 개발 투자**

가 필요했고 그 기능을 맞춤으로 만들기 위해 많은 어려움이 있었다.

당시 이러한 데모 시스템을 통한 고객의 기대는 종종 실망으로 바뀌기도 했다. 또한 인공지능의 특성상 처음부터 잘 학습된 역량을 보여 줄 수 없다. 부족하더라도 계속 사용해 가면서 고도화되고 결국 인간의 문제를 직접 풀어 주는 수준으로 가는 것인데, 도입 기업들 대부분은 도입 당시 즉시 만들어지는 품질을 매우 중요하게 생각하며 투자에 실망하는 것을 너무도 많이 보아 왔다. 2016년 당시 기술로는 경제성 있는 AI 서비스를 고객의 기대에 부합하게 제공할 수 없었다. 고객의 기대에 부합하기 위해서는 많은 별도의 노력이 들어야 했고 그 노력을 들여도 사업 현장의 문제를 AI가 해결하는 것이 쉽지 않았다. 이러한 문제는 Watson의 영향이라기보다는 당시 AI 기술의 성숙도 측면과 기업 현장 초기에 적용 시 실전에서 반드시 겪어야 하는 과정이었던 것 같다. 2024년 최근 IBM Watson이 어떤 전략적 방향성을 가졌는지는 정확히 모르겠다. 하지만 추측해 보면 IBM의 기업특화 사업 경쟁력 관점에서 범용 AI가 아니라 IBM의 강점인 기업의 산업 특화 맞춤 AI를 구현하는 데 노력을 훨씬 많이 하고 있을 것으로 추측해 본다. 이 부분에 대해서 과거 IBM에서 근무한 경험이 있는 Ex-IBMer로 AI 영역에서 100년 기업 IBM의 선전을 기대해 본다. 요즘 엄청 신기하게 인식되고 있는 생성형 AI 같은 초거대 자연어처리 AI가 현실 세상에서 사람의 어떤 문제를 해결해 줄 수 있는지, 이 기술이 당장 산업혁명을 주도할 수 있는 성과를 만들어 낼지에 대해 저자는 좀 부정적인 것은 아마 과거 이 분야의 너무 빠른 추진 경험일 듯하지만, 생성형 AI로 대표되는 초거대 AI 이야기는 뒤에서 좀 더 자세히 하기로 하겠다.

2016년 다보스포럼 이후, 우리 기업들의 디지털 전환 상황

다보스포럼에 사람들이 주목하는 것은 말 그대로 세상에서 가장 영향력 있는 분들이 한자리에 모여서 미래를 예측하는 다양한 의견을 내서일 것이다. 2016년 클라우스 슈밥 세계경제포럼 회장은 매우 강한 어조로 4차 산업혁명을 언급했다. 인류의 새로운 도전이라고 했으며 우리에게 쓰나미처럼 몰려올 변화라고 이야기했다. 모든 산업 체계를 바꿀 것이라고 했다. 적응하지 못하면 패배할 것이라고도 했다.

이 다보스포럼 이후 특히 한국은 지금까지 만들어 온 제조 산업에서 이룬 신화적 성장을 다시 만들어 갈 분야로 4차 산업혁명 시대에 주도적 역할을 해야 한다는 이야기가 여기저기서 나왔다. 그리고 지금 7년이 지났다. 과연 그렇게 되었는가? 4차 산업혁명이 한국의 미래를 책임져 줄 동력이 되고 있는가? 아니 그럴 가능성이 보이는가? 4차 산업혁명이라는 게 원래 실체가 없는 유행이었던가? 아니면 한국 정부나 기업들이 이를 제대로 실현해 가지 못하고 있는 것인가? 그도 아니면 글로벌 빅테크 기업들의 사업 성장 주변에 주변인으로 머무르고 있는 것은 아닌지? 의문이 든다. 국내도 일부 플랫폼 기업들은 긍정의 목표를 달성해 가고 있는 부분도 일부 있지만 대부분 기업은 큰 성과가 없고 특히 디지털 기술 그 자체를 사업화하는 기업 중에 의미 있는 글로벌 존재감을 보이는 회사는 없는 듯하다.

클라우드 영역에서는 한때 클라우드 전환만이 혁신 기업의 지름길이라는 유행에 너도나도 AWS, MS 등 글로벌 CSP(Cloud Service Provider) 사업자들을 만나고 사업 협력을 한다는 기사들이 넘쳐 났었다. 이러한 클라우드의 도입이 기업의 경쟁력을 한 레벨 올리는 것에 이바지한 것은 분명 맞는 것 같은데 너무 부분적이고 특정 디지털 네이티브 기업에 국한한다. 클라우드 비즈니스 그 자체는 거의 개발된 것이 없어 보인다. 굳이 말하자면 MSP(Managed Service Provider) 사업 정도가 있다고 할 수 있다. 하지만 MSP 사업은 미래 지향적인 사업의 핵심 분야로 보기 어렵다. 더 직접적으로는 글로벌 CSP 사업자 국내 진출을 도와주는 보조 역할의 사업이다. 많은 수익은 글로벌 CSP가 가져가는 것으로 보이고 국내 MSP 사업자들은 적은 이윤에 가격 경쟁하기 급급하다. 국내 주요 MSP 사업자들이 매출 성장은 높은데 수익성에 여전히 의문이 있는 이유일 것이다. 그나마도 국내 MSP 사업자들은 그냥 SI 사업으로 이런저런 개발 사업을 수주하면서 아주 열악한 환경의 국내 IT 서비스사업이 수익성 측면에서 더 열악해지고 있는 것으로 보인다. 현재 MSP 사업은 비즈니스를 하는 현재 상태 사업모델로는 매출 성장은 어느 정도 가능하지만, 수익성은 앞이 보이지 않는 상태라고 할 수 있다. **MSP 사업은 4차 산업혁명의 핵심 분야라고 하기에 좀 약하다.** 국내 현재 디지털 전환 상황은 MSP 사업이 4차 산업혁명의 주력 분야로 인식되고 있는 것 같아 다소 안타까운 마음이다. MSP 사업은 디지털 전환을 위해 누군가 해야 하는 일이지만 현재 사업모델만으로는 핵심 분야가 아니다. 지금까지 규모를 잘 키우고 디지털 전환의 기반이 되는 클라우드 확대에 이바지한 공은 인정이 된다. 하지만 **디지털 전환의 주력이 되고 글로벌 경쟁력을 갖는 회사가 만들어지기 위해서는 현재 사업모델에서 전환이 필요하다.**

4차 사업혁명은 지능화 세상을 추구했고 그 중심에는 AI가 있었다. 현재 한국은 AI 분야에서 세계 수준의 리더십을 확보하고 있다고 생각되지 않는다. 우리는 그냥 초거대 AI의 신기함에 놀라고 있을 뿐이고 비슷한 제품 따라 만들기에 급급하다고 생각된다. 국내 범용적 초거대 자연어처리 모델이 발표되고 AI 사업을 시작하는 기업들이 있으나 글로벌 빅테크 기업에 비해 갈 길이 멀고 특히 한글 관점에서 시장이 너무 작아서 미래 확대 측면에서 미래가치를 인정받기 쉽지 않은 상태이다. 처음부터 경쟁이 안 되는 분야에 참여하는 것은 아닌지 우려된다.

저자가 과거 IBM Watson 사업추진에서 어려움을 경험하고 나서 느낀 점을 이제 다른 기업들이 너무나 큰 투자를 하고 나서 알게 되지 않을까 걱정도 되고, 그 투자금과 시간을 다른 지능화, 탈중앙화 영역에 사용하면 좋을 것 같은 아쉬움도 있다.

AI, 클라우드 영역에 비해 그래도 블록체인 영역은 중요한 산업의 역할을 상대적으로 한국기업들이 하고 있다 생각하지만, 여전히 부족하다. 일부 블록체인 사업은 토큰 이코노미 영역에서 성장이 있고 글로벌에서 한국기업들의 비중이 큰 역할이 되는 분야가 있기는 했지만, 블록체인 산업에 속한 사람들은 그들만의 리그를 만들어서 그 안에서 나오지 못하고 있는 듯하다. De-Fi(Decentralized Finance) 등 가상화폐 산업에서 한국의 위상은 비중이 어느 정도 있지만, 한국기업 중 블록체인 기술을 활용해 본 기업은 아주 극소수일 듯하다. 블록체인 산업 그 자체가 과거 암호화폐 활성화 시기와 NFT 등의 활성화 시기에 비해 많이 위축되고 있고 그 존재감이 현재는 약하지만 블록체인 기술이 지향하는 프로토콜 기반 분산화 세상은 반드시 올 것이기에 지금의 침체기에 해야하는 일에 대한 대비가 매우 중요해 보인다.

2016년 다보스포럼에서 4차 산업혁명이 처음 언급되고 한국도 바로

AI, 블록체인 등 디지털 기술을 미래 중요한 성장의 축으로 생각했던 것에 비하면 현실은 이루진 것이 별로 없는 것 같다는 것이 저자의 생각이다. 특히 각 기업의 현장에서는 디지털 기술을 통한 혁신은 더욱 그 사례를 찾아보기가 쉽지 않다. 아직도 아주 소수 기업을 제외하고 추진 중인 디지털 전환이 데모 시스템 수준에 머물러 있는 것 같다.

2016년 3월 이세돌 9단과 알파고의 바둑 대결 이후

이 대결도 4차 산업혁명의 관점에서 보면 정말 큰 이벤트였다. IBM Watson이 퀴즈대회에서 사람을 이기고 우승한 일은 놀라운 소식이었지만 아직 일반 사람들에게 인공지능의 가능성이 크게 다가가지는 않은 시기였다. 하지만 이세돌 vs. 알파고 대결은 기계가 머리를 사용하는 지능화 영역에서 사람을 이겼다는 상징성이 대중에게 큰 영향을 주었고 세상이 곧 큰 변화를 맞을 것 같은 신기함과 두려움이 같이 공존하던 계기를 만든 이벤트였다. 그런데 이러한 신기함과 공포감도 지금은 사라져 버렸다.

그 이후 실생활에 인공지능이 활용되는 사례를 볼 수가 없었다. 굳이 있었다면 인공지능 스피커 정도였는데 이마저도 잠깐의 흥미로움이 있고 나서 사라져 버렸다. 왜 그럴까? 인공지능을 활용한 신기한 이벤트들은 계속 나오고 있는데 실생활에 적용되며 일반인들이 인공지능의 도움을 받아 인간의 문제를 해결하는 것은 느낄 수 없을까? 이 역시 기술의 미성숙과 경제성이라고 생각된다. 저자가 갖고 있는 AI에 대한 철학은 분명하다. AI가 잘할 수 있는 일은 사람이 잘 못하고 사람이 잘할 수 있는 일은 AI가 잘 못하며 AI를 활용하는 것이 아직 너무 많은 자원이 소요된다. 당분간 이 현상이 깨질 것 같지 않다.

AI 겨울 2024년 생성형 AI가 나오고 AI가 붙은 기업의 주가가 상승하는데 저자는 왜 지금을 AI 겨울이라고 하는지 이상하게 생각될 수 있다고 생각한다. 하지만 AI에 대해 과도한 기대가 겨울이다. 아직 시간이 필요하다. 다만 그 준비 시간을 어떻게 줄이는가의 문제이다. 겨울을 인식하지 못하면 이 겨울을 벗어날 수 없으며 지금은 AI와 사람이 협업해야 하는 시기이다. AI와 사람의 협업 체계를 잘 만들어 내는 것이 지금의 AI 겨울을 극복할 수 있다.

AI와 인간의 체계적인 협업이 AI의 겨울이 오게 한 기술의 미성숙으로 인한 기대 대비 실망 문제와 자기 완결적 AI 서비스를 위한 경제성 문제를 해결할 수 있게 된다. 사회 경제적으로 풀어야 하는 문제들은 AI와 사람의 협업이 아직은 필요하다. AI에만 맡기면 기대 대비 실망이 있게 된다. 사람에게만 맡기면 생산성이 떨어지고 실수하게 된다. AI의 기술 성숙도가 올라올 때까지 그리고 경제성이 확보될 때까지 AI와 인간의 협업을 통해 이 겨울을 지내야 한다. 이러한 협업을 잘 만들어 내는 것이 성공하면 협업 체계 그 자체가 큰 자산이 될 수 있고 이를 세계화할 수 있다. 이제 우리는 사람 간 협업에서 사람과 AI 협업의 단계로 협업의 범위를 확대해야 한다. 이는 적용을 통해서 축적되어 가는 경험의 현장 자산이어서 경쟁자가 쉽게 따라올 수가 없다. 지금은 초거대 AI를 만드는 것보다 인간과 AI의 협업 분야에 집중하는 것이 더 필요해 보인다. 어떻게 협업할 것인가에 대한 고민이 AI의 기술적 발전과 병행해야 산업에서 AI가 제대로 된 역할을 하게 될 것이고 사람의 난제를 AI가 척척 풀어내는 그날이 더 빨리 오게 될 것이다.

이세돌 vs 알파고 대결에서도 IBM Watson 〈제퍼디 퀴즈쇼〉 우승 때와 마찬가지로 알파고는 엄청난 자원을 소비했다. 기사에 알려진 것만해도 CPU 1,202개, GPU 176개를 네트워크로 연결하고 사람이 바둑 두는 데 필요한 에너지의 거의 만 배에 해당하는 에너지를 소모했다고 한다. 이건 경기 진행 중일 때이고 사전 학습 등 준비 기간에 소요한 전문가 비용 등까지 포함하면 엄청난 비용을 쏟아부어서 인간 한 사람을 이긴 것이다. **이게 사업적으로 의미가 있는가, 없는가?** 신기하기는 한데 사업적으로 의미가 있다고 할 수 있나? 이 이벤트에서 보여 준 신기함이 현실 세상에서 사회적 문제를 해결해 주는 사례를 보게 하는 데 너무 많은 시간이 소요되고 있다. 특히 기업이 그들의 문제를 해결하는 것에 활용 사례가 당시 기대에 비해 너무 없는 것 같다. 많은 기업이 Watson의 우승 이후에도 알파고의 바둑 승리 이후에도 그들의 문제를 AI 통해서 해결하는 방법에 혁신이 별로 없다.

사람을 AI가 바둑에서 이기는 것을 보며 많은 기업의 문제를 곧 해결하는 사례가 나올 것으로 기대했지만 그 이후 시간이 많이 흐른 지금 이러한 이벤트성 행사는 기억에서 점차 사라져가고 있다. **의미가 있었다면 사람들에게 AI 기술의 발전을 소개하고 AI 산업의 생태계를 확대하는 것에 이바지했다고 할 수 있지만 사실 이 대국 이후 뭔가 AI에 의해 세상이 많이 변화할 줄 알았던 기대는 아직도 기다리고 있는 상태로 판단이 된다.** 일상에서 AI가 만들어 주는 지능화 갖고 많은 사회 문제를 해결해 가는 사례가 곧 나올 줄 알았다. 하지만 그러하지 못했고 알파고도

Watson도 과거 이벤트로 잊혀 가고 있는 것은 아닌지 하는 생각이 든다. 아마 이벤트에서 보여 준 인공지능 기술을 기반으로 다른 관련 영역에서 조용히 사업화하고 있을 듯하지만 현실 세상에서 일상에서 기업 현장에서는 이를 직접 체험해 보기 어려운 것 같은 생각이다.

2017년 전 국민을 블록체인 전문가로 만든 암호화폐 투자 열풍

2017년은 말 그대로 블록체인 암호화폐 투자 열풍이 대단했던 한 해였다. 이전까지 비트코인은 일부 해당 분야 전문가그룹의 전유물이었다면 2017년 비트코인을 포함한 알트코인이라고 하는 대체코인이 등장하며 코인에 대한 투자 열풍이 대단했다. 유명 TV 시사 프로그램에서 토론이 있었으니 그 열기를 상상해 볼 수 있을 것 같다. 전 국민이 블록체인 전문가가 되어 가는 분위기였고, 많은 방송에서 전문가라고 불리는 다양한 사람들이 그 개념에 대해 발표하고 토론하는 모습을 볼 수 있었다. 곧 뭔가 새로운 디지털 기술이 사회를 크게 바꿀 것 같은 분위기였다.

특히 블록체인 산업계에서는 ICO(Initial Coin Offering) 열풍이 대단했다. 주식에 주식상장(IPO)이 있다면 코인에서는 코인상장(ICO)이 있었다. 누가 만들었는지 진짜 천재다. 아마 비트코인의 창시자인 사토시도 미처 생각하지 못한 비즈니스모델인 것 같다. 저자도 이때 이더리움에 투자해서 재무적으로 즐거움을 얻었던 기억이 있다.

2017년 이때 저자는 중요한 Reporting을 상사로부터 지시받았다. 이러한 블록체인 열풍 속에서 회사는 어떠한 블록체인 전략을 만들고 실행해야 하는지 빠르게 분석했다. 그 전략을 만드는 Report를 약 한 달에 걸쳐서 작성했었다. 블록체인 기술에 대한 기본적인 기술의 원리와 이를 사업화하는 방안에 대해서 깊이 고민했었다. 블록체인 전략은 주로 단기적으로 돈 버는 결과 만들기 또는 단기적 기업 가치 확보 스토리 만들기에 중점이 많이 가 있었다. 지금 생각해 보면 사업적 성공 여부보다 세상을 바꾸는 쪽으로 좀 더 고민했었으면 하는 아쉬움이 있다. 세상을 바꾸는 쪽으로 생각하면 사업적으로 더 성공할 것 같다.

블록체인 기술은 기본적으로 탈중앙화 구조를 지향하기 때문에 거의 모든 체계와 시스템이 중앙화로 돌아가는 세상에서는 기본적으로 많은 저항을 만나게 되고, 이 기술이 사업화되려면 오랜 시간이 걸릴 것으로 판단되었다. 2017년 블록체인 사업검토 당시 2024년 현재 많이 이야기 되고 있는 조각 투자 코인에 대해 언급했는데 2017년 언급했던 조각 투자 건은 2024년인 아직도 규제, 제도 등으로 그 추진이 명확하지 않은 상태이다. 당시는 단기적 사업적 의미가 있는 추진 방안을 검토해야 했기에 단기 사업화 전략을 집중적으로 보았고 조각 투자가 매우 유력한 사업 후보였다. 지금 생각해 보면 AI든 블록체인이든 사업을 시작하면 한동안은 배고플 각오로 시작해야 할 것 같다.

그 결과 Report의 최종 결론은 암호화폐거래소를 만드는 일로 귀결되었고 당시 블록체인 기술로 재무적 사업 결과를 만들 수 있는 유일한 사업모델은 암호화폐거래소였다. 당시 비트코인을 포함한 여러 암호화폐가 등장했다. 가격의 변동성으로 인한 사회적 민감성이 큰 사업인 암호화폐거래소 사업을 시작해 보자고 하기에 좀 부담이 되기는 했지만, 이를 Report에 넣고 경영진에 제안했었다. 안전하고 사회적 가치를 실현하고 건전한 블록체인 기술 기반 암호화폐거래소를 만들자고 제안했었다. 당시 존재하던 암호화폐거래소들의 시스템은 안전성, 고객 친화성 등에서 개선이 많이 필요한 상태였다. 당시 가장 사용자 친화적이고 안정감을 주는 거래소를 짧은 시간에 만들 수 있다고 생각했다.

물론 이 제안을 실현하지는 못했지만, 그때 했더라면 완전히 다른 형태의 의미 있는 사업이 되었을 것이라 확신한다. **가상화폐거래소는 단지 가상화폐를 사고파는 일보다 더 큰 의미가 있는 사업이다.** 블록체인 토큰 이코노미는 기본적으로 가상 세상에서의 금융을 의미한다. 즉 기존 현실 세상에서의 금융이 존재하고 한편에서는 가상 세계에서의 금융이 존재할 것으로 생각되었다. 가상 세계에서의 금융을 실현하는 것에 블록체인 기술은 너무나도 적합한 인프라 레벨의 실현 기술이었다. 지금은 현실 세상의 금융 중심이지만 미래에는 가상 세상에서의 금융이 더 큰 비중을 차지하게 될 것이라고 확신한다. 탈중앙화된 가상 세상에서의 다양한 금융 서비스는 블록체인 기술 기반에서 실현될 것이지만 중앙화 체계에 대한 장벽과 기술의 성숙도 때문에 기술이 사업화되는 것에는 다소 시간이 걸릴 것으로 예상된다.

그렇다면 현실 세계 금융이 가상 세계 금융으로 이전되어 가기 전에 **중요한 기능은 아마도 가상 세계 금융과 현실 세계 금융을 연결해 주는 것으로 생각했고 그 중요한 인프라가 암호화폐거래소가 될 수 있다고 생각했다. 즉 암호화폐거래소가 투기를 조장하고 적절하지 않은 ICO를 하게 하는 수단으로서가 아니라 가상 세계 금융과 현실 세계 금융을 연결해 주는 통로라고 생각하고 단지 암호화폐 거래뿐 아니라 두 가지 세상을 연결하는 통로에 해당하는 관련 기능을 고민하고 설계했었다.** 현재는 거래소 기능에 집중하지만, 미래는 두 세계를 연결하는 중요한 플랫폼이 될 것으로 생각했다. 이 제안은 당시 암호화폐 투기에 대한 부정적 시각으로 실현되지 못했으나 두고두고 아쉬운 부분이다. 그때 추진했었으면 진짜 세상에 존재하지 않은 새로운 형태의 글로벌 기업이 탄생할 수 있었다는 아쉬움이 지금도 남아 있다.

2009년 사토시가 블록체인 기술 기반의 암호화폐를 만들었을 때 그 취지는 탈중앙화된 화폐의 거래를 꿈꾸며 이를 현실화하려고 했다. 블록체인 기술이 갖고 있는 혁신성은 이러한 탈중앙화 세상을 만들어 가는, 가히 산업혁명이라고 할 혁신이 곧 만들어질 것이라고 기대했다. 하지만 암호화폐 투기와 부적절한 탐욕에 찬 ICO의 열풍과 그 열풍이 식는 과정에서 발생하는 부작용을 보는 것에 만족해야 했다.

이는 2023~24년인 지금도 마찬가지이다. 블록체인 기술을 활용하는 산업적 혁신의 사례는 아직도 거의 없다. 그냥 암호화폐 거래만 있을 뿐이고, 그나마 암호화폐 거래도 침체기로 들어가는 것 같다. 비트코인 ETF 승인으로 제도권 진입 시작되었다. 하지만 여전히 일부 탐욕스러운 천재들의 일탈을 보고 있는 상황이 계속 이어지고 있다.

지금 블록체인은 4차 산업혁명의 핵심기술이 아니라 한 번에 큰 부를 얻고자 하는 투기꾼들의 경연 무대로 아직 다수에게 인식되고 있다. 기술이 갖고 있는 이 혁신을 어떻게 산업혁명으로 이끌 것인지 고민이 필요하며 기업이 블록체인 기술로 혁신의 성과를 만들어 내기 위해서 지금 디지털 & 크립토 겨울인 시기에 무엇을 준비해야 하는지 본 저서에서 기업에 제시해 보고자 한다.

2021년 사회 경제의 핵심 키워드,
메타버스 & NFT(대체불가토큰)

2021년에는 우리에게 정말 큰 변화가 있었다. 한 번도 경험해 보지 못한 일이 전 세계를 덮쳤다. COVID로 온 세계는 엄청나게 어려운 상황을 겪어야 했다. 집에서 일을 하고 대면 모임은 거의 온라인으로 대체되었다. 사람들 대부분이 처음 겪는 큰 변화였다. 이때 가장 주목을 받았던 기술이 메타버스와 NFT였을 것이다. 모든 주식·경제 방송에서 주식을 예측할 때 메타버스와 NFT 비슷한 말이 들어가는 기업에만 큰 가치를 부여하던 기억이 난다. 2024년 지금 AI만 들어가면 주가가 오르는 것과 비슷했다.

생각해 보면 사람들이 정확한 지식이 없어도 큰 흐름에 부합한다는 감각적 마인드로 투자를 생각보다 과감하게 하는 것 같다. 많은 전문가가 전과 마찬가지로 다양한 프로그램에서 메타버스와 NFT 시대가 올 것을 장담했다. 회사들은 메타버스 플랫폼을 만들고 최고경영자가 메타버스에서 활동하면서 첨단 기업의 이미지를 대중에게 주려고 노력했던 것 같다. 설마 2024년인 지금도 비슷한 이벤트를 하는 곳은 없겠지만. 팬데믹이라는 특수한 상황에서 비대면 가상 세계가 보편화되며 곧 많은 일들이 가상 세계에서 일어날 것으로 예측했었다. 당시 많은 기업이 메타버스에서 신입사원 환영회를 하면서 혁신 기업임을 마케팅했던 기억이 난다. 메타버스를 해야 혁신 기업으로 인식되는 분위기였다. 사실 메타버스 플랫폼은 적은 비용으로 혁신 디지털 기업 이미지를 줄 수 있는 아주 가성비 좋은 마케팅 수단이었던 것 같다.

그런데 불과 2년도 안 된 지금도 메타버스를 적극 활용하는 기업이 있는지 궁금하다. 분명히 있기는 하지만 그 열기는 급격히 식은 듯하다. 뭔가 참 비슷한 것 같다. 4차 산업혁명 이야기가 처음 나온 이후 AI든 블록체인이든 주제가 뜨고, 자금이 몰리고, 얼마 지나지 않아서 식어 버리고, 또 다른 주제가 나오고, 계속 반복되고 있다. NFT도 한때 얼마든지 무한복사될 수 있는 디지털 자산에 대해 유일성을 부여하는 기술로 인정되면서 많은 NFT 기반 디지털 자산이 거래되었다. 여기에 초기 큰 금액에 거래되는 놀라운 뉴스를 접하며, 그 후 투자에 참여했던 많은 젊은이가 아직도 그 투자 실패로 고생하는 것을 주변에서 볼 수 있다. 무한 복제가 가능한 디지털 파일을 대체 불가하게 NFT로 만들면 상상할 수 없는 가격이 되는 건 아직도 사실 이해가 안 되고, 세대 간 이해 부족이라고 하기에는 뭔가 누군가의 의도에 조작된 느낌이 있다.

메타버스, NFT 열풍은 2017년 암호화폐, ICO 열풍과 너무 흡사하다. 사실 기술적으로는 메타버스와 NFT의 결합은 뭔가 완성체가 되는 느낌이었다. 블록체인 기술이 산업혁명을 만들어 가는 사례를 만들어 내길 기다리고 있을 때 팬데믹과 함께 다가온 메타버스 세상은 디지털 자산의 활성화에 블록체인이 큰 역할을 할 것이라고 저자도 믿었다. 가상 세상인 메타버스에 경제적 관점을 접목하기에 NFT는 매우 유용해 보였다. 현실 세상에 있는 실물자산을 NFT로 만드는 것은 아직 뭔가 좀 어색함이 있었는데 메타버스라는 디지털 세상에서 디지털 자산의 유일성을 보장해 주는 NFT 기술은 뭔가 잘 맞는 상호 상승의 기술로 판단되어서 잠시 흥분되기도 했었다. 그래서 샌드박스, 디센트럴랜드 같은 가상 세계 부동산에 투자해 보기도 했다. 가상 부동산 메타버스인 디센트럴랜드

통화인 마나 코인은 투자 당시보다 하락한 상태로 아직도 갖고 있다. 이러한 당시 메타버스와 NFT 흐름도 지금은 멈칫하는 듯하다. 지금은 어느 경제 방송에서도 메타버스와 NFT를 이야기하는 곳이 없다. 관련 기업들의 기업 가치와 투자는 겨울을 맞이한 듯하다. 모두 이 겨울을 잘 버텨야 할 텐데 걱정이 되기도 한다. 하지만 저자는 NFT는 미래 가상 세계에서 중요한 자산이 될 것을 확신한다. 블록체인 기술은 토큰 이코노미에 있을 때 그 가치가 만들어지며, 결국 토큰 이코노미는 디지털 자산으로 연결될 것이고, 디지털 자산은 가상 세상의 경제 체제에서 중요한 역할을 하게 될 것이다. 지금은 비록 메타버스와 NFT 기술이 겨울로 접어들었지만, 지금부터 준비하는 기업이 미래 가상 세상이 또 다른 의미를 차지하는 때가 오면 그 준비가 기업에 상상 이상의 기업 가치를 만들어 줄 것이라 확신한다. NFT 기술이 만들어 가는 가상 세상의 금융의 시대가 반드시 온다. 그래서 지금 준비해야 한다. 기업들도 도전 정신과 먼 안목으로 블록체인 기술을 기업 혁신에 활용하는 시도를 끊임없이 하고 있어야 한다. 당장 결과가 없어도 실패가 아니다. 그 실패 경험이 중요한 자산이다. 디지털 전환의 분야는 누가 먼저 시도해 보느냐와 누가 잘 버티느냐의 싸움인 듯하다.

2023년 챗GPT로 대표되는 생성형 AI와
국내 초거대 언어모델 AI 발표

2023년 단연 생성형 AI가 화제의 중심에 있다. 그러고 보니 매년 디지털 관련 이슈 및 화제 키워드가 생기는 것 같다. 2024년은 무엇일까? 2024년 CES에서 주요 주제가 로봇과 AI의 만남이라고 한다. 이 역시 저자가 페퍼 로봇과 Watson을 연결하며 수년 전 했던 시도였고 2024년 지금 이것이 CES 주요 주제가 된다고 하니 재미있고 뭔가 계속 반복되는 느낌이다. 생성형 AI 이야기도 비슷하다. 최근까지 국내기업에서 많은 이야기가 나왔던 초거대 AI는 현재 어떤 상태인지 무슨 사례를 만들고 있는지 정말 궁금하다. 많은 국내 주요 기업이 추진하던 범용 초거대 AI는 챗GPT의 등장과 함께 현실 세상 어디에서 인간의 문제를 자기 완결적으로 해결하고 있는지? 역시 데모 시스템만 발표되고 있는 것은 아닌지. 일부 발표가 되고 있기는 하지만 급하게 출시된 느낌이 있고 그 성능이 기대에 부합하는지는 좀 두고 보아야 할 듯하다.

어느 개발자가 최근 한 말이 생각난다. 우리나라가 세계 몇 안 되는 초거대 언어모델 AI 개발국이어서 자부심 있다고. 하지만 일본, 독일, 영국, 프랑스 등 다른 선진국들이 못 하는 것이 아니라 안 하는 것은 아닌지 확인해 보고 싶다. 우리나라 기업들이 추진하는 범용 초거대 AI가 사업적으로 글로벌 빅테크와 경쟁에서 성과를 만들 수 있을지 좀 더 지켜보아야 한다. 가능성이 높아 보이지 않는다. 연구진의 역량은 축적되겠지만 적어도 사업적으로는 성과가 별로 없을 가능성이 높다. 범용 초거대 AI는 지금 정도 투자로는 불가능하다. 이 서비스는 글로벌 산업에서 초일류 글로벌 빅테크 회사만 살아남을 것이다. 2등 그룹은 어중간하게 돈만 쓰고 시간이 지나면서 그 존재감이 없어질 가능성이 매우 높다. 그 투자금을 오히려 다른 전략적 분야에 사용하면 좋은데 산업 리더들의 통찰력이 축적되고 발휘되어서 전략적 투자 분야를 발견하고 집중하게 되었으면 하는 생각이다.

순수 엔지니어는 통상 사업 성과보다 연구하고 싶은 곳에 관심을 둔다. 사업과 기술을 모두 이해하고 산업 전체를 거시적으로 보는 의사 결정자, 경영자를 육성해 내는 것이 가장 시급한 문제이다. AI 분야는 엔지니어는 있는데 육성된 경영자가 없다. 범용 초거대 AI 그 자체 엔진보다 이를 둘러쌀 생태계를 주도하는 것이 우리에게 더 의미 있을 것이다. 범용 초거대 AI 영역은 우리나라 기업의 현재 인식된 규모의 투자와 영향력으로는 할 수 있는 일이 아니다. 특히 이 분야는 미국 빅테크 회사들이 전략적으로 선정한 전략사업 영역으로 기존에 성공을 만든 제조산업과는 달리 우리나라 기업의 업력이 짧고 투자 규모가 매우 큰 분야이다. 이 분야에서 그들과의 경쟁은 승산이 없다. 우리의 투자금과 영향력으로 볼 때 AI의 다른 영역에 집중해야 한다. 더 고민이 필요한 주제이지만 저자가 생각하는 확고히 집중해야 하는 AI 영역은 AI와 사람의 협업 체계를 만드는 분야와 산업 특화된 AI를 만드는 분야이다. 각기 개발 중인 범용 초거대 AI는 정부에서 통합적으로 만들어 이를 공공재 형태로 기업들에 공개해 주고 기업은 산업 특화된 데이터와 알고리즘으로 고도화하며 이를 자산화 및 상품화해야 하는 곳에 투자한다면 글로벌 경쟁력을 가질 수 있을 것이다.

AI는 자연어처리 모델인 초거대 AI만 있는 것이 아니다. 초거대 언어모델보다 더 집중해야 하고, 각 산업에서 발생하는 데이터를 기반으로 학습된 AI 알고리즘을 활용할 수 있는 여지가 많기에 각 기업이 인재를 육성하듯 각각에 맞는 AI를 육성해 가는 체계를 만드는 것이 더욱더 중요하고, 우리가 집중하면 나중에 큰 성과를 만들어 낼 영역이라고 생각한다. 생성형 AI의 열풍이 다소 시들해져 디지털 겨울이 다시 올 것 같은 지금 우리는 다가올 봄을 대비하는 시도가 필요하고 다음 챕터에서 준비 내용을 제시해 보고자 한다.

저자는 초거대 AI라는 말이 잘못 명명되었다고 생각한다. 암호화폐가 초기에 이름에 화폐가 들어가면서 화폐가 무엇인가 하는 논쟁부터 시작한 것이 중앙집중식 전통 화폐 시스템에 대한 도전으로 인식되며 블록체인 기술이 활성화되지 못하게 된 것과 비슷하다. 초거대 AI는 언어모델이지만 언어라고 하는 것이 워낙 방대한 경우의 데이터를 학습해야 하는 것이기 때문에 초거대 AI라고 명명한 것 같은데 산업의 발전이라는 측면에서 보면 좀 과장된 면이 있어서 사람들의 실망을 더 크게 한 것이 아닌가 생각한다.

저자는 지금 많은 관심을 받는 생성형 AI가 디지털 사업의 한 부분인 것은 알겠지만 산업에 미치는 영향이 산업혁명 수준을 만들어 가는 중요한 역할을 할 수 있을지 의문이다. NFT, 메타버스처럼 잠시 돌풍을 일으키다가 조용해지지 않기를 바란다. **생성형 AI가 유행이 아니고 산업혁명을 만들기 위해서는 지금부터 우리의 추진이 변화가 필요하다.** 앞에서도 언급했지만, 사람의 교육과정을 보면 고등학교까지 일반적인 내용을 공통으로 공교육으로 학습하고 대학에서 전공을 배우며 그 언어와 지식 역량을 학습해 간다. 그 역량이 사회에 진출해서, 기업으로 보면 기업에 적합한 지식을 학습하고 다양한 성과를 만들어 내게 된다. 지금의 생성형 AI는 개략적으로 대학생 수준의 언어 역량을 갖고 있는 것으로 생각된다. **결국 생성형 AI가 산업현장에서 활용되기 위해서는 각각 기업의 상품, 업무 프로세스 등 그 기업 운영에 필요한 특별한 언어와 지식**

에 대한 학습이 되어야 활용할 수 있게 된다. 즉 현재 생성형 AI는 막 대학을 졸업한 신입사원이고, 기업의 교육과 경험을 통해 그 기업에 특수성과 차별성을 이해하고 있는 전문가로 발전하게 되는데, 현재 생성형 AI 플랫폼이 이 과정을 효율적으로 만들어 갈 수 있을지 의문이다.

따라서 저자는 다음과 같이 제언해 본다. 우리나라에서는 공공 주도의 챗GPT 같은 국가 범용 초거대 언어모델 AI가 절실히 필요하다고 생각한다. 기업들이 그들의 중요한 고객전략, 상품전략 등을 보안상의 이슈로 현재 발표된 외국계 생성형 AI를 사용하지 않을 듯하다. 이미 지금도 몇몇 기업들은 챗GPT의 사용을 이러한 이유로 금지한 것으로 알고 있다. 그러면 기업마다 초거대 AI로 불리는 챗GPT 같은 대화형 지식 AI 시스템을 자체 개발해야 하는데 소요 비용이나 학습의 노력 및 운영비용이 그 효과에 부합하지 않는다. 한마디로 경제성이 없다. 기업 각자 개발하는 생성형 AI 언어모델과 같은 이러한 접근은 국내기업 적용에 답이 안 나올 듯하다. 그런 연유로 생성형 AI가 인공지능 언어모델이라는 분야에서 기술적 진보는 있었지만, 산업을 혁신할 도구로 발전할지는 좀 더 지켜보아야 하며 실망스러운 결과로 이어질 경우, 또다시 AI 겨울이 올 수도 있다고 생각된다. 초거대 AI 언어모델, 생성형 AI가 차별적 부가 서비스 정도에 머물지 않고 산업의 기술혁신을 만들어 갈 수 있을지 아직 미지수이며 최근 글로벌 빅테크 등 사업자들이 이를 사업화하려는 것에 좀 더 중점을 두고 있어서 뭔가 과거 사례와는 다르지 않을까 하는 기대와 함께 지적재산권, 데이터 보안과 경제성 부족 등, 현재 운영되고 있는 구조를 볼 때 산업혁신을 이끌어 가기에 불안한 면이 보인다. 범용 초거대 AI 언어모델, 생성형 AI 분야는 적어도 우리나라에서는 공공재의 역할로 국가가 주도하여 우리나라를 대표하는 초거대 언어모델 AI를 만들고 이를 국내기업에 공개하여 기업들이 자신들의 업무 지식이 포함된 기업특화 AI로 재학습하여 사용하게 하면 될 듯하다. 기업특화 AI로 학습시키는 과정과 만들어진 기업특화 AI가 인간과 협업하는 체계가 전략적 투자 영역이 될 수 있다. 기업특화 AI는 다른 기업에 판매할 수도 있고 글로벌로 나갈 수도 있다.

산업혁명의 과정이 어느 날 뭔가가 갑자기 변하는 것이 아니라 기술혁신의 연속성에 기인한다고 생각한다면 분명 생성형 AI는 4차 산업혁명으로의 여정에 중요한 이정표인 것 맞다. 공장 자동화로 산업이 크게 변했고 인터넷 등장으로 역시 새로운 산업이 만들어졌듯이 AI가 산업을 새롭게 만들어 가리라는 것에 동의하면서 언어모델 포함 AI 기술이 산업 전체를 혁신하기 위해 몇 번의 겨울을 맞이하고 있는 AI 생태계에서 우리 기업은 지금 무엇을 준비해야 하는지 제시해 보도록 하겠다.

국내기업의 디지털 전환, 디지털 겨울이 반복되는 이유

앞에서 장황하게 언급한 디지털 겨울이 반복되는 이유는 무엇인가? 기대가 큰 것인가? 기대를 너무 부풀린 것 때문인가? 기술성숙도가 아직 낮아서인가? 추진하는 과정에서 뭔가 다른 획기적인 개선이 필요한 것인가? 본격적으로 이 혁신적인 디지털 기술에 관한 이야기를 시작하면서 먼저 우리 모두에게 한 가지 질문을 해 보고 싶다.

4차 산업혁명의 주제가 나오고 우리나라도 전 세계 흐름에 맞추어서 국가 차원에서 디지털 기술을 차세대 국가 주력 산업으로 만들기 위해 많은 컨트롤 타워 조직이 만들어지고 다양한 추진이 있어 왔다. 저자도 2022년 대통령 직속 정책기획위원회 국가 디지털 전환 자문위원으로 위촉되어서 활동한 적이 있다. 과거 중공업, 반도체 등 우리나라 산업의 중심이었던 전통 제조 산업의 집중에서 벗어나 S/W 중심의 신사업으로 주력사업의 다양화를 모색해 왔다.

우리나라가 제조업에서 계속 성장을 만들어 낼 수 있을까? 유지는 가능할 수 있지만 더 큰 성장을 위해서는 산업의 변화가 필요한 시점이고 디지털 기술이 그 분야로 유력하다는 것에는 많은 사람이 같은 생각인 듯하다. 그런데 이런 추진이 성과를 만들고 있는가? 성과를 너무 단기적으로 보면 안 되지만 그래도 진행상에서 성과가 날 것 같은 징후는 있어야 할 것이다. 지금 이대로 가면 우리나라는 디지털 선진국이 될 것이며 디지털 기술이 우리나라 미래 주력 산업 중 하나가 될 것인가에 대해 저자는 현재 다소 부정적이다. 우리는 현재 시점에서 보면 그냥 강력한 추종자로 보인다. 중공업과 반도체 등 첨단 제조 산업에서 만들어 왔던 국가 핵심 산업이 디지털 산업으로 이동해 갈 수 있을지 아직은 불투명하다. 산업의 리더가 아니라 추종자로 끝날 가능성이 있다. 어느 정도 기술력은 보유하고 있는데 일류는 아닌, 그래서 투자는 이루어지고 있는데 결과가 없는 그런 상태가 계속될 가능성이 높다.

그 대표적인 사례가 여기저기서 진행 중인 범용 초거대 AI 프로젝트들이다. 범용 초거대 AI 영역의 경쟁은 이미 그 판도가 끝났다. 지금 여기저기서 진행 중인 국내 범용 초거대 AI 프로젝트들이 잘된다고 하더라도 국내시장에 머무르게 될 것이다. 글로벌 경쟁력이 아직 없고 비슷하게 만들어진다고 해도 국내시장 규모가 너무 작아서 사업성이 없어 보인다. 글로벌 경쟁은 이미 결론이 났고 국내시장에서 경쟁은 시장 규모가 투자 금액 대비 사업성이 없다. 처음부터 글로벌 시장을 겨냥하고 분야를 정하고 집중해야 한다. 지금까지는 국내에서 역량을 쌓고 글로벌로 가자는 계획이었는데 사업 시작부터 글로벌 시장을 겨냥해야 한다.

특히 글로벌 빅테크들의 초거대 AI 언어모델의 국내 진출을 막을 수 없을 것이다. 앞에서도 언급했듯이 범용 초거대 AI 언어모델을 만드는 것에 너무 많은 투자금이 더 투입되지 않았으면 하고 바란다. 그렇다고 AI 분야를 하지 말자는 것이 아니다. 우리가 집중하면 글로벌 시장을 선점하고 리더 포지션으로 갈 수 있는 분야가 있다. 지금 디지털 전환의 성숙도를 논하는 이유이기도 하다. 기업의 디지털 성숙도를 높여서 경쟁력을 갖고 4차 산업혁명을 리드할 분야가 있다. 결론부터 말하면 AI를 만드는 AI 영역과 산업 특화 로직이 학습된 AI 영역, 그리고 AI와 인간의 협업 체계가 그 분야이다. 그 분야에 관한 이야기는 따로 언급하기로 하겠다.

그동안 국내에서 국가 차원 또는 기업 자체로 추진해 온 디지털 과제들이 상호 연계성이 부족하고 지속성도 매우 미약하다. 국가도 여러 가지 환경적 변화로 그 추진 방향이 바뀌고 기업은 경영자가 바뀌면 경영 전략이 변경된다. 사실 리더십 변화가 방향의 전환에 영향이 있다는 것은 너무나 당연한 이야기이기는 하지만, 추진에 시간이 소요되고 그 기반을 만들어 가는 연속성이 중요한 디지털 전환의 추진에 있어서는 아쉽다. 큰 방향성에 기반한 추진 전략이 설정된 상태에서 다양한 후속 프로젝트들이 진행되다가 국가나 기업의 기조가 변경되면 진행 과제들의 세부 사항이 변경되는 정도가 아니라 추진 방향 자체가 변경되고 해당 리소스의 재배치도 과도하게 발생한다. 국가적 추진이든 기업의 추진이든 좀 더 정밀한 차원의 추진 전략 수립과 투자예산 확보를 통해 독립적 실행의 연속성이 절실한 상태로 판단된다. 디지털 겨울을 의미하는 기대와 실망이 반복되는 이유 중에 추진하고 있는 디지털 전환의 연속성 부족이 중요한 이유인 것 같다.

저자가 현실적으로 너무 불가능한 이야기를 한다고 생각할 수 있지만 글로벌 경쟁 관점에서 재원이 부족한 우리나라의 경우 남들이 안 하는 분야에서 독보적 차별화를 만들어 낼 수 있는 연속성만이 답이라고 생각된다. 현재 우리나라의 주력 산업들이 모두 기업의 꾸준한 투자를 통해서 나왔기 때문에 디지털 전환이 성과를 만든다는 것에 진심인 최고 경영자가 많이 나와야 할 것이다. 과거 우리의 주력 산업은 모두 국가와 기업의 꾸준함에 의해서 만들어진 경우가 많다. 그러하지 못하면 우리는 지금의 현상과 같은 클라우드, AI 등 분야에서 외국 기업의 디지털 기술에 의존하고 외국 기술의 국내 적용을 돕는 역할밖에는 할 수 없다.

우리나라에서 새로운 혁신 사업으로 디지털 산업 특히 지능화, 탈중앙화 S/W 산업은 글로벌로 나갈 수 있는 경쟁력을 확보해야 하는데 우리는 너무 국내 사업에 집중되어 있고 글로벌로 나갈 수 있는 조그마한 희망도 보이지 않는 상태이다. 대부분 기업에서 추진되어 온 글로벌 진출은 그저 시도에 그친 상태이다. 지능화, 탈중앙화 영역에서 빅테크가 하지 않는 분야이면서 디지털 전환의 핵심적 역할을 할 분야를 찾아야 한다.

추종자가 아니라 리더가 되어야 한다. 그 분야를 지속성을 갖고 꾸준히 투자해야 한다. 다른 경쟁자들이 쉽게 따라올 수 없는 산업에서 누적된 수행 노하우가 축적되어야 한다. 이를 기반으로 글로벌로 나가야 한다. 현재 디지털 전환을 통한 4차 산업혁명의 이야기가 기대만큼 성과를 만들어 내지 못하고 있는 것을 잘 연구해 보면 우리가 집중해서 글로벌 리더십을 만들어 낼 영역을 찾아낼 수 있는 실마리가 될 것이다. 디지털 겨울이 반복되고 디지털 산업이 우리의 미래 선도 산업이 될 것 같지 않은 현 상태를 극복하는 과정이 우리의 경쟁력 분야가 될 것이다. 지금까지 이러한 본질적 접근에 집중하기보다는 디지털 전환을 홍보 효과 정도로 생각하고 그 기초 기반을 혁신하는 준비를 하지 않는 것이 디지털 산업의 미래를 불확실하게 하면서 동시에 디지털 겨울이 반복되게 하는 이유라고 생각한다.

이 책에서 저자는 몇 가지 제언을 반복적으로 언급할 것이다. 이 제언이 디지털 산업이 우리나라 기업들의 핵심 경쟁력이 되고 그 경쟁력을 기반으로 축적되는 지식과 자산이 글로벌 수준이 되며 그 과정에서 만들어지는 Solution 등이 글로벌 사업화되어서 글로벌 기업들의 비즈니스 모델 혁신 추진에 핵심이 되는 역할을 하는 것에 조금이라도 도움이 되었으면 한다.

현재 디지털 생태계와 글로벌 선도 기업의 포지션 등을 고려해 볼 때 우리나라 기업들이 주력해야 하는 분야를 현실적으로 정해야 한다. 그냥 선도 기업들 또는 글로벌 빅테크들이 사업하는 분야를 무작정 따라가서도 안 되고 전략적 협력이라는 포장으로 글로벌 기업들의 하도급 업체 같은 역할만 해서도 안 된다. 글로벌 빅테크 기업과 동등한 수준에서 협력하면서 우리만의 독자적 사업 영역에 집중해서 글로벌로 나갈 수 있는 자산을 축적해 가야 한다.

이 생태계에서 우리가 구축한 산업의 경쟁력이 있어야 동등한 전략적 협력이 가능하다. 경쟁력이 없으면 그냥 하도급 업체가 되는 것이다. 산업혁명 정도 수준의 혁신이 구체화하기 위해서는 어느 정도 저항과 실패가 발생하고 발전과 성공이 반복되는 일이 발생할 것이다. 지금의 디지털 겨울이 반복되는 것은 산업혁명이라는 큰 혁신 관점에서 보면 당연한 과정이라고 할 수도 있다. 하지만 산업혁명의 중심 국가나 기업이 되기 위해서는 지금 이러한 실패와 성공의 반복 구간에서 준비를 철저히 하고 국가나 기업의 과정 경험이 자산으로 축적해 가야 한다.

반복되는 디지털 겨울 극복, 경제성이 확보되어야 가능

디지털 겨울에 의미 있는 준비를 위해서는 그동안 반복된 기대와 실망의 과정을 잘 살펴볼 필요가 있다. AI만 보더라도 1956년 아주 오래전에 AI는 탄생했고 그 후로 몇 번의 변곡점을 겪으며 기대한 성과를 만들어 내지 못하면서 겨울을 여러 차례 맞이하게 된다. 탄생 이후 별다른 성과를 만들지 못한 시간이 지나갔고, 1985년 사람의 뇌를 모방한 신경망 기술이 발표되며 다시 인공지능은 많은 사람의 관심 대상이 되기도 했다. 다층 신경망의 학습이 잘되지 않는 문제로 AI 성과 만들기는 다시 겨울을 맞이하게 된다. 사람의 뇌를 모방하고 사람의 학습 과정을 통해 인공적 지능화를 만들어 가는 AI 산업은 기대와 실망을 반복해 가며 아직도 진화 중이다.

하지만 연구는 계속되었고 최근 AI의 기대는 단연 H/W의 발전에 있다고 할 수 있다. GPU, 클라우드 컴퓨팅, AI 반도체 등 AI 처리 인프라의 발전으로 AI의 성능이 급격히 좋아지고 있다. 사람의 어려운 문제를 AI가 해결해 줄 수 있을 것이라는 생각이 계속 확대되어 가고 있다. 아직은 신기한 물건 정도 레벨이고 사람의 문제를 비용효율적으로 풀어내기에는 한계가 있다. 예를 들어 자동차 산업으로 비교해서 보아도 자동차 산업에서 초기 전기 자동차가 만들어지면서 많은 관심을 받지만, 그 차가 도로에서 비중 있게 다니게 되기에는 오랜 시간이 소요 되었다. 즉 경제성을 확보해야 비로소 여러 동반 산업이 발전하며 새로운 산업이 되는 것이다.

AI는 아직도 전기 자동차 수준까지도 아니고 AI가 산업으로 혁신을 주도하기 위해서는 AI를 둘러싸고 있는 관련 생태계 전체가 같이 구축되고, AI를 만들고 활용하는 전 과정에서 경제성이 확보되어야 한다. 저자는 이 분야가 우리 기업들이 주력해야 하는 영역이라고 생각한다. 범용 AI 엔진 그 자체에 관한 연구나 투자보다 AI를 현실 세계에서 경제성 있게 활용하는 것에 투자하는 것이 우리 국가와 기업들이 디지털 전환 분야에서 글로벌 리더십을 확보할 수 있는 영역이라고 생각한다. 이번 생성형 AI의 발표 이후 생성형 AI가 산업 전체를 변화시킬 산업혁명의 시작을 알리는 계기가 혹시나 될 것 같은 기대가 있기는 했지만, 경제성 측면에서 아직은 시기상조인 듯하고 이러한 측면이 오히려 우리에게는 기회인 듯하다.

설사 생성형 AI가 산업혁명을 만들어 내는 혁신 기술의 기초가 된다고 하더라도 범용 초거대 언어모델 AI는 초거대 자연어처리 AI를 운영하기 위해서 하루 평균 몇억 정도의 큰 비용이 발생한다고 한다. 관심도에 비해 초거대 언어모델의 사업적 수익성이 아직은 확보되지 않고 있는 것으로 보인다. 현재 AI 영역은 매출이 확대되어도 추가 투자 비용이 계속 확대되어서 언제 수익성이 보장될지 알 수 없는 상황이다. 제조업과 같은 기존 사업은 규모의 경제가 확보되면 수익성이 보장된다. 하지만 AI 영역은 규모가 확보되어도 재투자 비용이 과도해서 경제성이 없다. 웬만한 기업은 이를 버틸 수가 없다. 더 중요한 건 이렇다 하는 것을 깨달았을 때는 이미 너무나 많은 투자가 집행된 이후이다. 아직 현재 AI 기술 수준에 대해서 시장에서 사용자들이 의미 있는 대가를 지급할 의사가 없다. 이러한 경향은 당분간 지속될 것이다. 지금 AI에 투자되고 있는 많은 시도는 이러한 경제성을 버티지 못하고 결국 무용지물이 될 것이고 아주 소수의 빅테크 AI 엔진만 살아남을 것이다.

저자는 이를 이미 6년 전에 집중해서 진행했던 IBM Watson 사업에서 깨달았다. 이러한 상황은 글로벌 빅테크들도 감당하기 어려운 상황인데 국내 대상 시장 규모와 국내 개별 기업의 투자 여력을 고려해 볼 때, 사업적으로 기대해 볼 수 있는 결과를 만들기 어려울 것으로 본다. 국내에서 이미 집행한 투자는 이러한 경제성을 버티지 못하고 조용히 사라지게 될 수 있다. 지금 진행 중인 범용 초거대 AI 사업의 방향을 보면 AI 그 자체가 단기적으로 성과가 만들어지는 사업이 될 수 없을 듯하고 AI의 산업 적용 경제성을 확보하는 기술과 Solution 중심의 사업모델에 집중했으면 하는 방향성을 제시해 본다. 국내 산업의 발전된 비즈니스모델을 AI에 적용하여 산업 특화된 AI를 만들어 내는 방향과 이를 현장 적용함에 경제성을 확보할 수 있는 영역에 대한 투자를 활성화하면 좋겠다.

현재 초거대 AI 모델의 사용자가 기대만큼 증가하지 않는 듯하다. 국내기업들도 너도나도 초거대 AI를 만든다고 요란하다. 진짜 글로벌 경쟁력이 있는 의미 있는 것을 만들고 있는 것인지 잘 모르겠지만 투자 금액 대비 그 미래가 너무 불투명하다. 진짜 글로벌 빅테크 기업과 경쟁하며 산업의 주력이 될 수 있을지 궁금하다. 범용 초거대 AI는 국가 과제로 통합해서 만들고 각 기업은 AI 현장 적용의 경제성을 확보하는 다양한 기술에 집중했으면 한다.

초거대 AI 언어모델, 인간교육과 마찬가지로 공교육의 영역

사람의 육성 과정의 예를 들어 보면 사람을 인재로 육성할 때 적어도 대학까지는 공교육의 영역에 들어가서 육성하고 대학을 졸업하면 기업이 자사에 맞는 인재로 전문 교육을 하게 된다. 기업이 공교육 영역을 각자 다 시행한다면 엄청난 낭비일 것이다. 인공지능의 학습도 똑같다. 기초 언어모델은 공교육 영역이다. 국가가 주도해서 우리나라 표준의 범용 초거대 AI를 만들어 계속 업그레이드하면서 기초 AI 모델을 배출하면 기업들은 이를 오픈소스로 활용해 자사에 맞는 전문 AI를 육성해 가야 한다.

지금 진행 중인 각 기업의 범용 초거대 AI 프로젝트는 모두 국가가 주도해서 1개의 모델로 통합하고 이를 각 기업이 대기업이든 중소기업이든, 스타트업도 이를 활용해 자사 전문 AI로 육성 및 학습을 시키며 산업의 생태계를 만들어 가야 한다. 우리나라 기업들이 보유하고 수행하는

AI 비즈니스모델이 글로벌 경쟁력을 갖추기 위해서는 이 방법밖에는 없다. 우리가 범용 초거대 AI 엔진 자체로 글로벌 빅테크와 경쟁은 사업적 불확실성이 크다. 우리는 국가 주도 범용 초거대 AI 또는 빅테크의 AI 엔진이 현장에서 경제성 있게 활용될 수 있도록 하는 분야에서 우리만의 차별화된 업무 로직과 프로세스가 축적된 AI 자산을 만들어 가야 한다.

국가가 기초 학습을 공교육으로 육성하듯 공교육에 의해 학습된 AI를 기반으로 글로벌 AI와 경쟁 및 협력하면서 각 산업에 맞춘 특화 AI를 발전시켜 가면 이를 글로벌로 갈 수 있다. 이 영역이 우리나라가 정말 잘할 수 있는 영역이다. 프롬프트 엔지니어링과 온톨로지를 기반으로 복잡한 현장 문제 해결 로직을 AI에 담아서, 초기에는 AI와 인간 전문가가 협업하며, AI를 현장 문제 중심으로 진화시켜 가야 한다. 지금 국내에서 만들어지고 있는 범용 초거대 AI는 약간은 뭔가 급히 만들어지고 있는 전략으로 보이고 따라가는 느낌이다. 산업의 통찰력이 보이지 않는 너무 쉬운 선택으로 보인다. 그저 글로벌 빅테크 따라가고 있는 듯하다. 국가와 기업이 협업하고 AI와 인간이 협업하는 전략하에 자원을 투입해야 하며 집중 투자 분야를 명확히 하고, 그 경제성이 있는 생태계를 만들어 가야 한다. 저자는 2016년 처음 세계적인 관심을 받고 탄생한 4차 산업혁명이 우리나라와 기업이 그 중심에 있기 위해서 현장 상황을 기반으로 생각을 깊이 해 보았고, AI 분야의 경우 앞에서 제시한 방법 외에 나른 빙인이 없어 보인다. 다른 생각이 있는 분이 있다면 한 번 적극 토론해 보았으면 한다. 요즘 생각에는 이렇게 기업들이 각자도생하며 글로벌 빅테크 뒤를 개별적으로 따라가기에 이 산업은 그 범위가 너무 넓고 서로 연계되어 있다. 좀 더 전체적인 차원에서 접근하지 않으면 AI는 더 이상 우리에게 혁신이 되는 차세대 산업이 되지 않을 것이다.

지식공유 플랫폼 유튜브의 영향력과 산업혁명

요즘 유튜버들의 활약이 대단하다. 요란하기만 했던 AI보다 차라리 콘텐츠 공유 플랫폼인 유튜브가 더 혁신에 가까운 영향력으로 느껴진다. 유튜브로 대변되는 지식공유 플랫폼은 사회·경제 전반에 너무나도 큰 변화를 만들어 가고 있다. 개인에게 하루하루 그 영향력이 대단하고 유튜브를 통해 새롭게 만들어지는 산업과 기존 산업을 대체하는 혁신은 상상을 초월하게 그 영향력이 확대되고 있다. 유튜브의 혁신은 3차 산업 혁명으로부터 나오는 것이다. 정보화 혁명과 인터넷 혁명으로부터 발생하는 비즈니스모델의 탄생이다. 많은 것을 변화시키고 있고 새로운 매출을 발생시키고 있다. 여기에 4차 산업혁명을 의미하는 지능화와 탈중앙화가 더해지면서 조만간 다른 형태의 비즈니스모델이 탄생하고 새로운 영향력을 우리는 경험하게 될 것이다. 그 중심에 우리 기업들이 있으면 한다.

인공지능 기술과 플랫폼 비즈니스모델을 직접 비교하기에는 어색함이 있지만 산업에 미치는 영향이나 실생활에서 인공지능, 블록체인 기술이 만들지 못하는 큰 변화를 지식공유 플랫폼이 만들어 가고 있다. 현재 단계만 보면 블록체인, 인공지능보다 유튜브의 영향력과 변화의 촉진 역할이 산업혁명에 더 가까운 것 같다. AI, 블록체인으로 만들어지는 비즈니스모델이 유튜브 같은 콘텐츠 공유 플랫폼만 한 영향력을 발휘할 수 있기를 기대해 본다. 우리가 통상 블록체인을 제2의 인터넷이라고 하는 데 저자는 유튜브가 제2의 인터넷인 것 같다. 산업혁명이라면 산업에서 폭넓은 변화가 있고 이 변화가 과거에는 없었던 성과를 만들어 내야 한다. 새로운 시장을 만들어 내고, 생산성, 수익성 구조를 변화시키는 등이다. 하지만 아직도 본질의 성과보다는 회사 홍보 수단이나 마케팅 이벤트 수준에 머물러 있고, 외부 투자를 유치하는 수단으로 사용되거나, 주로 광고 및 홍보 목적으로 이용되는 사례가 많다. 보다 본질과 생태계 육성에 집중해야 하는 시기이다.

2부

기업의 디지털 전환,
지금과 다른 준비

실험실 AI에 머무르는 이유

논문 등의 기재를 통해 기술이 새롭게 세상에 나오고 그 기술이 학습되면서 현장에서 활용되기 위해서는 그 기술의 적용만으로는 절대 불가하다는 것이 너무 당연한 이야기지만 현실 상황에서 제대로 이해되고 있지 못하다.

예를 들어 기업은 많은 AI 프로젝트를 통해 기업의 문제를 해결하고자 시도했지만 대부분 PoC(Proof of Concept), 즉 기술의 개념이 실전 적용 가능한지 입증하는 정도의 실험실 단계에 머무는 것이 대부분이다. 실제 실험실 단계에서 벗어나 실전 적용 단계로 추진된다고 하더라도 그 주변 연계 시스템 또는 데이터의 준비 등이 체계화되지 못해서 연속성을 갖지 못하고 이벤트로 끝나는 경우가 대부분이다. 실험실 단계에서 아주 국한된 환경과 준비된 상황에서 진행된 검증 프로젝트는 현실 세상 적용에서 많은 장애를 만나게 된다. 실로 기술 그 자체보다 그 주변을 둘러싸고 연결하고 준비해야 하는 과제들의 어려움으로 기술 검증의 단계를 넘어서서 진행되지 않는 경우가 많다.

아마 국내기업 대부분은 AI PoC(개념 검증) 프로젝트들을 1개 이상 해 보았을 것이다. PoC 그 자체 프로젝트도 결과를 만들어 내기 어려운 일이지만 설사 의미 있는 결과를 만들었더라도 이를 현장에 적용하고 상시로 발전시키면서 목적한 품질과 경제성을 확보하는 기업은 아주 극소수이다. 수많은 기업이 오늘도 이러한 PoC를 추진한 것에 관해 신문 기사 등을 통해 시장에 알리며 홍보하지만, 대개는 조용히 사라지게 된다. 이러한 시도들은 왜 정착화되어서 기업이 만드는 성과에 안정적으로 역할하지 못하는 것일까? 이를 요청했던 경영자들도 추진했던 AI 기술 검증 PoC가 왜 상시화되지 않는지 대부분 궁금해한다. 기술 부족인지, 인재 부족인지 등등. 나름 인재도 육성하고 인프라 투자도 하고 학교 연구실 등 협력도 했는데 제대로 정착하지 못하는 이유를 대부분 잘 모른다. 그래서 추진이 잊히고 기업 내 디지털 겨울 분위기가 만들어진다.

저자가 현장에서 활동하면서 인식한 기업에서 AI가 현실 적용에 어려움을 겪는 이유는 연구실과 같은 환경에서 검증은 하지만 AI 기술이 알고리즘과 그에 맞추어서 소규모로 가공 준비한 데이터만으로는 현실 적용에서 문제를 해결할 수 없다는 것에 대해 추진팀이 가볍게 생각하는 것 같다. 일의 비중으로 보면 AI가 현실 문제를 해결할 목적으로 현장에 적용되기 위해 해야 하는 작업에서 알고리즘 학습 과정이 차지하는 비율은 10%가 안 된다. 그러니 10% 정도의 작업에 대해 검증한 것으로는 현실 세계에 적용할 수가 없다. 훨씬 더 큰 비용과 리소스가 투입되어야 한다. 그러니 **AI의 성공적 적용을 위해서는 AI 알고리즘 개발뿐 아니라 전 과정에 대해 면밀한 계획과 추진이 절대적으로 필요하다.** 이 부분에 대한 인식이 정말 중요하다.

이 책에서 어떤 것이 필요한지 제시할 예정이다. 그 밖에 AI 적용이 현실에서 잘 안되는 이유는 앞에서 언급한 디지털 겨울의 이유와 거의 같다. **아직 AI 기술도 블록체인 기술도 기업의 성과를 만들어 내는 것에 역할을 하기에는 기술의 성숙도가 매우 낮다.** AI는 사람을 완전 대체할 수 있는 수준으로 가려면 아직도 요원하다. 블록체인 기술은 분산을 지향하는 기술 자체가 중앙집중식 시스템에 비해 효율 측면에서는 매우 비효율적이다.

그런데 이를 추진하는 사람과 이 기술의 적용에 대해 기대하는 경영자 모두 기술이 만들어 줄 성과에 대해 과도한 기대가 문제라고 생각한다. 기대치를 낮추어야 한다. 그리고 조금씩 축적해 가야 한다. 한 번에 의미 있는 결과가 나올 수도 없고, 기대해서도 안 된다. AI는 한 번 만들어서 활용하는 전산화가 아니고 계속 발전시켜 가는 속성이 있다. 지금 만들고 있는 데이터와 알고리즘이 당장에 현재의 문제를 해결해 주지는 못하지만 계속 시도하면 그 데이터와 알고리즘은 Digital Asset으로 기업의 중요한 차별화 전략이 될 것이다. 지금 다소 성과가 부족해도 추진해야 한다. 이 축적의 과정을 생략할 수가 없다. 반드시 거쳐야 하는 과정이다. 먼저 경험하는 기업이 먼저 성과를 만들 것이다.

다만 AI가 하기 힘든 과제를 사람이 같이 협업하면서 이를 극복해야 한다. AI가 할 수 있는 일의 결과에 대한 기대치를 낮추고 AI와 사람이 Collaboration 하면서 계속 추진하면서 Digital Asset을 축적해 가야 한다. 추진이 잘 안되는 또 다른 이유는 Silo 구조가 원인이다. 실로 AI 알고리즘이 현장의 문제를 해결하기 위해서는 알고리즘만으로 불가하다. 기존 시스템과의 연계, 새로운 관련 시스템 도입, 사용자의 일하는 방식 변화, 데이터의 정비, 데이터 처리의 자동화 등 필요한 대책이 매우 포괄적이고 복합적이다.

AI 프로젝트만 독립적으로 추진하면 절대로 결과가 나오시 않는다. 아무리 세계적으로 유명한 AI 전문가를 모셔 와도 이 문제를 해결할 수 없다. 흔히 전문가들이 많이 이야기하는 것 중에 AI를 잘 활용하려면 AI를 학습시키는 데이터의 중요성을 강조한다. 하지만 기업은 이 데이터를 잘 모으고 정제해서 활용하는 것에 노력을 많이 기울이지 않는다. 이

것이 실험실 단계에 머무는 이유라고 할 수 있다.

AI로 경영 성과 만들기,
AI 만들기 자동화와 기존 시스템과 통합 필요

많은 컨설팅 또는 시장조사 기관의 자료에 보면 AI를 도입한 기업과 도입하지 않은 기업의 기업 가치 차이는 분명 존재한다. AI를 통해서 실질적인 성과를 만들어 내지 못한다고 하더라도 기업이 AI를 적극적으로 추진하는 경우 그 기업은 혁신을 추구하는 기업일 가능성이 매우 높다. 기업의 성공적 혁신 추진과 AI 적용은 양의 상관관계가 있다.

최근 글로벌 전략 컨설팅사의 발표에서도 **AI 도입 기업의 기업 가치는 2030년부터 확실히 갈리게 될 것으로 예측한다.** 2030년쯤을 변곡점으로 보고 있는 듯하다. 2030년은 디지털 겨울을 지나 봄 또는 여름을 지나고 있을 가능성이 높고 겨울을 잘 준비한 기업과 그러하지 않은 기업 간에 큰 차이를 만들어 낼 것이다. **지금의 기술 발전 속도를 고려해 볼 때 2030년이 매우 중요한 해가 될 것 같다.**

2030년은 분명 AI 기술로 만들어지는 4차 산업혁명의 시대로 기업뿐 아니라 개개인도 큰 변화를 실감하게 될 것이다. 지금 AI를 기업 전반에 적극 도입하고 있는 기업은 2030년 상당한 경쟁력을 확보하게 될 것이고 경쟁자가 쉽게 극복하기 어려운 Digital Asset을 장벽으로 갖게 될 것이라는 예측이다. 지금 당장에 현안으로 2030년을 이야기하는 것이 먼 이야기로 들릴 수 있으나 4차 산업혁명이 다보스포럼에서 처음 나오고 지금까지 7년이 지났으니 2030년도 금방 올 듯하다. 2030년 우리의 AI 산업이 현재같이 주변인으로 있을 것인지 아니면 반도체와 같은 우리의 미래 산업이 될 것인지는 지금 어떤 방향을 결정하고 어디에 집중해서 투자하며 실행하는 것에 달려 있다.

현재 기업 대부분은 AI를 전면 도입하기보다는 뭔가 해야만 할 듯해 아주 일부 분야에 도입하고 그 효과를 검증하는 단계일 것이다. 주저하며 도입하게 되면 2030년 만들어질 기업 가치도 매우 제한적일 것이다. 실제 기업 현장에서는 AI 관련해 아직 아무 일도 하지 않는 기업들이 아주 많다. 2030년 기업 가치는 단언컨대 크게 차이가 날 것이다. 향후 비즈니스모델은 디지털 기술의 적용으로 만들어 낼 기업 가치에 더 큰 영향을 주게 될 것이다. 동종의 비즈니스모델 안에서도 기술의 적용이 그 기업 가치를 구분하게 할 것이다. 기업의 2030년 가치에 AI 기술의 적극적인 전면 도입에 영향이 있다는 것에 모두 동의한다고 전제하고, 그다음 이야기를 해 보려고 한다.

그럼 어떻게 AI를 기업 업무 전반에 적극 도입할 것인가에 대해 깊은 고민이 필요하다. 이때 많은 투자 리소스가 투입되고 리소스의 재배치가 일어나기 때문에 강건한 로드맵이 분명히 있어야 한다. AI를 기업에 적극적으로 전면 도입하기 위해서는 AI 기술 도입만으로는 불가능하다. AI를 둘러싸고 있는 연관 기술이 모두 같이 또는 병행해서 도입되어야 한다는 것은 앞에서도 매우 강조한 바 있다. 그래야 일시적 이벤트에 머물지 않고 그 기업의 내재 역량으로 육성된 핵심 자산이 될 수 있다.

AI 알고리즘이 뭔가를 판단해 내는 지능화 산출물을 위해서는 다양한 선·후행 작업과 그 작업을 지원하는 자동화 인프라가 필요하다. 우선 AI

알고리즘 학습에 필수재인 데이터를 쌓아 놓을 수 있는 데이터 레이크가 있어야 한다. 데이터 레이크는 자사가 생성하는 데이터 이외에 외부에서 필요한 데이터를 확보해야 한다. 과거 CRM이 유행이던 시절 가장 유효한 데이터는 내부 생성 데이터였다. 하지만 지금 필요한 예측과 분석은 내부 데이터 분석만으로는 만들어 낼 수 있는 통찰력이 제한적이다. 외부 데이터가 필요하고 때에 따라서는 내·외부 데이터 간의 결합으로 생성된 결합 데이터가 AI 학습에 매우 중요한 역할을 하게 될 것이다. 보통 기업들이 생성하고 저장하는 정형 데이터만이 아니라 비정형 데이터까지 포함해야 한다. 실제 AI 학습에 필요한 데이터는 이미지, 음성, 자연어 데이터와 같은 비정형 데이터가 매우 유효하다. 배치성 데이터만 아니라 실시간성 데이터도 확보해야 한다. 기업이 시장 수요 공급 상황에 민감하게 대응하는 동적 가격 체계를 갖추기 위해서는 실시간 데이터가 매우 유용하다. 많은 데이터를 저장하고 유지 보수하기 위해서는 비용이 많이 소요되기에 기업들은 이를 주저하거나 매우 좁은 범위와 규모로 데이터를 저장하는 데이터 레이크를 구성하지만 그러면 효과가 없다. 모두가 알고 있듯이 AI 성능은 학습 데이터의 유효성에 비례하기 때문에 그 규모를 줄여서는 안 된다. 차라리 비용면에서 효율적으로 저장하고 활용하는 다양한 기술이 계속 나오고 있으므로 이러한 기술에 대한 빠른 적용이 필요하다.

요즘 데이터 클라우드라는 필요 데이터를 물리적으로 추출 및 구성하지 않고 논리적으로 구성한 뒤 분석에 사용하는 다양한 기술이 있다. 이런 부분에 대한 동반 도입이 없으면 대용량 데이터 처리를 하지 못할 것이고 당연히 그로 만들어지는 AI 알고리즘은 유효한 지능화 수준을 만들어 내지 못할 것이다. 데이터 레이크가 만들어져도 데이터는 살아 있는 생명체와 그 특성이 유사해서 지속으로 관리해 주어야 어느 정도 품질 수준을 유지할 수 있다. 즉 데이터 노이즈 제거 등 데이터 품질을 유지하는 과제가 항시 동반되어야 한다. 품질 좋은 데이터가 대량으로 만들어져도 이를 AI의 학습에 활용해 보면 예상보다 학습이 잘되지 않는 것을 흔히 볼 수 있다. 그 이유는 데이터가 잘 모여 있어도 이를 통해 AI를 학습시키는 분야에서 고도의 경험과 기술이 필요하기 때문이다.

때에 따라서는 수년 동안 업무를 처리해 온 사람 전문가의 노하우가 데이터보다 AI 알고리즘을 학습시키는 재료로 훨씬 가치가 있는 경우도 많다. 따라서 사람 전문가가 잘할 수 있는 영역과 AI가 데이터 중심으로 잘할 수 있는 영역을 구분하고 때에 따라서는 사람 전문가와 AI가 협업하게 할 수 있는 환경을 만들어 놓는 것이 매우 중요하다. 이때 유용하게 사용되는 것이 데이터 시각화, 그래픽 DB, 온톨로지 등 사람 전문가의 업무 노하우와 AI의 데이터 기반 지능화를 융합시켜 주는 것이다. 그런 의미에서 향후 지식 그래프는 AI 활용의 경쟁력이 될 것이다. 우리는 범용 초거대 AI보다 지식 그래프와 같은 도메인 특화된 온톨로지에 집중해 투자해야 한다. 미국에 팰런티어라는 회사가 있다. 이 회사는 온톨로지를 기반으로 데이터로 통찰력을 만들어 내는 회사이다. 요즘 많이 언급되고 있는 오픈AI 등 회사보다 저자가 보기에는 훨씬 미래가치 진망이 좋은 회사이다. AI 업계 숨은 보석 같은 회사이다. 우리도 숨은 보석 같은 회사를 만들어야 한다. 그런 영역이 있다. 빅테크 따라 하기보다 현장 적용의 본질을 이해해야 한다. 자세히 이해하면 보인다.

넓은 데이터 레이크에서 특정 업무를 수행할 AI를 학습시키기 위한 학습 데이터를 만들어 내는 일과 적절히 학습되었는지를 판단할 수 있는 테스트 데이터를 준비하는 일도 매우 중요하다. AI를 적용할 때 어떤 문제를 풀 것인가에 따라 선택되는 AI 알고리즘은 매우 다양하고 중요한 판단이 들어가는 영역이다. 이 부분에서 AI 전문가의 지식이 필요한데 아무리 AI 알고리즘 전문가라고 하더라도 필요로 하는 알고리즘에 대해서 그 활용 지식이 부족할 수 있다. 그래서 요즘은 AI 알고리즘을 추천해 주는 AI가 존재한다. 즉 AI를 만드는 AI가 존재한다. 이 영역도 초거대 AI보다 우리가 더 집중해서 투자해야 하는 영역이라고 생각한다. 데이터를 통합하는 영역에서는 중복된 데이터를 통합해 주는 AI가 존재한다. 여러 데이터 테이블에 중복 저장 관리되는 데이터를 AI가 자동으로 인식하고 통합 여부를 판단해서 통합해 주기도 한다. AI를 만드는 일에서 사람의 개입을 최소화하여 경제성을 확보한다.

사람 전문가의 지식을 그림으로 디자인하는 온톨로지도 AI는 이를 분석해서 더 많은 추론의 가능성을 사람 전문가에게 제시할 수도 있다. 즉 사람과 AI의 융합과 협업으로 더 훌륭한 지식 그래프가 만들어지는 것이다. 이제는 AI도 AI가 만드는 시대로 들어가고 있고 이 분야야말로 미래 지향적 사업 영역이다. 범용 초거대 AI에 투자하는 금액이나 리소스의 대략 10%만 투자해도 글로벌 탑 기업을 만들어 낼 수 있는 영역이다. 이러한 AI를 만드는 AI는 각 기업이 AI의 활용을 아주 쉽게 만들면서 각 기업의 1인 1 AI 시대를 만들 수 있다. 우리 기업이 전 세계 1등 AI 기업이 될 수 있는 영역이다. 위에서 몇 가지만 언급했지만, AI를 통한 기업의 성과 창출이라는 측면에서 AI 기술의 단독 적용만으로는 절대 성과를 만들어 낼 수 없고 데이터 레이크, 데이터 전처리, 시각화, 알고리즘 선택 등 데이터 엔지니어, DBA, DB Modeler, 데이터 사이언티스트, 알고리즘 전문가, 업무 전문가 등이 모두 협업해야 의미 있는 지능화를 만들어 낼 수 있다.

AI 기술 적용만으로는 기업성과를 만들어 낼 수 없고 주변 관련 기술과 인프라, 특히 AI를 만들어 내는 AI 도구의 활용 등이 동반 구현 및 연계되어야 한다. 참고로 AI를 통한 성과를 만들어 내는 관련 작업의 비율이 리소스 배치 측면에서 보면 한 20% 이내 정도가 AI 알고리즘에 해당하고 나머지 80%는 주변에 필요한 도구나 인프라여서 주변 인프라의 구현 없이는 AI가 기업에 전면 도입되는 것은 실전 적용 측면에서 불가능하다.

최근 기술의 발전과 다양한 도구들이 등장하고 있다. AI가 AI를 만드는 것과 같은 이 과정을 자동화하기 위해서 많은 연구가 진행 중이기도 하고 실제 다양한 제품들이 실험적으로 출시되고 있다. 저자도 현직 재직시절 이러한 도구를 많이 사용해 보고 만들기도 해 보았다. 아마 투자에 권한을 갖고 있는 최고경영자 중에 이런 사실을 알고 있는 사람은 별로 없는 듯하다. 연구실 AI 전문가들도 이 부분에 별로 관심이 없다. 이런 상황에서 의사 결정을 하니 결과를 낼 수 있는 투자 주제가 나오지 않는 건 어쩌면 너무나 당연해 보인다.

아이러니하게도 현재 산업 중 가장 자동화가 덜 된 산업이 소프트웨어 엔지니어링 분야이다. 그동안 프로그램 코드를 생성해 내는 일이 가장 수작업에 의존하던 영역이었다. 기업의 업무 생산성을 위해 프로그램 코딩을 하는데 정작 코딩을 하는 작업은 수작업에 의존하며 생산성이 없다. 소프트웨어는 만들기 위해서는 그에 준하는 개발자의 투입이 비례해서 인건비가 상승한다. 다른 업무 처리를 지능화하고 자동화하는 기술이 소프트웨어 엔지니어링인데 정작 소프트웨어 코드를 만들어 내는 영역은 가장 수작업에 의존하는 영역이었다.

하지만 최근 이 분야에 급속한 자동화가 실현되고 있고 Low 코드 또는 No 코드라는 이름으로 AI를 만들어 내는 AI가 등장하고 있다. 머지않은 미래 데이터 사이언티스트와 엔지니어를 대체하는 다양한 AI를 만드는 AI 도구들이 시장을 크게 흔들어 놓을 것이다. 따라서 AI의 전면 도입을 통해 2030년 기업 가치의 혁신을 만들고 싶은 기업은 이러한 AI를 만드는 AI 또는 데이터 사이언티스트를 대체하거나 그 생산성을 높여 주는 자동화 인프라의 도입이 중요하게 검토되어야 하는 시기이다. 일반 컴퓨팅 자원이 클라우드로 전환되면서 많은 시스템 관련 작업이 자동화되었다. 그다음은 데이터와 AI 개발과 운영의 자동화 시대가 올 것이다. 우리는 지금 범용 초거대 AI 만드는 것보다 이 분야에 집중하면 글로벌 주요 사업자가 만들어지고 국가의 다음 주력 산업이 될 수 있다.

이렇게 만들어진 자동화 인프라 위에서 만들어진 AI 알고리즘이 실제 업무에 배포되어 인간의 업무 처리를 지능화하게 된 후에도 기업의 경영 환경은 계속 변화하기 때문에 계속 업그레이드해야 한다. AI는 새로 유입되는 데이터의 변화를 감지해 AI 모델 업그레이드를 자동 추천하게 되고 이를 통해 환경변화에 대응하는 AI 알고리즘이 유지되게 된다. 즉 살아 있는 AI가 되는 것이다. AI 기술이 PoC 검증단계에서 회사 전반에 전면 도입되어 성과를 만들어 내는 단계로 가기 위해서 이러한 자동화 인프라의 도입이 필요하다. 즉 이 영역이 매우 중요한 디지털 사업 영역이고 우리 기업들이 글로벌 경쟁력을 확보할 수 있는 미래 사업이 될 것이다.

클라우드 전환, 디지털 전환의 끝이 아니고 시작

저자는 2016년, 지금으로부터 7년 전 클라우드라는 단어가 매우 생소한 시기에 IBM과 클라우드 사업에 대한 전략적 협력 계약을 하고 국내 클라우드 사업을 시작했다. 당시 IBM과 협력한 데는 여러 가지 이유가 있었지만, 일단 AWS와 MS는 한국기업과 협력하는 사업모델을 고려하고 있지 않았다. 당시 AWS와 MS는 한국기업이 본인들 클라우드 시스템을 유지보수 해 주는 MSP(Managed Service Provider) 정도 기업으로 생각하는 것으로 보였다. 아무튼 전략적 사업 협력에 응하지 않았다.

외국계 유명 클라우드 시스템은 전적으로 본인들 체계로만 운영하는 블랙박스 영역이다. 당시 사업적 협력은 CSP 사업자가 제공하는 기능을 잘 사용하도록 하는 분야에 국한하였고 이러한 협력 내용은 지금도 비슷한 것으로 판단이 된다. 클라우드 사업을 해도 클라우드 시스템의 본질에는 들어갈 수가 없다. 국내에서 어떻게 클라우드 사업을 시작할 것인가에 대한 사전 컨설팅 리포트에서 전략 컨설팅 회사는 글로벌 중소 전문 클라우드 회사 인수를 제안했다. 돌이켜 보면 그때 그렇게 하는 것이 사업의 본질에 접근하며 더 좋은 결과를 만들었을 것 같다. 두고두고 아쉬운 결정이었다. 돌이켜 보면 디지털 전환 사업을 본격적으로 하면서 아쉬운 결정이 두 가지가 있었다. 하나는 시장 초기 고려했던 블록체인 영역에서 가상화폐거래소 설립 계획을 좀 더 적극적으로 추진해서 선진적인 가상자산 플랫폼을 만들어야 했고 두 번째는 클라우드 분야에서 IBM과의 협력보다 글로벌 중소 전문 클라우드 회사 인수를 통해 우리 자체 클라우드센터를 발전시켜야 했다는 것이다. 저자는 국내 대기업 수준이면 클라우드 사업 영역에서 자체 클라우드센터가 있어야 한다고 생각했다. 외국 대형 클라우드 기업들과의 협업은 단지 운영 사업자 또는 판매 사업자에 국한되기 때문에 미래 성장을 볼 수 없었지만, 자체 클라우드센터를 만드는 투자는 그 규모가 크고 장기적 관점이 공감되어야 추진할 수 있기에 투자 의사 결정자에게 이러한 투자를 설득하기가 쉽지 않았다. 2023년 지금 다시 2016년으로 돌아가서 같은 업무를 수행하는 리더였다면 아마 IBM과의 협업보다는 중소 글로벌 클라우드 회사의 인수를 더욱 적극적으로 했을 것 같으며, 그렇게 했으면 지금 완전히 다른 디지털 기업으로서 위상이 있었을 것 같다. 그런 의미에서 현재 사업 중인 순수 국내 클라우드 회사들의 선전과 글로벌 진출을 응원하고 싶다. 특히 이 분야를 국가 전략사업으로 육성하려면 공공기관의 국내 상용클라우드 사용을 지금보다 크게 확대해야 한다. 국가 기관이 자체 클라우드를 구축해서 사용하는 비중을 줄이고 국내 상용클라우드의 확대를 적극 도입해야 한다.

저자는 IBM에서 근무했던 경험이 있다. 근무 당시인 2000년대 초반 그때 IBM의 IT 산업계 리더십은 대단했다. 전 세계 기업 중에 IBM의 제품과 서비스를 사용하지 않는 기업은 거의 없었다. 당시 저자가 IBM에서 주로 했던 역할은 IBM On-Demand 서비스였는데 이 시스템이 사실상 오늘날 클라우드 시스템의 원조라고 할 수 있다. 이때 On-Demand 사업을 하면서 기업이 IT 인프라를 자체 구축하는 것보다 클라우드 형태로 사용하는 체계가 확대될 것을 예측할 수 있었다. 아무튼 AWS의 등장과 함께 우리에게 성큼 다가온 클라우드의 시대는 IT 사업계의 많은 것을 변화시켰다. 주로 B to C 사업 중심이었던 마이크로소프트도 Azure

라는 클라우드를 만들어서 신임 CEO의 강력한 리드로 시장에서 자리를 잡아 가고 있고, 구글도 압도적 기반 기술 우위를 기반으로 클라우드 시장에서 리더십을 확보하기 위해 큰 노력을 하고 있다고 판단된다.

AWS·MS·구글 등은 글로벌 클라우드 시장이 크게 확대되고 있는 시점에서 국내에서도 클라우드 사업자로 존재감이 더욱 확대되고 있고, 국내 클라우드 사업자의 존재감은 아직도 미미한 상태라고 할 수 있다. 국내 클라우드 사업자들이 국내 경험을 기반으로 글로벌로 나가서 글로벌 클라우드 기업들과 경쟁하는 모습을 보게 될 수 있을지 의문이지만, 4차 산업혁명의 기반 인프라가 되는 클라우드 인프라 부분을 모두 외국 기업에 맡기면 안 될 것 같다. 특히 클라우드 시스템이 현재까지는 주로 인프라 클라우드에 집중되어 있지만 데이터 클라우드, AI 클라우드, 블록체인 클라우드 등 IaaS(Infra as a Service)에서 SaaS(Software as a Service)로 확대되는 소프트웨어 클라우드의 승부는 이제 막 시작하는 단계여서 아직도 늦지 않았다. IaaS 영역은 늦었지만, SaaS 영역은 우리 기업들이 집중하면 시장 리더십을 확보할 수 있는 영역이다.

클라우드를 혁신의 아이콘으로 앞다투어 도입했는데 비용이 절감되었는가? 비용을 제대로 통제하고 있는가? 클라우드 인프라가 사업의 민첩성을 가속해 주고 있는가? 클라우드 전환으로 기업의 사업모델이 혁신되고 있는가? 초기 많은 경영자가 AWS, MS 등 글로벌 클라우드를 마치 경쟁하듯이 도입하고 추진했던 것에 비해 목적한 결과를 만들어 가고 있는지 지금 한번 냉정하고 객관적으로 짚어 보아야 할 시점으로 생각된다.

클라우드 시스템만 도입한다고 혁신이 만들어지지 않는다. 클라우드 시스템 도입을 통해 혁신을 만들어 가고 있는 많은 글로벌 기업에 대한 벤치마킹이 필요하다. 지금까지는 클라우드라는 개념을 공부하고 시스템을 클라우드 환경으로 전환하는 것도 벅찬 일이었던 것 맞다. 진정한 혁신을 만들어 내는 인프라로 인식되기 위해서는 지금 한번 그 상태를 진단해 볼 필요가 있다. AI, 블록체인 기술에 비해 클라우드 전환은 국내에서 의미 있게 진전이 있었다. 그래서 지금 중간 진단이 더욱 필요하다. 4차 산업혁명이 진행되기 위해서 기반 인프라로 클라우드의 도입이 필수이다. 하지만 이 도입이 성과를 만들어 내기 위해서는 추가적인 접근이 필요하다. 이 부분에 대한 학습이 필요하다. 이 추가적인 접근이 필요하다는 사실은 이를 추진 적용하는 기업에 중요하면서 동시에 그런 서비스를 제공하는 것이 사업모델 측면에서 이미 늦은 클라우드 사업모델에서 집중해야 하는 영역이기도 하다.

이 책에서 역시 이러한 클라우드 도입에서 디지털 전환의 추진 상태를 진단할 수 있는 방법론을 제시하고자 한다. **클라우드는 전환보다 중요한 과제가 그 클라우드에서 운영되는 다양한 디지털 전환 기술들이다. 4차 산업혁명을 국가 전략으로 삼은 우리나라에서 그 기반 기술이 되는 클라우드 시스템은 가볍게 볼 분야가 아니다. 클라우드센터 그 자체는 몇몇 글로벌 기업에 의존하고 있지만 클라우드 도입을 한 기업들의 혁신이 예상보다 그 효과가 못하다면 이는 뭔가 우리의 추진 전략을 수정해야 하고 클라우드 영역에서 우리 기업은 어떤 분야에 집중할 것인지도 다시 한번 생각해 보아야 하는 시점이고 중요한 문제라고 할 수 있다.**

IT 제조가 아니라 디지털 S/W 산업에서
국내기업의 글로벌 경쟁력 가능성

　우리나라는 디지털 전환에 매우 좋은 조건을 갖추고 있다. 우선 많은 전공 인재를 확보하기에 상대적으로 좋은 조건이고 디지털 산업에 관심이 많은 인적 자원들이 많다. 우리나라는 많은 영역에서 빠르게 전산화가 되었고, 이 과정에서 규모가 있는 IT 서비스 회사들이 생겨났다. IT 서비스 회사들은 많은 소프트웨어 엔지니어를 보유하고 있다. 대형 SI 사업자라고 불리는 회사의 소프트웨어 엔지니어만 합쳐도 대충 만 명이 넘는 우수 인재들을 보유하고 있다.

　그들은 대부분 컴퓨터 관련 전공을 했고 소프트웨어 엔지니어링의 기초가 매우 탄탄하며 기본적으로 기업 고객과 일하는 것에 매우 익숙하게 육성되어 있다. 데이터, AI 등 디지털 기술에 관한 기초 지식을 충분히 보유하고 있다. 그런데 국내 디지털 시장에서 그들의 존재감은 미약하다. 글로벌로는 유명한 IT서비스 회사들이 많고 그들은 디지털 전환과 관련된 시장에서 존재감 있는 역할을 하고 있다. 이 부분은 너무 복잡한 원인과 긴 스토리가 있는 영역이어서 이 책에서는 다루지 않지만, 국내 IT서비스 회사들이 보유하고 있는 소프트웨어 기술 인력과 AI, 블록체인 등 디지털 기술 인력을 전략적으로 잘 활용하면 국가 차원에서도 매우 큰 자산이 될 것이다.

　국내 IT서비스 사업자는 과거 해 왔던 사업이 주로 일반 IT 시스템 개발과 운영 업무여서 AI·블록체인 등 디지털 신기술에 대한 역량을 시장에서 별로 인정받지 못하고 있는 듯하다. 저자가 보기에는 유명 플랫폼 회사 또는 글로벌 솔루션 회사들보다 디지털 사업 영역에서 매우 우수한 인재와 사업 경험을 SI 회사들이 갖고 있어서 의사 결정자들의 확고한 신념하에 지속적인 지원을 받으면 글로벌 경쟁력을 확보할 수 있을 듯하다. 전통 IT서비스 사업자들이 확보한 자산과 인재를 기반으로 디지털 전환의 글로벌 경쟁력에 큰 역할을 해 줄 것을 기대 해 본다. 국내 IT서비스 사업자들은 디지털 전환 시장에서 가장 현장 적용의 실현이 가능한 기초를 갖추고 있는 것에 비해 그 가치를 제대로 인정받지 못하고 적극적으로 활용되고 있지 못한 것 같다.

다시 한번 책을 통해서 언급하고 싶은 것은 국내 IT서비스 회사들의 역량을 다시 객관적으로 확인하고 이 역량을 글로벌 디지털 선도 기업이 될 수 있도록 하는 지원이 있으면 이 디지털 전환 시장에서 많이 언급되고 있는 플랫폼 기업들보다 글로벌 가능성이 훨씬 높다고 확신한다. 국내시장이 규모가 너무 작아서 글로벌 시장 진출이 되어야 산업의 주력이 될 수 있는데 이 부분에 대해 치밀한 전략이 필요하다.

IT서비스 회사들도 지금보다 더 적극 변신해야 한다. 일반 IT 시스템을 개발하고 유지보수하는 것으로는 성장을 만들어 낼 수 없다. 인건비 중심의 서비스사업으로는 한계가 있다. 글로벌로 확대하기 위해서는 디지털 자체 자산이 축적되어 있어야 한다. 디지털 자산이 축적되어 상품화되는 것과 이를 기업 현장에서 적용할 전문가 서비스가 같이 있어야 한다. 이를 병행해서 가장 잘할 수 있는 회사가 IT서비스 회사이다. 지금까지 인건비 중심의 개발 서비스사업은 아주 잘해 왔고 지금부터는 디지털 자산을 축적하는 것에 집중해야 한다. 이를 위해서는 단기 목표에 집중하면 절대 실현 불가하며 중장기적으로 보고 매출보다 기업 가치에 중점을 둔 경영과 의사 결정이 절실하다. AI 업계 숨은 보석 같은 회사인 팰런티어, 스노우플레이크, C3AI 등과 같은 회사로 변신해야 한다. 그동안 축적해 온 IT서비스 역량이 글로벌로 갈 수 있는 방법을 보여 주고 있는 회사이다. 저자는 특히 디지털 사업의 특성상 IT서비스 회사들의 디지털 회사로의 전환에서 역할이 가장 현실적인 접근이라 생각한다. 그 이유는 실행력이 있기 때문이다. 현장에서 고객과 일하는 방법을 알기 때문이다. 개발의 작업을 자기 완결적으로 수행할 수 있고 기업의 주변 시스템과 통합을 가장 잘할 수 있다. 또한 기업 고객을 잘 이해하고 있기도 하다. 기업 고객과 일할 때 그 접근 태도는 IT 서비스회사들의 최대 강점이며 디지털 전환 사업 성공의 핵심 요소이다. 앞에서도 언급했듯이 디지털 사업은 기술 그 자체만으로는 실행이 불가하다. 그 주변을 포함하는 시스템 통합 역량이 있어야 한다. 시스템 통합 역량을 보유하고 있는, IT서비스 회사들의 역량이 매우 훌륭하다. 기존의 훌륭한 IT서비스 역량에 산업 특화된 디지털 자산을 축적하는 것을 보완해야 한다. 기존 IT서비스 회사가 익숙하지 않은 영역이지만 기초 지식이 탄탄하기에 기술의 유사성을 고려할 때 충분히 해 볼 수 있다. 이렇게 훌륭한 인적 자산과 디지털 자산을 겸비하면서, 현장 적용의 경험을 축적하면서 디지털 산업 분야에서 미래 경쟁력으로 발전시켜야 한다. 디지털 전환 S/W 분야를 우리 기업이 그 중심에 설 수 있게 하는 매우 의미 있는 접근으로 생각이 된다.

　제조 산업 중심에서 소프트웨어 디지털 산업으로 전환은 성공 가능성이 IT서비스 산업이 기존 인건비 중심의 개발 사업에서 디지털 자산 기반의 전문가 서비스로 전환될 때 성공적인 전환의 가능성이 매우 높은

영역이다. 인건비 중심의 사업 전개는 당장 눈앞에 보이는 매출 확보의 단맛이 너무 커서 디지털 자산 기반 사업으로의 전환에 큰 장애이다. 파괴적 혁신이 필요하다는 이야기이다. 버려야 새것을 얻을 수 있다. 당장 아픔이 있어도 기존 인건비 중심, 국내 중심, 외국 빅테크 사업파트너 중심의 IT서비스 사업을 과감히 줄이고 장기적인 안목에서 글로벌로 나갈 수 있는 디지털 자산을 만들어 가야 한다. 일부 플랫폼 기업이나 디지털 전문기업의 활동이 활발하기는 하지만 한계가 있다. 이 사업 영역은 IT서비스에 대한 통합적 이해가 있어야 한다.

국내시장 규모만을 보고는 사업적으로 장기적 대규모 투자를 결정하기가 어렵다. 그나마 국내시장도 아직 성장성이 확보된 결과가 나오고 있지 않다. 그 이유는 디지털 전환이 인프라나 솔루션은 모두 글로벌 빅테크에 의존하고 우리 기업은 인건비 매출에 집중되어 있어서 인건비를 현저히 낮추거나 자산 기반 매출이 발생하지 않으면 인건비 매출을 증가시켜도 이익이 의미 있게 증가하지 않는다. 즉 공헌이익이 나는 사업이 아니고 미래 수익성 스토리가 부족한 상태이다. 인건비 저가 경쟁도 치열하다. 국내 IT서비스 회사들은 대부분 디지털 전환 영역에서 수익성이 좋지 않다. 시장도 작지만, 원가 증가가 매출과 거의 비례해서 수익성 관점에서 성장을 기대하기가 어렵다. 사업적으로 성장을 하거나 해외로 진출하는 등 이익구조를 혁신적으로 변경하는 시도를 하기 어려운 구조이다. 시간이 걸리는 글로벌 기업으로 나갈 수 있는 자산을 축적해 가는 것은 더욱더 생각도 못 하는 듯하다. 디지털 전환을 추진하기에는 인적자원이 훌륭하고 글로벌 경쟁력 있는데 산업구조가 이를 지원하고 있지 못하다. 이 구조를 변경하지 않는 한 AI든 뭐든 글로벌 경쟁력을 갖춘 기업이나 Solution이 나올 수 없을 듯하다. 이 부분에서 저자는 향후 국내 IT 서비스 회사들의 혁신과 글로벌에 기대하고 싶다. 최근 몇 년간 주목받았던 클라우드 MSP 회사들도 마찬가지이다. 글로벌 클라우드 회사와 협력한다고 하지만 사실상 글로벌 클라우드 CSP 회사들의 국내 구현, 운영 파트너 정도 역할을 하고 있으며 그나마도 최근 인건비 증가로 저가 출혈 경쟁한다. 클라우드라는 4차 산업혁명을 주도하는 단어로 포장되어 있지만 전형적인 인건비 중심의 사업으로 미래가 보이지 않는 매출 늘리기 싸움이 지속되고 있는 것으로 보인다.

한때 혁신 기업으로 주목받았던 MSP 회사들의 지금 모습은 거의 SI 회사이다. 보유하고 있는 인적 자원들을 고려해 볼 때 글로벌 기업들과 협업하지만, 자체로 보유해야 하는 S/W Solution을 확보하고 글로벌 Solution과 연동하면서 그 생태계를 중장기적으로 만들어 가야 할 것 같은데, 시도는 하고 있지만 아직 작은 성과라도 만들어 내는 기업은 보이지 않고 있다. 그저 글로벌 CSP의 협력회사 또는 인건비 중심의 개발회사만 늘어나고 있는 것으로 보인다. 우리나라 디지털 산업도 산업 구조적으로 역량과 경험이 있는 SI 회사들은 장기적 투자가 필요한 디지털 자산을 축적하는 것보다 편하고 빠른 인건비 중심 사업에 집중하고 있고, 기술 그 자체에만 매달리고 있는 플랫폼 회사들은 전체 통합 실행 역량이 너무 없다. 적어도 디지털 S/W 분야에서 중장기적으로 글로벌 리딩 회사가 될 가능성이 있는 회사를 만들기 위해 가장 잠재 역량을 잘 보유하고 있는 대형 IT서비스 회사들의 성장과 역할을 기대해 본다.

우리나라는 디지털 전환을 추진 할 수 있는 훌륭한 인적 자원을 보유하고 있고 변화에 민감하며 복잡한 사회/경제 구조에 빠르게 대응하는 역량을 보유하고 있다. 지능화, 탈중앙화까지는 아니지만 정보화 측면에서는 상대적으로 빠른 진도가 있었고 하드웨어 제조 측면에서도 우수한 인프라를 갖추고 있다. 우리나라 기업들이 디지털 전환을 통해 글로벌 경쟁력을 만들어 낼 수 있는 기반 조건들은 갖추어져 있다. 통찰력을 갖고 이를 잘 이끌어 갈 리더들의 역할이 중요한 시점이다. 의사 결정자급의 리더들이 기술의 원리를 지금보다 시간을 투여해서 심도 있게 공부해야 한다. 이를 적용하기 위해 만들어 가야 하는 경제성을 확보하기 위한 생태계를 이해해야 한다. 이를 기반으로 집요하고 지속으로 투자해야 한다. 기술력과 사업추진력을 모두 겸비한 리더를 육성해야 한다. 기술 이해력과 사업추진력을 모두 균형 있게 겸비한 통찰력 있는 의사결정자급 리더의 탄생이 절실히 필요하다. 기존에 H/W분야에서 제조업으로 우리 기업은 큰 역할을 해왔다. 디지털 전환 S/W 분야로 그 중심을 변화시키기 위해서는 인적 자산이 풍부한 국내 IT서비스 회사들에 대한 재조명과 함께 기술과 사업적 역량을 겸비한 리더의 육성이 필요하며 이 두 가지 접근으로 전환을 만들어 갈 수 있을 듯하다.

3부

디지털 전환 성과를 위해 기업이 해야 할 준비

디지털 전환으로 성과가 만들어지고 있는 기업의 특징

지금부터는 우리가 어떻게 해야 하는지 이야기해 보도록 하겠다. 디지털 전환 분야에서 국가적으로 미래 산업이 될 수 있는 좋은 조건을 보유하고 있는 국내기업들이 지금까지 진행에서보다 의미 있는 성과를 만들어 내기 위해서 여러 가지 복합적인 방안이 있겠지만 저자가 가장 시급하다고 생각하는 방안을 제시해 보려고 한다. 결론적으로 이야기하면 첫째, 기술에 대한 이해도가 높고 사업수행 경험이 있으면서 자기 알리기, 내부 정치 등 본질을 벗어나는 것에 중심을 두는 행동 패턴을 보이지 않는 진정한 사업형 리더가 육성되어야 한다. 성장하는 신기술 분야에서 방향성을 제대로 제시하는 리더의 역할이 우리를 지름길로 인도할 것이다. 둘째, 디지털 전환에 필요한 제반 체계, 주변 인프라를 충분히 이해하고 지속해서 장기적으로 투자, 구축해 가야 한다. 기술이 성과를 만들려면 주변 기존 기술과 통합연계 되어야 한다. 셋째, 진행 중인 사업수행 결과가 디지털 자산으로 축적되어서 이를 발전시키며 재활용할 수 있어야 한다. 손에 잡히는 자산화에 진심이어야 한다. 넷째, 기술의 미성숙을 충분히 이해하고 너무 성급한 기대치를 조절하고 인간과 기술이 협업할 수 있는 체계를 만들어야 한다.

성과가 만들어지고 있는 기업의 한 가지 공통점은 디지털 전환을 통해 전환 과정에서 발생하는 다양한 Digital Asset이 만들어지고 있다는 것이다. 과거 전통기업에서 우리는 사람을 가장 중요한 사업 자산으로 보았다. 어느 성공한 글로벌 디지털 기업 CEO의 과거 외침이 기억난다. "진행하고 있는 모든 활동은 자산으로 축적해야 한다. 개인과 팀 조직은 그들의 활동과 결과물을 자산으로 축적해야 한다. 이를 자산으로 공식 축적하지 않는 것은 해고 사유가 된다!" 지금의 글로벌 최정상의 디지털 회사가 되게 한 핵심이라고 생각한다. 그런 측면에서 우리는 이 부분도 너무나 취약하다. 우리는 사람이 바뀌면 그 경험의 흔적도 거의 없어진다. 그 업무 지식은 사람의 퇴사와 함께 없어져 버린다. 그리고 같은 일을 계속 반복적으로 한다. 이 이유도 국내기업에서 디지털 선도 기업이 나오지 않는 중요한 요소이다. 지금도 사람의 중요성은 마찬가지지만 과거와는 달리 노동의 유연성 등 사람의 이동이 수월해진 지금의 기업이 축적해야 할 것은 인재와 더불어 인재들이 축적해 놓은 Digital Asset이다. 그 기업의 사업적 경쟁력이 그대로 녹아 있는 Digital Asset의 가치가 가장 중요하다. 우버의 가장 큰 경쟁력은 차량과 드라이버가 아니고 수익성 최대화 동적 가격제시 알고리즘이다. Digital Asset의 비중이 높아질수록 몇몇 사람에 대한 의존도는 최소화될 것이다. 최근 투자자들이 투자 의사 결정을 할 때 해당 기업이 보유한 Digital Asset의 가치를 중요하게 보는 것도 맥락을 같이 한다고 할 수 있다. 글로벌 공유 자동차 플랫폼인 우버의 그 큰 기업 가치는 어디서 오는 것일까? 경쟁자는 이 시장에서 경쟁할 때 어떤 우버의 역량을 돌파하기 어려운 장벽으로 생각할까? 우버의 가장 큰 경쟁력은 AI 기반으로 실시간 수익 최대화에 집중한 최적의 가격 매칭 알고리즘이라고 생각한다. 운전자 수급 상황, 고객 이용 상황, 교통상황 등 다양한 파라미터를 학습한 우버의 최적 실시간 가격제시 알고리즘은 그동안 수없이 많은 사례와 데이터를 통해 만들어 낸 우버만 갖고 있는 그들의 Digital Asset이다. 이는 쉽게 경쟁자가 따라갈 수 없다. 경쟁자가 돈은 한 번에 투자할 수 있지만 시간은 한 번에 투자할 수가 없다. 우버의 경쟁력은 이 Digital Asset에 기반해 더욱 진화하며 신규사업 진출 시 이 Digital Asset이 Time to Market 할 수 있는 기반이 될 것이다. 이 자산을 기반으로 새로운 사업을 신속하게 전개해 갈 것이다. 하지만 국내기업은 알고리즘, 데이터 같은 Digital Asset의 중요성에 대해 심각하게 생각하지 않는 경향이 있고, 특히 의사 결정자들은 이 부분의 중요성을 비중 있게 적용하고 있지 못하다. 적어도 가장 중요한 요소가 실제 투자 의사 결정 또는 실행에서는 그 우선순위가 심각하게 고려되지 않는 것으로 판단된다.

디지털 전환으로 기업의 경쟁력을 확보하고 싶은 CEO들과 디지털 전환을 중요한 사업모델로 추진하고 있는 CEO께 다음과 같이 제언한다. 지금은 아직 기술의 성숙도 측면에서 신기한 수준에 머물러 있고, 경제성도 확보되어 있지 않으며, 디지털 기술을 통해 의미 있는 경영 성과가 나는지 명확하지 않은 이 상황에서, 대규모 투자가 수반되는 디지털 전환 과제를 실제 과감히 실행하기 주저되는 상황이라고 생각하는 것은 이해되지만 이러한 디지털 겨울 상황이 곧 변하기 시작할 때 아마도 2030년쯤으로 예상되는 디지털 전환으로 성과를 만들어 내는 기업은 그동안 사업수행의 지식이 디지털 자산으로 만들어진 회사이고 경쟁력이 포함된 Digital Asset을 묵묵히 축적해 온 기업이 그 중심에 있게 될 것이기에 지금 디지털 전환을 추진하면서 그 과정에 만들어지는 Digital Asset을 회사의 가장 중요한 자산으로 관리해 가야 한다. Digital Asset을 기존 전통기업이 중요하게 인식하고 회사의 전통적인 핵심 자산처럼 잘 관리해야 한다. 인재를 육성하듯이 디지털 자산을 육성해 가야 한다. 기업의 경험이 축적된 디지털 자산이 기업의 미래이다. 디지털 전환으로

2030년 경쟁력 있는 산업계 리더 되고 싶은 기업의 CEO는 지금 바로 우리 회사에 어떤 인재가 있고 어떤 프로젝트가 진행되고 있는지보다 어떤 디지털 자산이 축적되어 가고 있는지 한번 깊이 살펴보길 권고한다. 과거 전산 시스템은 효율성을 높여 주는 주변 도구였다면 미래 디지털 자산은 그 자체가 사업수행의 원천이다.

디지털 전환을 위해 지금 시작해야 하는 일
– CEO의 냉정하고 객관적인 현 상황 판단

디지털 전환의 겨울 시기에 미래를 준비하는 것에 있어서 최고경영자의 역할은 아무리 강조해도 지나침이 없다. 정말 가장 중요하다. 저자는 지난 30년간 IT/DT 업계에서 치열한 프로젝트를 수행하며 실무자부터 경영자들까지 수없이 많은 소통을 해왔다. 디지털 전환이 경영 성과를 만들어 내기 위해서 2024년 가장 시급하게 생각되는 것은 경영자 또는 의사 결정자가 속한 각자 회사의 디지털 전환에 대한 정확한 현실 파악이라고 생각한다.

솔직히 지금도 경영자 또는 의사 결정자들이 기술의 속성에 대한 충분한 이해 없이 중요한 의사 결정을 하고 있거나 의사 결정을 미루는 경우가 많다. 시간이 지나면 자연히 해결되는 문제가 아닌 듯하다. 그로 인해 많은 자원이 효과적이지 못하게 사용된다고 생각한다. 경영자는 떠나면 그만이지만 그 후배들은 디지털 전환의 성과도 없고 같은 일이 반복되어서 일어난다. 미래의 경쟁력을 위해 각자 회사의 디지털 전환 역량 준비도 현황에 대한 파악이 중요하다. 현황 진단 없이 진행을 잘할 수가 없다. 이런 상황에서 성과가 난다면 오히려 그게 이상할 정도이다. 나의 역량 준비도와 상황에 대한 객관적 진단 없이 디지털 전환으로 구체적 성과가 만들어지지 않는 것은 어쩌면 당연한 것으로 생각된다.

다시 강조하면 기업의 디지털 전환은 CEO의 역할이 가장 중요하다. CEO들께서는 불편할 수 있지만 사실이다. 디지털 전환은 CEO Agenda 이다. CEO 대부분은 디지털 전환의 중요성과 그 영향에 대해 잘 이해하고 있다. 중요성을 이해하고 있는 것에 비해 기술 자체 속성에 대해 잘 모른다. 사실 뭘 잘 알고 있고 뭘 더 잘 알아야 하는지도 잘 모른다. 의지가 없는 것은 아니고 기업이 해결해야 하는 현안이 너무 많기도 하고 장기적 추진이 필요한 디지털 전환의 과제에 비중을 두기가 쉽지 않다. 또는 추진의 방법을 잘 모르거나 잘 이야기해 주는 사람이 없어서 이런저런 시도를 해 보며 시행착오를 거치고 있는 것 같다. 흥미를 갖고 정말 중요하다고 생각해도 어디서부터 시작해야 할지 막막하고 수없이 많은 기업 현안으로 이를 지속으로 학습해 가기가 어려운 상황이다. 굳이 기술에 대해 CEO가 자세히 알아야 추진할 수 있나? 라고 생각하는 CEO도 많은 것 같다. 이견이 있을 수 있는 의견이지만 저자는 디지털 전환의 영역은 CEO의 기술적 통찰력이 매우 중요한 성공 요소라고 생각한다.

디지털 영역은 그 기술의 원리에 대해 CEO가 이해하고 있어야 한다. 그래야 시기적절한 의사 결정이 가능하고 리소스 재배치를 통해 시간 낭비를 최소화할 수 있다. 디지털 전환 성공의 첫 번째 핵심은 CEO의 깊이 있는 공부라고 말하는 것에 조금도 주저함이 없다. 디지털 전환이 잘되지 않는다면 그건 전적으로 CEO 책임이다. CEO가 기술적 통찰력이 있어야 주변 장애들에 흔들림이 없이 확신 있게 투자를 지속해 갈 수 있다.

기술 속성에 대한 이해와 실전 적용의 통찰력이 부족한 상태에서 CEO 확고한 의지 없이 추진하는 디지털 전환은 많은 불안감을 만들어 낸다. CEO 자신도 매우 조급해하고 불안해한다. 신기하게도 구성원이 이러한 상황을 그대로 느끼며 그로 인해 전체적인 추진의 분위기가 산만해진다. 디지털 전환을 추진하는 첫 단계는 외부 인재 영입이 아니고 CEO의 공부이다. 보통 디지털 전환추진 시 CEO들이 하는 거의 첫 결정이 외부 인재 영입을 통해서 그 추진의 불안감을 해소하는 것인데, 우리나라 기업문화 측면에서 외부 전문가가 해당 조직에서 역할을 하기 정말 어렵다. 산업에 대한 지식, 강력한 추진력과 더불어 강한 정신력과 부드러운 소통 역량을 갖추고 있어야 버틸 수 있다. 새로 영입한 리더에 대한 기존 조직의 진입 장벽이 크고 겉으로는 협업하는 듯하지만, 속으로는 저항하는 것이 기존 조직의 일반적인 행동이다. 그런 연유로 외부 영입 인재들이 대부분 몇 년 못 있고 조직을 떠나게 된다. 디지털 전환 또는 디지털 사업을 추진하기 위해 외부 인재를 영입하려는 CEO들이 이런 부분을 충분히 고려해야 하고 반대로 기업의 디지털 전환 과제에 참여하는 외부 디지털 인재들도 이 부분을 심각하게 고려해 사전에 일할 상황을 만들어 갈 수 있는 예산과 권한이 확보되도록 하는 것을 추천한다.

디지털 전환에 관한 모든 일의 시작은 현실에 대한 정확한 판단이 기반이 되어서 현재 회사의 디지털 수준을 객관적으로 판단하고 이를 기반으로 사업전략과 환경변화에 부합하는 디지털 전환의 과제를 설정하고 모든 가용한 자원을 집중하는 과정을 진행하다 보면 CEO의 기술 속성에 대한 이해가 점차 증가할 것으로 예상 해 본다. 그래서 첫 단계는 각 사 디지털 전환 준비 역량에 대한 정확한 진단이 그 시작이다. 진단을 통해 CEO의 통찰력이 높아진다. 전사적인 추진의 공감대가 형성된다. 디지털 전환의 추진이 통합적 접근이 필요하다는 것을 이해하게 된다. 어떤 도구를 활용해야 하는지 어떤 인재를 영입하고 육성해야 하는지 알게 된다. 어떤 디지털 자산을 만들어 가야 하는지 파악하게 된다.

기업의 디지털 성숙도 진단 방법 제언

저자가 SK그룹 DT(Digital Transformation) 추진위원장으로 그룹 디지털 전환을 추진하면서 또는 그룹 외부 고객 대상으로 디지털 전환 사업을 전개하면서 기업의 디지털 전환이 잘 이루어지지 않는 것에 대해 깊이 있는 고민을 했다. 기술의 미성숙, 과도한 기대감, CEO의 이해 부족, 기존 체계와의 통합 이슈, 전문가 확보, 규제 등 여러 가지 이유가 있었지만 그 시작은 의사 결정자들의 추진에 대한 확고한 생각이라고 생각되었다. 어떻게 의사 결정자들이 기술에 대한 이해도를 높이면서 확고한 추진 의지로 디지털 전환을 실행의 최우선 과제로 인식하게 할 것인가 고민했다. CEO들이 디지털 전환의 필요성을 인식하면서도 본인 회사의 디지털 전환 준비도/성숙도를 파악하는 것에 많은 어려움을 느낀다는 것을 알게 되었다. 이 부분의 해결 없이는 기업의 디지털 전환이 정확한 방향을 설정하기 어려울 수밖에 없다고 인식하게 되었다. 의사가 환자에게 치료를 처방하기 위해서는 환자의 상태를 정확히 파악하고 있어야 한다. 환자의 상황과 상태에 따라 그 치료 방법은 완전히 달라진다. 기업의 디지털 전환도 그 추진 방법이 그 기업의 상황에 따라 완전히 달라진다. 이러한 진단을 기초로 해야 맞춤 처방이 가능해진다. 그래서 환자를 종합적으로 진단하는 진단 의료가 있듯이 기업의 디지털 전환 상태를 진단하는 일이 중요하다고 생각했고 **이를 해결하기 위한 정량적 객관적 진단 방법론을 만들었다. 이를 Digital Doctor라고 이름 지었다.** 지금 기업들은 디지털 전환이 잘 안되는 병의 증상이 있다. 기업의 이슈만이 아니고 주변 환경, 기술의 미성숙, 기존 시스템과의 통합 이슈 등 다양한 이유에 의해 추진이 잘 안된다. 현재 준비 상황에 대해 기준 맞추어서 정확히 진단해 가장 영향력 있는 의사 결정자에게 알려 주어야 한다. 그리고 진단 상황에 맞추어 처방해야 한다. **그 과정이 객관적이고 논리적이어야 한다.** 일부 외부 컨설팅의 부분적 인터뷰에 의한 진단은 객관성을 보장받지 못할 수 있다. 컨설팅의 사전 경험과 지식 레벨에 따라 주관적인 판단이 될 가능성 있다. 사실에 기반해야 하고 대부분의 동의가 필요하다. 몸이 아플 때 이런저런 이야기를 주변으로부터 부분적으로 듣는 것은 근본적인 문제 해결이 되지 않을뿐더러 치료의 시간을 더 길게 만들 수 있고 적절한 치료의 시점을 놓치게 할 수 있다. 그래서 특**정 전문가의 의존도를 최소화하면서 객관적인 상태를 파악할 수 있도록 하는 진단 방법론의 기초 기준을 만들게 되었다.** Digital Doctor는 앞에서 언급한 다양한 이유를 해결하면서 각 기업에 맞는 추진 계획을 실행하는 추진의 전체를 처방하는 의미지만 **특히 초기 진단의 객관성을 확보하는 것이 추진 시작에서 중요하다고 생각하고 진단의 기준을 만들게 되었다.** 저자는 이 진단 방법론을 활용해서 고객의 진정한 Digital Partner가 되기 위해 노력하고 있었으며, 상당히 효과가 있는 방법론으로 판단된다. 큰 비용으로 외부 컨설팅을 받는 것도 의미가 있지만 이 진단 기준을 활용해서 스스로 자기 진단을 통해 판단해 보는 과정을 먼저 진행해 보길 제언해 본다. 진단을 통해서 파악한 준비도에 대한 이해도를 높여서 지금의 디지털 겨울의 시기에 우리의 디지털 전환 체력을 육성해야 한다. 저자가 제시하는 진단의 기준은 대소 개념적이고 그 레벨이 높다. 정확한 진단을 위해서는 더 구체적인 진단 기준이 필요하다. 이번 책에서 제시하는 개념적이고 높은 레벨의 기준을 참고로 각 사에 맞는 구체적인 진단 기준을 세분화해서 진행할 것을 역시 권고한다.

기업이 디지털 전환을 성공적으로 하기 위해서는 의지나 생각만으로는 부족하고 DT 추진의 기본 역량과 체계가 준비되어야 한다. 하지만 CEO를 포함 경영진들의 학습이 쉽지 않은 디지털 기술을 통한 혁신에 대해서 적시 의사 결정을 하기 쉽지 않다. 기업 스스로, 특히 CEO가 본인 회사의 디지털 역량과 준비 체계 수준을 명확히 이해하는 것으로부터 그 추진이 시작된다고 확신한다. 어떤 제한점이 있는지 파악하고 시작해야 한다. 시장에서 컨설팅 회사 대부분은 비슷한 진단 방법론을 갖추고 있다. 하지만 많은 대가를 주고 컨설팅을 받아 보면 그 결과는 도움은 되지만 추진에 만족스럽지 못한 경우가 많다. 투입된 컨설턴트의 역량과 경험에 따라 품질이 매우 달라진다. 그 내용이 너무 포괄적이다. 어느 회사에 적용해도 모두 같은 답의 결과가 나올 것 같은 보고서 내용이 많다. 기술의 속성을 이해하는 추진 과제보다 일반적인 조직, 문화, 프로세스 등 애매모호한 교과서적인 추진 내용이 주류를 이루고 있다. 설명을 들으면 내용이 너무 당연해서 동의하기도, 아니라고 하기도 할 수 없는 내용 중심이 많다. 당장 무엇을 실행하라는 것인지 명확하지 않다. 또는 회사의 상황에 대한 고려가 부족하다고 느껴진다. 기업은 오히려 투입 컨설턴트에게 기업 내부 지식을 학습시켜 준 것 같은 느낌이 든다.

저자 재직 당시 저자의 아이디어로 개발했던 진단에 필요한 방법론을 참고로 이 디지털 겨울의 시기에 우리가 준비해야 하는 과제를 도출하는 방법의 하나로 이 접근방법을 간단히 소개해 본다. 앞에서 언급했지만, 유사한 방법론은 많은 컨설팅 회사 등에서 갖고 있다. 하지만 이번 방법론의 접근방법은 디지털 전환의 핵심인 기술 중심의 성숙도와 기술을 둘러싸고 있는 실행 체계 준비에 집중되어 있고 기술 적용이 실질적인 성과를 만들어 내는 것에 집중되어 있다. 진단 결과는 핵심 디지털 기술에 대한 기업의 준비도를 점검해 볼 수 있다. 디지털 전환의 겨울에 미리 준비해야 하는 체력에 대해 언급할 수 있게 진단 한다. 특히 지금의 디지털 겨울을 만들고 있는 기대와 실망의 반복 원인에 집중해서 이 겨울 극복을 위한 방안 중심으로 그 접근방법이 설계되어 있다. 기술의 미성숙에 어떻게 대응할 것인지, 인간과 AI의 협업 체계를 어떻게 만들어 낼 것인지, 기술 적용의 경제성을 확보할 것인지 등. 디지털 전환을 위해서는 기술 적용에 대한 조직의 준비가 필요하다. 준비 없는 시도는 한두 번으로 충분하며 의미 있는 성과를 위해서는 조직 전체가 움직이는 전사적 역량 준비가 필요하다. 여기서 역량은 사람이기도 하지만 데이터나 자동화 도구이기도 하다. 진단을 통해 기업이 어떤 분야에 역량 준비가 필요한지 파악해 볼 수 있다. CEO는 체계적으로 공부할 수 있는 자료로 활용될 수 있다. 주변 지원 인프라와 통합 체계가 필요한지 알 수 있다. 디지털 자산으로 축적해 가는 방법을 파악할 수 있다. 앞에서 언급한 디지털 전환의 기대와 실망이 반복되는 디지털 겨울의 시기에 미래 경쟁력 확보에 필요한 준비 역량을 종합적으로 파악할 수 있다.

이 접근방법을 이용한 진단을 통해 최고경영자는 현재 본인 회사의 디지털 성숙도를 객관적으로 판단해 볼 수 있고, **미래 디지털 기술을 통한 사업적 차별화로써 어떤 기술 성과에 리소스를 우선 투입해야 하는지 판단할 수 있을 것이다.** 기업이 현재까지 추진한 디지털 전환의 성숙도를 진단해 볼 수 있는 아주 단순하면서도 실질적인 진단과 처방 방법론을 참고로 설명해 본다.

각 기업에서는 이 접근방법에서 제시한 절차대로 **스스로 자기 진단을 통한 판단으로 자신의 상태를 진단해 볼 수 있고 이를 기반으로 사업전략에 부합하는 디지털 전환 전략을 수립할 수 있으며 적재적소에 필요한 인재를 육성 및 확보하고 필요한 외부 파트너들과의 전략적인 협력에 활용할 수 있게 될 것이다.** 이 진단은 가장 기본적인 접근방법을 제시하는 것이며 적용 기업은 이러한 접근방법을 참고로 기업의 상황에 맞게 구체화 진단 기준을 만들어야 하고 적용 분야를 보완하면서 계속 발전시켜 갈 수 있다.

이 접근방법이 제시하는 진단 방법은 3가지 사항에 중점을 두었다.

첫째는 명확한 기준을 기반으로 철저히 객관적이어야 한다. 일부 전문가가 진단하는 것이 아니라 브레인스토밍을 통해 전체 의견을 모아야 하고 그 과정에서 상호 이해도를 높일 수 있다. 컨설턴트가 없어도 된다. 퍼실리테이터만으로 충분하다. 브레인스토밍 과정을 통해 의견이 일치할 때까지 토론하고 진단한 점수를 입증할 수 있는, 누구나 인정하는 증거가 있어야 한다. 객관적인 기준을 갖고 상호 토론하면서 이해도를 높여 가는 과정이 결과 리포트보다 디지털 전환 추진에 중요하다. 몇몇 컨설턴트들이 약간의 인터뷰를 하고 자기들끼리 만든 리포트 설명회하고 나가는 것과는 차원이 다르다.

둘째는 통합적이어야 한다. 앞에서 디지털 겨울을 이야기하며 반복해 언급했던 한 예가 AI 기술 하나만 적용한다고 디지털 전환이 될 수 없다는 것이다. 기술의 적용과 전환은 근본적으로 다른 접근이 필요하다. 설사 AI가 가장 중요한 기술이라고 하더라도 AI 구현을 위한 전반적인 수반 과제가 같이 추진되어야 한다. 궁극의 성과를 만들어 내기 위해서는 디지털 기술을 둘러싸고 있는 제반 기술의 구현이 통합적으로 동반 구현되어야 한다. 이 방법론은 어떤 통합 동반되어야 하는 과제들이 있는지 파악할 수 있게 해 준다.

셋째는 정량적으로 진단되어야 한다. 수치화할 수 없는 것은 의미 없다는 경영 원칙도 있듯이 진단 결과를 정량화해 여러 가지 비교분석에 활용할 수 있어야 하며, 같은 기준으로 디지털 전환을 먼저 추진한 선도 기업의 추진 현황과 자세히 비교해야 한다. 성과를 만들어 내는 선도 기업들은 많은 시행착오를 거치며 지금의 성과를 만들 수 있었다. 이를 최대한 우리 것으로 만들고 시행착오를 최소화하는 지름길을 찾아야 한다. 왜 선도 기업이 이런 과제를 우선했는지 깊이 고민해 보아야 한다. 그래야 지름길을 찾을 수 있다. 이때 진단에 사용된 객관적이고 정량화된 기준은 크게 도움이 된다. 적절히 비교해 볼 수 있고, 그 비교를 통해 우선순위인 과제를 발견할 수 있다.

저자는 현재 그룹 계열사인 교육플랫폼 조직에서 디지털 전환 관련 전문교수단에 속해 있고, 과거 경험을 후배들에게 전달하는 교수 역할을 현재 수행하고 있다. 향후 이 방법론을 활용해 그룹의 디지털 전환을 추진하는 구성원들 특히 의사 결정자 레벨을 교육하는 것과 동시에 외부 참여자들 특히 중소기업, 스타트업 등의 디지털 전환을 통해 기업 가치를 확보하고자 하는 기업에 디지털 전환을 지원할 계획이다. 지금까지 컨설팅 회사로부터 전략, 프로세스 컨설팅을 많이 받아 보았지만, 그 활용성에 의문이 있는 회사에 특별히 적용할 예정이다. 이 접근방법을 활용하여 우리나라와 우리나라 기업들이 이 디지털 겨울의 시기에 역량을 준비해서 글로벌 경쟁력을 기반으로 디지털 전환이 미래가 되는 것에 기여하고 싶다.

자가 진단 방식, 스스로 판단해 합의하고 추진 동력 확보

필자의 경험으로는 컨설팅 등 외부 전문가들이 하는 진단의 정확성이 더 떨어진다고 생각한다. 외부 전문가들은 짧은 시간에 진단하기 위해 노력하지만, 사실 내부 구성원들의 지원이 절실히 필요하고 때에 따라서는 진단 시 많은 저항에 부딪히게 된다. 그렇게 진단한 내용이 내부 실무자들의 동의를 받지 못하는 경우도 많다. 표면적인 이슈는 파악이 되지만 숨어 있는 이슈는 파악이 어렵다. 그렇게 되면 향후 진행이 어렵다. 사내 정치적 기류에 영향을 받기도 한다. 그 결과, 진단 리포트가 객관성을 잃거나 부족한 현실 파악을 빠뜨리는 진단의 오류를 많이 보아 왔다. 진단 내용과 처방이 그냥 보편화되어 버린다. 특히 자가 진단을 하면 스스로 필요하다고 생각하는 개선 사항에 집중하게 되는데 이 포인트가 중요하다.

우리가 병원 건강검진에서 자가 문진을 할 때 이를 거짓으로 작성하는 환자는 아마 없을 것이다. 이번 진단 방법론도 회사 구성원들이 직접 문진에 답을 하는 형태로 진행해 비용과 시간을 최소화한다. 현재 상황을 정확히 파악하고 있는 구성원의 생각이 진단에 그대로 반영될 수 있도록 설계했다. 그리고 전체적인 합의로 진단하기 때문에 과정에서 다양한 토론이 가능하고 추진 당위성에 대한 합의가 쉽다. 이러한 합의나 동의가 향후 디지털 전환 추진의 동력을 확보하는 데 매우 중요하다.

디지털 전환 성숙도를 진단하는 핵심기술 항목

자가 진단 항목은 6가지 핵심기술에 대해 현재 활용 성숙도를 5단계로 진단하게 된다. 6대 기술은 4차 산업혁명을 대표하는 기반 기술에 해당하는 AI, 블록체인, 클라우드, 데이터와 응용 기술에 해당하는 Digital Workplace, IoT이다.

6가지 기준의 기술로 정의하기는 했지만, 기술 종류는 시대 흐름과 기업의 중요도 우선순위에 따라 변경할 수 있다. 6가지 기술 제안은 평균적 공통점을 고려하여 제시하는 것으로 기업의 당면 과제에 따라 변경될 수 있지만 일단 6가지 기술을 기초로 진단하고 추후 보완해 가며 성숙도를 높이는 것을 권고한다. 5단계 성숙도는 디지털 전환의 시작, 배움, 적용, 성과, 선도의 단계로 나누어진다. 표준화된 자가 진단 기준이 필요하다. 누가 진단해도 비슷한 결과가 나올 수 있는 명확한 기준이 필요하다. 이를 미리 설계했다. 자가 진단 기준은 기술성숙도의 절대적 위치 파악뿐 아니라 향후 운영될 때 진척도를 지켜보는 기준으로 활용되기도 한다.

자가 진단 시 진단 작성자는 디지털 전환 기술의 적용 수준, 범위, 성과 창출 여부 등에 대한 분석이 필요하며 가능하면 관련 구성원들과 Workshop 등을 통한 의견 일치가 필요하다. 진단 항목별 점수 의견이 구성원별로 다르게 나오는 것은 당연하다. 오히려 다르게 나오는 것이 더 발전적이다. 서로 이해하는 것이 다른 것을 확인하고 토론을 통해 차이를 좁혀서 합의해 가는 과정에서 같은 현상을 어떻게 다르게 보는지 파악할 수 있고 다양한 의견을 종합해 볼 수 있다. 서로 다른 영역에 대해 학습하는 과정에서 추진의 통찰력이 확보된다. 조직 전체가 학습되어 가는 과정이다.

이때 퍼실리테이터의 역할이 중요하다. 이 경우 외부 전문 퍼실리테이터를 활용하는 것도 좋은 방법이다. 자가 진단 시 현황과 함께 사업전략과 부합하는 목표 수준에 대한 문진도 함께해야 한다. 이를 위해서는 **자가 진단 작성자 그룹에서 사전에 회사가 수립한 사업전략에 대한 이해를 높이는 작업이 선행되는 것이 회사 미래 전략에 더 부합하는 디지털 전환 과제를 만들어 낼 수 있다.** 실제로 이 경우 회사의 미래 전략에 수정이 가해지기도 한다. 자가 진단을 위해 미리 준비해야 하는 것은 우선 진단 문항 성격에 부합하는 작성자 그룹을 선정하고, 작성자 그룹 구성원들이 기술별 이해도를 높이고, 회사 현황 및 목표에 대해 사전 이해도를 높이기 위한 자료 공유가 필요하다.

실제로 현장에서 이렇게 회사의 디지털 준비도를 진단하는 과정에서 구성원 서로도 알고 있지 못했던 다른 구성원들의 생각을 공유하는 매우 유익한 자리가 된다. 이 진단 토론을 준비하는 과정에서 학습되는 경우도 많다. 그동안 디지털 추진에 하고 싶었던 이야기들이 실제로 많이 쏟아져 나온다. 기술적 용어를 사용하지 않지만 구성원 참여자들의 의견은 매우 정확한 경우가 많다. 이 자체만으로도 너무 유용한 과정으로 가능한 한 많은 구성원이 이 진단 토론에 참여하도록 하는 것이 바람직하다.

지능화, 탈중앙화 6가지 디지털 전환 핵심기술 요소

주로 컨설팅 회사에서 진행되는 많은 디지털 전환 전략 관련 최종 보고서들은 내용이 거의 비슷하다. 적용된 회사 이름만 바꾸고 산업별 특이 사항만 몇 가지 포함하면 나머지는 공용해도 될 수준인 경우가 많다. 도출된 과제도 전략, 조직, 역량, 문화 등 정성적 내용에 대한 언급이 주를 이루어서 실제 실행 단계에서 별로 참고할 것이 없는 경우가 많다.

이에 이번 제시하는 디지털 전환 진단 방법은 기술 적용을 통한 기업의 비즈니스모델 혁신에 중점 하는 **핵심기술 적용 성숙도**에 집중했다. 디지털 기술의 미성숙, 인간과의 협업 필요, 주변 시스템과의 통합, 자동화 인프라 등 지금까지 각 기업이 디지털 전환이 잘 안되고 그 결과를 얻기 어려운 이유에 집중해서 준비하고 확보해야 하는 인프라와 역량을 정의하고자 했다. 현재 시점에서 **기업이 디지털 전환을 통해 기업의 비즈니스모델을 혁신할 수 있는 중요한 기술을 6대 디지털 전환 핵심기술**로 보았다. 사업환경의 변화, 새로운 기술 도입 등으로 핵심기술의 종류는 계속 변경될 수 있고 현재도 각 기업의 상황과 특성에 맞추어서 적용 핵심기술의 종류는 변경될 수 있다.

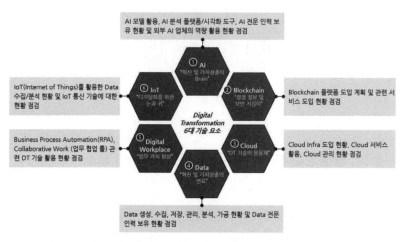

출처) SK(주) 자가 진단을 위한 자가 진단자 설명회 자료

첫 번째 진단 분야 : AI를 통한 지능화 준비

여기서 제시하는 진단 기준들은 기업이 AI를 통해서 지능화 성과를 만들어 내기 위해 필요한 영역이다. 기업의 환경에 따라 우선순위가 달라질 수는 있지만, 반드시 확보해야 AI는 기업의 핵심 역량이 될 것이고 성과가 날 것이다. 성과를 만들어 내는 AI를 만들고 활용하기 위해서는 단지 AI만 있어서는 가능하지 않다. **기업이 AI를 지속으로 만들고 활용할 수 있는 체계가 구축**되어 있어야 한다. 이 메시지가 정말 중요하다. AI 전문가가 있는 특별 조직에서 특정 프로젝트로 만들어지는 것이 아니라 **현업에서 업무를 잘 알고 있는 문제 해결 당사자가 직접 AI를 만들고 이를 운영해 갈 수 있어야 한다.** 아래 진단 영역은 AI를 만들고 활용

하는 전 과정에서 어떤 체계가 도입되어야 하는지에 중점 되어 있다. AI 영역에서 AI 모델 활용도, AI 분석 플랫폼 활용 여부, 시각화 도구 활용 여부, AI 전문인력 보유 현황 및 외부 AI 전문가와의 협업 등을 진단하게 된다. 여기 참고로 제시한 기준을 충족해 가는 노력해서 준비 성숙도를 높이면 기업은 AI 특별 조직이 별도로 움직이는 것이 아니라 사업 현장의 업무 전문가들이 스스로 AI와 같이 일하는 방법을 알게 되고 적용하게 된다.

AI 영역에서 세부 진단 항목은 다음 10가지 영역으로 나누어진다. 저자 총괄 시절 기업의 디지털 전환을 지원하고자 만들고 사용하였던 SK(주) C&C의 진단 방법론을 참고하였다.

1. AI 모델 발굴 방식

AI를 현장에서 활용하기 위해서는 현장에서 해결하고자 하는 문제에 적합한 AI 알고리즘을 선택해야 한다. 이미 많은 논문 등을 통해 다양한 문제를 해결할 수 있는 AI 알고리즘은 시장에 다 공개되어 있다. 과거처럼 문제를 푸는 함수나 프로그램 로직을 프로그래머가 일일이 코딩하는 것이 아니라, 시장에 공개된 알고리즘 프로그램을 도입해서 해결하고자 하는 문제에 적합한 데이터를 통해 학습시키면 된다. 이런 공개된 AI 알고리즘은 AI 개발 플랫폼 같은 학습환경을 제공해 주는 도구를 통해 효율적으로 활용할 수 있다. 따라서 기업이 해결하고자 하는 문제를 잘 도출하고 그 문제에 적합한 알고리즘을 탐색하는 방법이 얼마나 효율적으로 진행되고 있는지 진단해야 한다. 특히 요즘은 해결해야 하는 문제가 복잡해짐에 따라 다양한 모델을 결합해서 문제를 해결해야 하는 과제들이 발생하게 된다. 이러한 복합 알고리즘의 활용을 얼마나 효율적으로 진행하고 있는지 진단하는 항목이다.

문제를 잘 정의하고 그에 맞는 알고리즘을 선택하고 복합 알고리즘을 활용하는 성숙도를 진단하면 그 기업의 AI 활용 역량을 가늠해 볼 수 있다. 이 진단을 위해서는 외부 데이터 활용의 경우 외부 데이터 소스에 대한 정의가 필요하다. 기업이 그동안 추진해 왔던 AI 프로젝트에서 사용한 AI 모델 리스트를 분석해야 한다. 그 분석을 통해 어떤 문제가 어느 정도 해결되었는지 확인해야 한다. 어떤 부분을, 학습을 통해 진행했는지와 모델 자체에 대한 변형이 있었는지도 중요하게 조사하고 진단 한다. 이러한 과정을 해당 기업이 지속적 추적관리하고 있는지도 중요한 판단 기준이 된다.

AI 모델 발굴 방식의 성숙도는 적합한 AI 모델을 선택하는 과정에서 유효한 방법이 활용되고 있는가와 복잡한 문제를 풀기 위한 복합 알고리즘의 활용 여부를 점검한다. 특히 외부 데이터의 활용 여부가 모델 선택에 미치는 영향을 분석할 수 있어야 한다. 특히 과거 진행되어 온 AI 모델의 비즈니스 성과 평가를 통해서 향후 진보된 모델 선정 과정에 반영되는 체계가 필요하다. 추가로 과거 성과가 있었던 모델을 자산으로 등록해 관련 유사 분석에 활용할 수 있고 활용된 알고리즘과 결과는 계속 축적되어야 한다. 이러한 축적 플랫폼이 존재해야 실질적인 디지털 자산으로 축적되니 당연히 축적 플랫폼의 존재 여부와 유효성 여부를 점검해야 한다.

2. AI 모델 구조

AI 모델에 대한 학습이 효율적으로 진행되어야 유효한 학습 시간을 충분히 확보하고, 활용해야 하는 서버 자원을 절감해 AI 모델 학습 시간과 비용을 최소화할 수 있다. 즉 효율적인 학습이 가능한 데이터와 AI 모델의 구조를 확보하는 역량이 필요하다. 데이터 병렬구조를 활용하는 모델 비중이 중요하다. 모델의 병렬구조 활용도 역시 중요하다. 병렬구조의 데이터와 모델 활용을 통한 학습 시간과 필요 자원 절감 수준을 정량적으로 확인할 수 있어야 한다. AI의 활용이 현실적으로 되기 위해서는 앞에서도 중요하게 언급했지만, AI를 만들고 활용하는 것에 있어서 경제성이 확보되어야 한다. 이를 점검하는 것이 전체 진단 항목이 포함되어 있다.

우선 난도 높은 수준의 시작은 학습 데이터 병렬구조를 시행한다. 학습 시간을 최소화하고 서버 활용도를 높이기 위해 데이터를 분할 해서 병렬로 학습시키는 방법이다. 어느 정도 수행이 정착되면 그다음은 알고리즘 자체를 병렬로 분할해 학습 시간을 단축하고 서버 비용을 최소화하는 것이 필요하다.

모델의 복잡성과 관련 학습 데이터의 증가로 AI 모델을 얼마나 효율적으로 학습시킬 것인가가 중요하며 데이터 분할 학습 또는 알고리즘 분할 학습을 통해 이를 효율적으로 진행할 수 있는 체계가 만들어져 있어야 AI 모델 구조의 성숙도가 높다고 할 수 있다.

3. AI 모델 개발 플랫폼

현장의 문제를 AI 모델을 통해 해결하려면 AI 모델을 탐색하고 학습하는 모델 개발 환경이 자동화된 개발 플랫폼이 있어야 한다. 그 개발 플랫폼은 최신 기능으로 계속 진화해야 하고 다양한 언어 환경과 모델을 지원하는 확장성이 있어야 한다. 기업이 AI를 지속으로 활용하기 위해 AI를 만들고 운영하는 자동화 플랫폼은 반드시 있어야 한다. 한 번 도입한 AI 플랫폼은 지속으로 발전해야 하며 추진 과정에서 발생하는 산출물은 기업의 중요 디지털 자산으로 AI 플랫폼에 축적되어 가야 한다. 이 과정이 성공적으로 진행되면 AI 플랫폼 그 자체가 기업의 핵심 경쟁력이 될 것이다. 과거에는 인재 육성이 기업 경쟁력이었다면 앞으로는 AI 플랫폼 확보가 기업 경쟁력이 될 것이다.

따라서 기업이 현장 AI 모델 개발 플랫폼을 도입해 사용하고 있는지는 매우 중요한 진단 항목이다. 활용하는 플랫폼 파악과 그 플랫폼의 적합성, 확장성 등에 대한 진단이 필요하다. 사용하고 있는 개발 플랫폼이 제공하는 라이브러리 등이 확인되어야 하고 복수의 라이브러리를 활용하는 체계가 활용되고 있어야 한다.

4. AI 모델 학습 자동화

탐색해서 선정된 AI 모델을 학습하는 과정에서 학습의 횟수, 데이터 선별, 모델 구조 최적화 등의 절차는 꼭 필요한 과정이지만 상당한 전문지식이 필요하고 큰 노력이 드는 것에 비해 계획한 성과를 만들어 내기 어려운 영역이다. 이 과정에서 특정 전문가에 의존성이 높아지고 포기하는 사례가 많이 나온다.

최근 추세는 이러한 학습 과정을 자동화해서 AI 엔지니어의 숙련도 차이에 따른 학습 품질 편차를 최소화할 수 있다. 최소의 AI 엔지니어만 보유해도 다양한 모델의 학습을 빠르게 진행할 수 있는 자동화 도구들이 있다. 현업의 업무 전문가가 AI를 학습시킬 수 있다. 이를 Citizen Data Scientist라고 한다. 기업의 디지털 전환 성공은 통찰력이 준비된 리더와 더불어 Citizen Data Scientist에 의해 만들어진다 해도 과언이 아니다. 이렇게 중요한 Citizen Data Scientist는 AI 모델 학습 자동화를 포함하는 AI 플랫폼에 의해 가능해진다.

통상 이를 Auto-ML(자동화 머신러닝)이라고 하는데 AI를 만드는 AI를 도입하는 구조이다. 이 부분에 대한 활용 성숙도가 중요한 진단 항목이 된다. AI를 만들어 가는 과정이 상당한 전문지식이 필요하고 시간과 노력이 소요된다. 특히 시장에서 AI 전문가를 확보하는 데 큰 비용이 필요하고 이 지원을 계속 유지해 가기가 어렵다.

일반 기업에서 AI 활용도를 높이려면 AI를 만드는 AI의 도입이 중요한 이유이다. 잘 훈련된 현업 업무 전문가로 구성된 Citizen Data Scientist가 AI를 만드는 AI를 통해 충분히 효율적인 비용으로 의미 있는 AI를 만들어 낼 수 있다. 과거에 큰 투자를 통해서 겨우 해결할 수 있었던 기업의 문제를 현업 전문가가 AI를 활용해서 뚝딱 해결할 수 있다.

따라서 AI 성숙도 진단을 위해서 AI 모델 학습의 자동화 경험
과 역량이 있는 체계와 이를 통해 만들어진 자동화 대상이 된 모
델이 어떤 것이었는지 확인하면 기업의 AI 성숙도를 진단해 볼 수
있다. 모델이 보유하고 있는 파라미터 및 Feature 선별 등 어디까
지 자동화했는지와 이를 자산으로 축적해 가는지의 진단이 성숙
도를 진단하는 데 중요한 기준이 된다.

5. AI 모델 분석 범위

현장에서 AI를 통해 해결하고자 하는 문제의 범위를 분석해서
어떤 범위까지 활용하고 있는지 진단이 필요하다. 주로 해결해야
하는 문제는 현상 이해/문제진단/예측/처방의 분석 범위를 포함
하는데 현장에서 사용하는 AI 모델이 진단부터 처방까지 전 영역
을 다루고 있는지 그 적용 범위에 대한 성숙도를 진단해 본다.

초기에는 주로 진단이나 예측 영역에 집중하지만, 성숙도가 높
아지면서 해결 방법에 대한 의사 결정을 직접 지원하는 대안 값
을 만들 수 있어야 한다. 예를 들어 현장 재고관리 관점에서 적정
재고를 계산해야 하는 경우, 초기에는 과거 데이터를 통해 재고에
영향을 주는 다양한 변수를 예측해 볼 수 있고, 더 심화한 분석을
통해 품목별 적정 재고를 시점에 맞추어서 제안할 수 있으면 그
성숙도가 매우 높다고 할 수 있다. 기업은 다양한 돌발적인 외부
환경변화에 민감하게 대응해야 하며 이러한 대응력이 기업의 경
쟁력이 될 수 있다. AI가 예측한 재고는 실시간 환경변화 데이터

의 반영으로 의사 결정을 최신의 상태로 지원하게 된다. 진단부터 처방까지 전 과정에 AI 모델이 활용되는 범위에 따라 기업의 AI 성숙도를 진단해 볼 수 있다.

6. AI 모델 라이프 사이클 관리

학습된 AI 모델을 현장 실전에 투입하기 위해서는 모델을 등록하고 배포하며 그 결과의 효과성을 추적할 수 있어야 한다. AI 모델이 만들어지는 초기부터 현장에 배포되어 활용되고 외부 환경 변화에 따른 알고리즘의 변화를 반영하며 그 성과를 정량적으로 측정해야 한다. 즉 알고리즘 탄생부터 버전업 및 폐기 전 과정이 관리되어야 한다. 기업의 상품 라이프 사이클 관리와 똑같다.

AI 모델도 기업의 상품처럼 탄생부터 폐기까지 전 과정을 관리해야 한다. AI 알고리즘 현장 업무 배포의 경우, 배포 스케줄관리가 시스템적으로 관리되어야 한다. 최근의 AI 알고리즘 활용은 실시간 데이터의 적용 및 즉시 배포가 중요한 경우가 많다. 이러한 실시간 정합성이 유지된 AI 알고리즘을 현장에서 활용하기 위해서는 이를 지원하는 도구 및 Solution들의 활용이 중요하다. 자동화된 배포 도구의 도입 여부와 해당 Solution의 주요 기능을 진단해 볼 수 있다. 다중의 AI 모델이 어느 정도의 비중으로 라이프 사이클 관리가 되고 있는지 점검할 필요가 있다. 일반 소프트웨어는 프로그램 모델의 라이프 사이클 관리가 철저하지 않아도 영향이 크지 않은 경우가 많지만, AI 모델의 경우는 의미 있는 비즈니스 성과를 위해서 이 부분을 소홀히 하면 그 영향도가 매우 크다.

7. AI와 사람의 협업 Business Intelligence

AI 모델 활용의 현황을 실시간 판단할 수 있는 관리 지표의 시각화 여부를 진단해야 한다. 시각화 도구 또는 다차원 분석 도구를 활용할 수 있고, 해당 분석 화면을 회사 목적에 맞게 개발해서 사용할 수 있다. 다차원 분석 도구를 활용하고 있다면 그 도구의 성숙도와 비즈니스 기여도를 진단해야 한다. 모니터링 대상이 되는 지표가 적절한지도 같이 진단할 필요가 있다. AI가 현재 어떤 성과를 만들어 내고 있는지를 시각화 도구를 활용해서 관련 구성원들이 실시간 공유할 수 있어야 하며 동시에 풀어야 하는 문제 중에는 AI의 답만으로는 분명 부족한 때가 있다. 사람 전문가의 경험과 통찰이 필요한 문제가 있다. 즉 AI와 사람 전문가의 융합이 복잡한 문제를 생각보다 쉽게 풀어 갈 수가 있다. 그래서 AI 성과 Dash board가 필요하다. 이를 활용하는 수준을 진단하면 AI와 인간의 협업 체계 성숙도를 점검해 볼 수 있다.

AI와 인간의 협업을 효과적으로 만드는 방법으로 각종 분석데이터를 사람 전문가가 쉽게 접근하고 다양한 분석 방법으로 통찰할 수 있는 체계가 필요하다. 특히 사람 전문가의 업무 통찰을 지식 그래프로 만들면 AI와 융합적 활용에 큰 성과를 만들어 낼 수 있다. 이 부분이 AI와 사람 전문가의 협업이라고 할 수 있으며 AI 기술의 성숙도를 고려해 볼 때 향후 2~3년 AI의 활성화를 위해 매우 필요한 영역이다. 사람의 복잡한 문제를 자기 완결적으로 해결하기에 기술적 성숙도가 아직 떨어지는 AI와 사람 전문가의 협업을 만들어 내는 시각화 및 다차원 분석 도구 및 지식 그래프의 활용은 AI에 의해 대체되는 인간 전문가의 우려도 해소할 수 있고 AI의 성과도 더 가속할 수 있다. 우리가 우려하는 AI가 사람을 통제하는 시대가 아니고 사람이 AI를 통제하는 모습이다. 디지털 전환 기업에 매우 중요한 도구이기도 하지만 국내기업이 글로벌로 갈 수 있는 영역이기도 하다. 저자는 우리 기업들이 각각 초거대 AI 만들지 말고 초거대 AI는 국가 과제로 해서 각 기업이 이를 기업에 맞게 활용하게 하면 되고 각 기업은 지식 그래프에 각 기업의 업무 노하우를 축적해 가는 것에 집중 투자를 하면 미래에 반도체 이상의 국가 산업이 될 것이라고 확신한다.

사람 전문가가 잘할 수 있는 영역은 사람이 하고 AI가 잘할 수 있는 영역은 AI에 맡기면서 이를 융합하는 의사 결정을 만들어 내는 것이다. 이 분야에 세계 최고가 되는 것이다. 성과 측면에서도 매우 효율적이고 AI와 사람 전문가의 적절한 역할 구분을 통해 AI가 진정 기업에 정착할 수 있는 문화가 만들어질 것이다. 이번 진단은 이러한 준비 상태를 점검하면서 조기에 AI를 통한 성과를 만들어 낼 수 있도록 하는 AI와 인간의 협업 체계에 대해 점검하게 된다.

8. AI 관련 내부 전문인력 확보

AI 모델을 개발하고 배포, 운영하는 과정이 얼마나 지능화, 자동화되어 있는지와 내부에 육성된 AI 모델 개발 과정의 전문성을 축적한 AI 인재 확보가 중요한 성숙도가 된다. AI 관련 분야별 확보된 인력 규모를 파악해야 하고 향후 확보해야 할 인력의 기술적, 사업적 기술 세트가 정의되어 있는지 진단해야 한다.

확보해야 하는 AI 인재는 각 기업의 상황에 따라 그 범위와 역량에서 차이가 있을 수 있다. 특히 앞에서 많이 언급한 여러 가지 AI 플랫폼의 도입 여부에 따라 육성해야 하는 기술과 그 범위가 달라질 수 있다. 공장에서 자동화 도구가 도입되었을 때와 완전 수작업으로 생산할 때 그 생산 프로세스가 달라지고 필요로 하는 사람의 전문성도 달라진다. AI의 생산도 마찬가지이다. AI가 AI를 만들어 내는 이 과정에서 어느 정도 범위로 플랫폼을 도입할 것인가는 필요로 하는 AI 전문역량을 다르게 한다. 이 부분에 대해 면밀한 계획을 세우고 인재 육성을 실행해야 한다. 어느 기업이나 기업의 지능화 추진을 위해 AI 전문가를 육성하는 것이 같지 않다. 기업이 도입하는 AI 플랫폼에 따라 필요로 하는 기술이 다르다. 이를 점검하면 AI 인재 육성의 불일치를 방지할 수 있다. 사람 전문가 육성의 불일치는 그 육성 결과를 인지하게 될 때면 개선이 매우 어렵다. 그 관점에서 진단을 통해 AI 인재가 적절히 육성되고 있는지 점검이 필요하다. 특히 AI를 전공하지 않아도 AI를 만들어 내는 AI 플랫폼을 통해서 현장 업무 전문가들도 AI를 만들어 내고 활용할 수 있는 시기가 점점 빨라지고 있다. AI 전공자를 중심으로 한 전사 Task Forces Team이 필요하면서 동시에 각 현장에서 업무 전문가를 파워 AI 사용자로 육성하는 것이 필요하다. 향후는 AI 전공자보다 업무를 잘 알면서 AI 플랫폼을 잘 활용하는 전문가가 더 필요한 시기가 될 것이다. 최근 프롬프트 엔지니어라는 단어가 많이 언급되고 있다. Citizen Data Scientist라고 하기도 하다. 조금 다른 역할도 있지만 공통적인 부분은 AI를 현장에서 잘 활용해서 문제를 풀어 가는 전문가를 의미한다. 미래 기업의 경쟁력은 프롬프트 엔지니어나 Citizen Data Scientist에 의해 좌우될 것이기에 관련 인재를 집중적으로 육성하는 준비가 필요하다. 이 준비 성숙도를 진단한다.

9. AI Governance

기업에서 AI를 계속 활용하기 위해서는 AI 분석을 주 R & R로 수행하는 전담 조직이 있어야 하며 AI를 활용하는 각 현장 조직과 협업할 수 있는 프로세스가 작동하고 있어야 한다. 이 부분이 효율적으로 진행되고 있는지 진단해 보아야 한다. 많은 기업이 AI 모델을 만들지만, 현장에서 제대로 활용되지 않는 이유는 이러한 Governance가 작동하지 않기 때문으로 볼 수 있다. 현장은 AI를 협업 대상으로 보는 것이 아니고 경쟁 대상으로 볼 수 있다. 이러한 성과가 만들어지지 않는다. 현장 전문가와 AI가 협업할 수 있는 Governance를 만들어야 한다. 이 부분에 준비에 대해 진단한다.

사업 현장에서는 아직도 AI는 아주 먼 미래 이야기 또는 우리 부서와 아무 상관 없는 전혀 관련이 없는 영역으로 이해하고 있는 경우가 대부분이다. AI 관련 작업은 이제 상시 조직화해야 한다. 기업의 핵심 역량이지만 잘 안되는 영역이어서 초기에는 가능한 한 CEO 직속 조직으로 만들어서 추진할 힘을 부여해야 한다. 또한 AI를 통해서 성과를 만들어 내는 현장 부서나 담당자에게는 CEO가 직접 크게 포상해야 한다. 한동안은 각 현장의 성과 평가에서 AI 활용의 비중을 크게 두어야 한다. 이에 대한 진단을 위해서는 AI 분석 전담 조직의 설계된 R & R을 확보해야 하며 현재 진행 중인 현장 활용조직과의 협업 과제에 대한 파악이 필요하다. 이상적인 모습으로는 CEO 직속 AI 추진팀을 구성한다. 이 팀은 외부에서 채용한 AI 전문가가 앞서면서 기업의 내부 인적 네트워크에 깊은 역량이 있는 핵심 인재가 배치된다. 기존 IT 시스템과의 연계를 위해서 기존 IT 운영 조직에서 참여한다. AI 자동화 플랫폼을 구축하고 운영한다. 추진 과정에서 발생하는 지식 산출물을 자산화하는 것에 Ownership을 부여한다. 현장에서 AI를 적용할 때 발생하는 어려움을 해결하는 전사 해결 조직이 된다. 기업이 지능화하는 과정에서 외부 전문가와의 협업이 중요하다. 전사 AI팀이 회사를 대표해서 외부 전문가그룹의 협력 채널 역할을 하게 된다. 각 사업 부서의 AI 적용 성과를 주기적으로 측정하여 개선점을 도출한다. 데이터 부족, 알고리즘 선택의 이슈, 데이터 처리 생산성 등등 도출된 추진의 장애 요소를 정의하고 개선하는 프로젝트를 주도한다. 각 사업 부서가 축적해 가는 자산이 전사에서 공용으로 사용될 수 있도록 한다. 만들어진 AI 전담팀 구성원은 현장 전문가와의 협업을 위해서 현장 전문가를 고객처럼 서비스하는 태도가 중요하기 때문에 CEO는 이를 강조하고 이러한 서비스 역량을 육성시켜 주어야 한다. AI 전사 전담팀에 추진의 힘을 실어 주면서 동시에 현업과 전담팀이 협업할 수 있도록 CEO 관심의 비중을 균형적으로 유지해야 한다. 이러한 체계가 준비되고 있는지 진단한다.

10. AI Partnership

다양한 자동화 도구의 활용과 AI 인재 육성 등 내부 역량과 자원을 확보함과 동시에 외부 역량 및 자원과 결합이 꼭 필요하다. 이 분야는 그 기술의 활용 흐름이 계속 빠르게 변화하기 때문에 어떤 분야는 내재화하고 어떤 분야는 외부 역량을 결합할 것인가에 대한 전략에 기반해 외부 역량과 내부 역량 결합에 매우 익숙한 문화와 절차가 중요하다.

AI 기술을 각 기업이 개별적으로 학문적으로 연구할 필요는 없다. 논문 쓰고 발표하는 것에 너무 비중을 둘 필요가 없다. 논문 쓰고 발표하고 나면 떠난다. 버스 운수회사가 버스를 잘 만드는 것에 집중할 필요가 없는 것과 같다. 잘 만들어진 기술을 현장에서 어떻게 유효하게 적용할 것인가가 중요하기 때문에 AI 기술 그 자체에 관한 학문적 연구보다는 현장 활용 측면에 집중해야 한다. 즉 기술 그 자체는 외부 역량을 최대한 활용하는 것이 필요하다. 기업이 현장 문제를 AI로 해결해 가는 과정에서 어떤 분야를 외부와 협력했는지, 어떤 회사와 협력했는지, 또는 협력의 산출물은 무엇이었으며 결합의 결과는 어떠했는지 확인하고 이를 성숙도 진단에 포함해야 한다. 이 분야는 기술의 변화가 매우 빠르게 진행되고 있어서 외부 전문가들의 동향을 파악하고 이를 반영하는 파트너십을 견고하게 만드는 것만으로 상당한 효과를 만들어낼 수 있다. 이러한 체계가 시도되고 있는지 점검하는 것이다. 의외로 우리 기업들이 외부와의 협력에 익숙하지 않다. 전문가그룹이 더욱 그렇다. 그래서 이 부분을 진단하고 성숙도 평가에 반영하는 것이 필요하다.

외부 역량을 적절히 활용하는 것이 의외로 빠른 성과를 만들어 낼 수 있다. 다시 강조하면 국내기업의 경우 이러한 외부 협력에 익숙하지 않은 기업문화가 있다. 외부와 협력하기 위해서는 적절한 계약 구조 외에 일하는 문화의 개선이 필요하다. 외부 역량을 적절한 분야에 동적으로 잘 활용하는 기업의 성숙도가 확실히 높다고 판단된다. 종합해 보면 AI 영역에서 AI 알고리즘을 만들어 활용하는 것 외에 성과를 위해서 준비해야 하는 체계가 앞에서 언급한 것처럼 많다. 초기에 투자가 필요하기도 하다. AI 전공자 몇 명 영입하고 교육 몇 번 받고 교수님들과 Pilot 프로젝트 몇 개 하는 것으로 될 수 있는 일이 아니다. 마케팅 용도로 신기한 물건 한 번 만들어 본다는 개념에서 벗어나 기업의 핵심 역량으로 자리를 잡고 비즈니스 성과에 기여 위해서는 앞에 진단에서 언급한 항목들이 그 저변 인프라로 체계로 갖추어져야 한다. 그래야 AI가 비로소 기업의 핵심 역량으로 정착하게 될 것이다. 지금부터 착실히 우선순위를 정해 준비해야 한다. 이렇게 준비한 체계, 플랫폼, 자산 및 인재는 다른 기업들이 쉽게 따라올 수 없는 진입 장벽이 될 것이다. 2030년 분명 그 결과가 갈리는 기업들의 결과를 볼 수 있을 것이다.

두 번째 진단 분야 : 블록체인을 통한 탈중앙화 사업모델 혁신

블록체인 영역에서는 블록체인을 통해 혁신하고자 하는 대상이 정의되어 있는지 확인하고 블록체인 플랫폼의 도입 및 관련 서비스 준비 현황을 진단한다. 사실 블록체인 영역은 기업이 그 활용에 어려움이 많은 기술 영역이다. 지금 당장은 기업 경쟁력에서 큰 부분이 아닐 수 있지만 탈중앙화된 분산 프로토콜은 기업 경쟁력에 큰 영향을 줄 수 있는 잠재적 영향이 큰 영역이다. 지금은 가상화폐 중심의 토큰 이코노미에 과도하게 집중되어 있지만 많은 과제가 디지털 환경에서 움직이고 디지털 자산이 중요해지는 큰 흐름에서, 블록체인은 기업 경쟁력에 차별화된 역량을 제공하게 될 것이다. 특히 우리는 기업 가치의 중요 요소로 ESG를 언급한다. ESG의 G는 거버넌스를 의미한다. 즉 기업을 움직이는 체계가 향후 기업 가치에 중요한 부분을 담당하게 된다. 기존 중앙집중식 기업 운영체계에 탈중앙화된 기업 운영체계가 접목되면 의미 있는 미래형 기업 운영체계가 만들어질 것이다. 예를 들어서 기업의 기본 운영체계는 중앙집중식으로 진행되지만, 특정 의사 결정에는 탈중앙 의사 결정이 더 유효할 수 있다. 블록체인이 추구하는 Web 3의 모습이 바로 이러한 중앙화와 탈중앙화의 접목 기업 운영체계라고 할 수 있다. 사실 탈중앙화는 학문적으로도 연구가 많이 된 분야이다. 특히 독일에서는 과거 나치의 독단적 국가 운영체계의 문제를 심각히 받아들이고 탈중앙 국가 운영체계에 관한 많은 연구가 있었다. 하지만 디지털 시대에 기술적 기반이 이를 지원하지 않으면 이를 실제 세상에서 접목하는 것에 한계가 있다. 블록체인의 탈중앙화 분산 기술 프로토콜이 이러한 탈중앙 의사 결정의 기반이 되어서 이를 현실 세계에 실행할 수 있도록 만들 수 있다. 중앙집중식 의사 결정은 장점도 많지만, 단점도 많다. 중앙집중식 회사 운영이 회사를 발전시키는 동력이 되기도 하지만 회사를 망하게 하는 원인이 되기도 한다. 미래가치가 높은 기업은 기업을 움직이는 프레

임워크가 중앙 의사 결정과 탈중앙 의사 결정이 접목된 형태일 것이다. 미래 기업 가치를 인정받는 기업이 탈중앙 거버넌스의 회사라면 정말 다양한 형태의 비즈니스모델이 탄생할 것이고 사회/경제 전반에 미치는 변화의 영향은 산업 혁명급이 될 것이다. 기업 중심의 고객관리와 상품 관리가 아니라 고객과 같이하는 탈중앙 Governance 체계는 오히려 지금 기업들이 고민하는 고객 중심의 기업 운영체계이다. 고객은 지금보다 훨씬 동적으로 기업 경영에 부분적으로 직접적으로 참여할 수 있게 되고 이는 엄청난 네트워크 효과를 만들어 낼 것이다. 지금과는 완전히 다른 형태의 혁신적인 기업이 탄생하게 되는 것이고 이러한 기업의 영향력이 산업에서 큰 의미를 갖게 될 것이기에 이에 대한 준비를 진단하게 된다. 지금부터 기업은 기업 가치를 높이기 위해 블록체인 기술을 기반으로 한 탈중앙적 기업 운영체계를 시험해야 한다. 특히 이러한 분산 거버넌스 즉 Web 3는 토큰 이코노미와 만나서 플랫폼 기업의 새로운 혁신을 만들어 낼 수 있다. 거버넌스 토큰은 플랫폼 기업의 핵심 경쟁력인 네트워크 효과를 가장 잘 수행하게 하는 수단이 된다. 철저히 중앙집중식인 기존의 플랫폼 기업들은 거버넌스 토큰을 이용하여 분산 의사 결정을 기반한 네트워크 효과를 만들어 내는 완전히 새로운 형태의 플랫폼 비즈니스가 만들어질 것이다. 블록체인에 대한 두 가지 핵심 포인트는 첫째 가상의 세상이 미래 기업을 운영하는 중요한 공간으로 되고 그 비중이 점차 확대될 것이기에 가상의 비즈니스 공간에서 사업을 수행하는 모델에 대해 블록체인 기술을 적용하여 실험해 보고 있어야 한다. 이 시도에는 반드시 토큰 이코노미가 반영되어야 의미가 있다. 둘째 기업은 거버넌스 즉 기업 운영체계가 미래 기업은 중앙화와 탈중앙화 접목

형태가 될 것이기에 이에 대한 실험이 진행되고 있어야 한다는 측면에서 블록체인 기술을 사내에 축적하고 부분적으로 탈중앙적 의사 결정이 실험되고 있어야 한다. 이 흐름 눈에 보이기 시작하면 이미 늦었을 것이다. 디지털 전환의 영역은 추종자가 아니고 선도자가 되어야 한다. 그러한 가능성에 대해 진단하는 것이 목적이다.

현재 기업들이 블록체인을 활용한 혁신이 매우 제한적이고 사실 어떤 분야에 적용해야 할지조차 정의하기가 어려운 이 시점이 블록체인을 준비해야 하는 시기로 판단된다. 이유는 디지털 세상에서 블록체인의 역할이 의미가 있고, 특히 탈중앙화 체계가 지금까지 생각하지 못했던 가치를 부여할 것이기에 그렇다. 따라서 이 부분의 준비 사항 점검을 중요한 디지털 성숙도 기준으로 만들었다. 블록체인 영역에서 세부 진단 항목은 다음과 같다. 워낙 빠른 속도로 변화하기도 하고 아직 기업에 필요 영역에 대한 정의가 더 필요한 영역이어서 적용 진단 항목도 그에 맞추어서 빠르게 변화할 것 같다.

블록체인 영역에서 세부 진단 항목은 다음 6가지 영역으로 나누어진다. 저자 총괄 시절 기업의 디지털 전환을 지원하고자 만들고 사용하였던 SK(주) C&C의 진단 방법론을 참고하였다.

1. 기업형 블록체인 플랫폼

기본적으로 기업이 블록체인 기술을 활용해서 혁신을 만들어 내기 위해서는 인터넷에서 움직이면서 블록을 생성할 수 있는 블록체인 네트워크가 있어야 한다. 블록체인 네트워크에는 누구나 참여할 수 있는 Permissionless 네트워크가 있고, 기업의 통제하에

허가된 참여자만 참여할 수 있는 Permissioned 네트워크가 있다.

비트코인이나 이더리움 같은 ICO가 된 가상화폐는 주로 Permissionless 네트워크로, 이 네트워크에 노드로 참여해서 블록체인 기술을 활용할 수 있다. 다른 방법으로는 기존 ICO 된 Permissionless 네트워크에 참여하는 대신에 기업이 주도해서 Permissionless 네트워크를 새롭게 만들 수도 있다. 많은 기업이 Permissionless 네트워크에 노드로 참여해 다양한 비즈니스모델을 만드는 시도가 진행 중이다. 지금 인터넷 기반의 다양한 앱이 출시되듯이 앞으로는 Permissionless 네트워크 기반 다양한 분산 앱이 출시될 것이다. 또 한 가지 사업모델은 특정 업무에 특화된 사용자만으로 참여를 국한하는 Permissioned 네트워크를 사용하게 되는 비즈니스모델이다. 이 경우는 자체로 Permissioned 네트워크를 오픈소스 기반으로 만들어 사용할 수도 있고 이미 만들어진 네트워크를 클라우드 서비스 형태로 사용할 수 있다. 기업들이 블록체인 기술을 활용하여 그들의 비즈니스에 접목하려고 할 때 기존 Permissonless 네트워크에 참여하는 것 제한점이 많고 종속성도 있다. 또한 자체적으로 Permissioned 네트워크를 만들기에 아직은 그 역량과 준비가 부족하여서 이를 클라우드 형태로 사용하게 될 것으로 저자는 판단하고 블록체인 클라우드 서비스를 만들어 출시하였다. 여전히 미래 사업이라고 생각하지만, Watson AI 사업과 마찬가지로 그 시작이 다소 빠른 감이 있었다. 하지만 현장 적용을 통해 계속 기능과 성능 개선 시키면 미래 매우 의미 있는 디지털 전환 사업이 될 것이다.

한 글로벌 커피 브랜드는 Permissionless 네트워크에 참여해 NFT 발행을 통한 고객관계관리로 성공한 사례를 보여 주고 있다. 글로벌 해운회사는 Permissioned 네트워크를 활용해 해운회사의 많은 문서 작업과 유통을 매우 효율적으로 개선하고 있다. 기업이 어떠한 형태의 네트워크에 참여하고 있는지 또는 어떤 유형의 블록체인 네트워크를 보유하고 있는지 진단해 보면 그 기업의 블록체인 기술 활용의 성숙도를 진단해 보면서 미래 다가올 탈중앙 체계에 대한 준비를 진단해 볼 수 있다.

현재 참여 중인, 또는 구축된 블록체인 네트워크가 있다면 그 네트워크를 파악하고 그 네트워크에서 사용 중인 탈중앙 애플리케이션을 확인해야 한다. 적용 블록체인 네트워크의 기술적 적합성과 차별성을 판단하고 성숙도 진단에 포함해야 한다. 혹시 현재 도입 또는 구축되고 있지 않다면 블록체인 네트워크의 도입에 대한 계획이 존재하는지 진단해야 한다. 또는 블록체인 기술을 통해 해결하고자 하는 현장의 문제가 정의되어 있는지 확인이 필요하다. 특히 정보의 투명성, 비효율적 중재자의 제거, 실시간 정보, 문서 공유 등의 관점에서 고려되어 있는지 진단해야 한다. 이 진단을 위해서는 블록체인 네트워크 구축 계획서 또는 진행, 운영 네트워크에 대한 자료가 필요하다.

하지만 대부분 기업은 상기 기준에 맞는 준비가 되어 있지 않을 가능성이 높다. 많은 기업은 이에 대한 대비로 팀을 구성하고 연구에 들어간 것으로 안다. 실제 블록체인 네트워크나 그 위에 올려진 애플리케이션이 없다고 해도 준비에 대한 차별화 수준을 진단하기 위해서 기업이 블록체인 기술에 관한 공부가 어느 정도 되어 있는지 확인이 필요하다. 만일 블록체인 추진 전담 인력이 존재한다면 상당한 수준의 준비가 상대적으로 되어 있다고 할 수 있다.

블록체인은 미래에 완전히 다른 형태의 비즈니스모델을 제시하게 될 가능성이 매우 높다. 기업에 하고 싶은 제언은 '블록체인 연구팀을 만들어라 그리고 기술 속성에 맞춘 적용 분야를 정의해라. 또 완전히 다른 비즈니스모델도 생각해 보라'이다. 기업의 기존 업무 프로세스나 의사 결정 중에 탈중앙화를 접목하여 네트워크 효과를 강화할 영역을 찾아보는 시도를 해 보라는 것이다. 파일럿 프로젝트로 기업 자신의 블록체인 네트워크를 만들어 보거나 다른 네트워크에 참여해 보라. 블록체인 기술을 통해서 핵심 고객을 관리해 보라. 그러면 새로운 시도가 보이고 완전히 새로운 비즈니스모델이 보일 것이다. 그것이 지속해서 축적되면 어느 날 갑자기 달라져 있는 본인 기업의 모습을 보게 될 것이고 주변에서 그 혁신을 궁금해할 것이다.

2. 데이터 위/변조 추적관리

기업은 각자가 생성하는 매우 중요한 데이터들을 보유하게 된다. 이렇게 중요한 데이터는 산업 생태계의 다양한 외부 데이터와 결합할 때 진정 그 가치를 극대화할 수 있다. 하지만 데이터의 보안이라는 측면에서 각 사가 보유한 데이터를 생태계에서 활용하기에는 많은 제한이 있게 된다. 이러한 제한 때문에 생태계에서 협업이 필요한 여러 연구·개발의 경우 효율이 떨어지게 된다. 때로는 공동 연구·개발이 기업의 미래 경쟁력에 매우 중요할 수 있다. 하지만 공동 연구·개발에 필요한 기업의 데이터는 해당 기업의 핵심 자산일 가능성이 높다. 그래서 이를 공개하지 못하고 공동 연구·개발이 진행되면 품질과 일정 측면에서 성공의 가능성이 매우 낮아진다. 이때 블록체인 기술이 매우 유용하다. 중앙기관에 어떤 특정 기관이 데이터의 다른 목적 사용을 보증하는 것이 아니라 분산된 블록체인 기술 자체가 데이터의 위/변조를 불가능하게 만든다. 한마디로 데이터 보안의 불안감 없이 상호 데이터를 공유해서 연구·개발을 할 수 있다는 것이다.

따라서 상호협력을 위해서 데이터를 공유한다면 그 사용 이력을 블록체인 네트워크를 통해 기록하면 누가 어떤 데이터를 사용했는지 추적할 수 있고 이 기록은 절대 위/변조될 수 없으므로 서로 신뢰하고 데이터를 활용할 수 있게 된다. 즉 분산 블록체인 네트워크가 중앙기관을 대신해서 데이터의 위/변조를 막고 다른 사용을 방지할 수 있다. 이러한 데이터 추적 기능에 블록체인 기술이 적용되는지 확인하면 그 기업의 블록체인 활용의 성숙도를 진단해 볼 수 있다. 블록체인 네트워크에 저장된 기록은 임의로 변경이 불가하다. 이러한 블록체인 네트워크의 속성은 특정 기능에서 매우 의미 있는 차별된 기능을 제공하게 된다. 그 응용 분야가 매우 많을 것으로 예상된다.

3. 계약문서 증빙 서비스

기업의 블록체인 기술 활용을 통한 혁신에 중요한 애플리케이션이 계약문서 증빙 서비스이다. 기업의 사업수행 과정에서 다양한 계약서 또는 그에 준하는 거래 간 약속 문서를 관리하고 이를 관련 생태계에서 확인, 전달 및 공유해야 할 필요가 있다. 블록체인 기술은 이러한 중요 문서의 원본 증명과 함께 위/변조 여부까지도 보장할 수 있는 프로토콜 레벨의 기능을 제공할 수 있다. 기업이 초기 블록체인 기술 도입에 유용한 애플리케이션으로 시작할 수 있다.

앞에서 설명한 해운회사가 상품을 유통할 때 기점별로 필요한 문서 생성과 유통에서 효율성이 크게 낮아진다. 워낙 다양한 사업자 간의 거래여서 어느 특정 기관의 중앙식 네트워크를 사용할 수 없다. 설사 있더라도 매우 비효율적이다. 블록체인 기술은 주로 원산지 표시, 해운, 유통 등 유통과정에서 발생하는 다양한 사업자 간의 문서 증빙을 대체하고 있고 중앙집중화 단일 네트워크를 사용할 수 없는 영역에서 문서를 유통하고 증빙하는 중요한 차별성을 제공하게 될 것이다. 기업이 이를 활용하고 있거나 계획이 있다면 기업의 블록체인 성숙도를 진단해 볼 수 있다.

4. 분산형 신원 증명 서비스

블록체인이 기업에서 적극 활용될 수 있는 분야가 분산형 신원 증명 서비스 영역이다. 각 플랫폼에 로그인하거나 참여자의 신원을 증명해야 하는 경우, 우리는 대상마다 별도의 ID와 패스워드를 갖고 있어야 한다. 계속 늘어나는 생태계에서 사용자로서 블록체인 기반의 탈중앙화된 신원 확인 서비스의 도입은 하나의 신원 증명을 블록체인에 등록하고 다양한 플랫폼에서 사용할 수 있다는 의미가 된다.

이 역시 중앙화된 한 기관의 통제가 어려운 환경에서 사용할 수 있는 최고의 적용애플리케이션이 된다. 기업을 포함한 관련 생태계에서 관련자들의 정보 통제권을 탈중앙화하는 것으로 기업의 초기 블록체인 기술 적용 애플리케이션의 대표 사례여서 이를 적용 또는 추진하는 기업의 블록체인 성숙도를 진단해 볼 수 있다. 중앙화된 체계에 비해 탈중앙화된 체계는 다중의 합의가 필요하게 된다. 그 생태계 참여자들이 탈중앙화된 블록체인 네트워크 활용에 동의하고 참여해야 유효하다.

하지만 이 부분이 매우 유용한데도 잘 활용되지 않는 것은 중앙화 체계에 익숙해져 있는 기업들의 탈중앙화 환경에서 주도권에 대한 막연한 불안감도 있는 듯하다. 사실 기술보다는 이러한 생각의 변화가 블록체인 기술의 확대를 통한 혁신에 중요하게 작용하게 될 것 같다. 중앙집중에 익숙하고 중앙집중 체계에서 영향력을 갖고 싶은 기업이 탈중앙식 접근을 쉽게 받아들이기 쉽지 않을 수 있지만 효과성, 효율성 측면에서는 신원 인증의 블록체인 기술 적용이 좋은 결과를 만들어 낼 수 있기에 이러한 시도에 참여는 행당 기업의 블록체인 기술 적용에 대한 성숙도를 진단해 볼 수 있는 좋은 지표가 된다. 주도적이면 성숙도가 높은 것이지만 이러한 연합 프로젝트의 참여도 해당 기업의 디지털 전환 성숙도를 진단해 볼 수 있는 의미 있는 진단 지표가 된다.

앞에서 언급했지만, 분명한 것은 크게 확대될 디지털 공간에서 수많은 디지털 자산의 교환과 저장에 블록체인 기술이 활용되리라는 것이다. 중앙화된 체계가 일부는 혼합형태로 탈중앙화된 체계로 변화되리라는 것이다. 당장 눈에 보이는 비즈니스 적용이 없어도 대비해야 하는 이유이다.

5. 토큰 관리 서비스

저자는 블록체인 기술의 핵심 애플리케이션은 결국 토큰 이코노미와 연계된 애플리케이션이 될 것으로 생각한다. Permissionless 네트워크에 참여해서 암호화폐를 ICO 하는 것만 아니라 거버넌스 토큰 차원에서 초기 플랫폼 기업이 생태계 참여자들에게 참여의 인센티브를 주고 권리를 부여해 주는 것은 큰 의미가 있다. 플랫폼 기업이 초기 사용자를 확보하려면 많은 마케팅 비용이 소요되기에 초기 투자를 받아야 하는 어려움을 거버넌스 토큰으로 해결해 볼 수 있다. 네트워크 효과를 극대화하여 조기에 수익 실현이 가능한 플랫폼 기업으로 확대할 수 있다. 더 이상 추가 투자자를 확보하기 위해 기업 부풀리기는 하며 IR을 하지 않아도 된다. 토큰 이코노미는 단지 가상화폐를 공개하는 ICO에 국한하지 않으며 핵심 고객 마케팅에 NFT 토큰으로 활용될 수 있고 기업의 지배구조 혁신과 플랫폼 기업의 네트워크 효과 극대화를 위한 거버넌스 토큰으로 활용될 수 있다. 그 사용 가능성이 무한한데 그 중심에 토큰 관리 서비스가 있다. 이에 대한 기업의 준비가 필요해서 이 부분을 블록체인 기술 적용 성숙도 모델 진단에 포함하였다.

미래의 기업 모습이라고 할 수 있는 Web 3 기업도 거버넌스 토큰을 기반으로 만들어진다. 기업이 토큰 발행이 가능한 블록체인 네트워크를 활용해서 토큰을 발행할 수 있으면 플랫폼의 거버넌스, 고객관계관리, 로열티프로그램 등에서 큰 효과를 볼 수 있는 너무나 나은 사례들이 나오고 있다.

최근 기업의 특정 목적 Permissioned 네트워크에서는 토큰 발행이 가능한 애플리케이션이 별로 없으나 Permissioned 네트워크에서도 토큰 이코노미 개념이 적용되어야 이 기술의 효과성이 제대로 나타날 것이라 확신한다. 그래서 기업은 토큰 이코노미에 대한 기업 적용의 이해도를 기반으로 사례를 만들어 내야 한다. 기업은 블록체인 기반의 디지털 자산으로 토큰을 발행하고 전송하고 교환하는 역량과 플랫폼을 확보해야 하며, 이는 블록체인 활용을 통한 성과 만들기에 매우 중요한 공통 기술이 될 것이다.

지금은 상상이 안 되는 비즈니스모델의 변화가 보이게 될 것이다. 이 기술에 대한 확보 여부 또는 계획은 중요한 성숙도 진단 기준이 된다. 사실 토큰 이코노미가 제외된 블록체인 기술은 기술적으로 그냥 분산 데이터베이스로 볼 수도 있다. 따라서 기업이 블록체인 네트워크를 통해 사업모델적 혁신을 만들어 내기 위해서는 블록체인 기반 토큰 이코노미를 충분히 준비해야 한다. 파급 효과가 매우 큰 영역이다.

6. 블록체인 전담팀 및 인재 확보

블록체인 전담팀이 구성되어 있는가는 그 기업의 성숙도를 진단할 수 있는 매우 유용한 항목이다. 기업이 당장 유효한 블록체인 기술로 만들어 낼 수 있는 유효한 애플리케이션을 정의하지 않은 상태에서 블록체인 전담팀을 유지하고 발전시키는 것은 쉽지 않은 일이다. 그래서 CEO의 기술에 대한 이해가 중요한 대목이다. 블록체인 기술이 미래 기업 경쟁력에 중요하고 혁신의 기반이 될 것이라는 확신이 CEO에게 있어야 전담팀의 구성 및 유지를 할 수 있다. CEO가 블록체인 기술의 속성에 대해 이해해야 이러한 확신이 생길 것이다. CEO의 공부가 필요한 이유이다. 조직 구성의 전권을 갖고 있는 CEO가 블록체인 기술의 속성에 대해 이해가 되고 이를 통한 미래 경쟁력 확보 차원의 통찰력이 있어야 전담팀 운영이 가능하다. 이 진단을 통해 CEO의 학습 정도와 추진의 확신을 가늠해 볼 수 있다.

그나마 AI는 여기저기 사례도 있고 언급하는 사람들도 많아서 전담팀을 만들기도 하지만 기술적으로 이해도 어렵고 사례도 보기 쉽지 않은 블록체인 전담팀을 회사에서 구성해 가기는 쉽지 않은 일이기에 CEO의 역할이 중요하다. 하지만 현재 CEO 대부분은 블록체인 기술의 속성에 대해 잘 모른다. 아예 블록체인을 가상화폐 투기로만 보는 시각도 많고 이를 회사에서 언급되는 것조차 꺼리는 분위기도 있다. CEO를 설득해야 하는 블록체인 엔지니어들은 기술의 속성에 대해 CEO가 이해할 수 있도록 잘 설명하지 못한다. 그래서 그냥 그들만의 리그에 국한하는 이유이다.

블록체인 전담팀의 규모와 전담팀이 보유하고 있는 기획력과 기술적 역량은 중요한 성숙도 진단 항목이다. 전담팀이 구성되어 있거나 관련 전담 인력이 이미 있다면 이 전담팀의 확보된 역량도 객관적으로 진단해야 한다. 블록체인 기술 작동 원리에 대한 이해 수준, 블록체인 생태계에 대한 이해, 토큰 이코노미에 대한 이해, De-Fi에 대한 이해, 메타버스와 연계된 NFT의 개념과 활용 사례에 대한 이해도, 증권형 토큰 추진 현황 등에 대해 이해도를 진단해야 한다. 관련 인력들은 자체 블록체인 네트워크를 운영할 수 있는 역량이 필요하며 스마트 계약서를 코딩할 수 있어야 한다.

현장의 현업은 블록체인 기술 이해의 어려움, 적용 사례 부족, 암호화폐에 대한 부정적 시각 등등으로 기술의 활용 목적, 적용 업무 등을 설계하는 것에 매우 장벽이 많을 것이다. 기업 내 블록체인 전담팀은 기술 작동 원리의 명확한 이해를 기반으로 다양한 응용 사례를 확보해 이를 현장에 제시할 수 있을 정도의 역량을 확보해야 한다. 추가로 기업 현장이 프로세스를 효율화하는 측면에서 블록체인 기술이 활용될 수 있지만 블록체인 기술이 더 중요한 것은 기업의 기존 사업방식을 완전히 변화시킬 수도 있다.

기업은 다양한 형태의 Web 2.0 개념의 플랫폼을 보유하거나 구축하게 되는데 블록체인 기술을 기반으로 한 Web 3.0 개념의 플랫폼을 자사 사업모델에 적용할 경우, 완전히 다른 사업모델을 만들 수 있고 이는 경쟁자와의 경쟁에서 중요한 차별 요소로 작동할 수 있게 된다. 즉 블록체인 인재 확보는 향후 기업에 많은 변화를 줄 수 있는 영역인데 관련 기술 인력 확보가 매우 어려운 영역이어서 미리 대비해서 인재를 확보해 가야 한다. AI보다 블록체인 영역이 인재를 확보하고 유지하기가 더 힘든 영역이고 적용 사업모델을 정의하기 어렵다.

종합적으로 요약하면 블록체인 기술은 디지털 공간의 확대와 탈중앙화된 생태계 연합이라는 차원에서 향후 기업 경쟁력에 중요한 차별적 사업모델이 될 것이며, 이를 대비하기 위해서 우선 CEO가 학습되어야 하고 전담팀을 구성하고 자체 토큰 발행이 가능한 블록체인 네트워크의 확보가 중요한 준비 과정이 될 것이다. 이 준비 성숙도를 점수화해 본다.

세 번째 진단 분야 : 클라우드 전환 통한 디지털 전환 인프라 유연성 확보

클라우드 인프라의 도입 현황을 진단하고 클라우드 서비스를 통한 혁신의 결과를 점검하고 클라우드 관리 현황을 진단한다. 사실 클라우드의 도입이 혁신인가에 대한 질문에 명확히 답을 하지 못하는 CEO들이 많다. 그럼에도 클라우드는 상대적으로 그 도입이 빠른 속도로 진행 중인 것으로 보인다. **클라우드의 도입은 혁신 관점에서 의미가 있는데 단지 도입만으로는 그 혁신을 만들어 낼 수가 없다.** 이전에 도입한 많은 기업에서 CEO들이 클라우드 도입을 통해서 혁신이 만들어지고 있다고 생각하는지 궁금하기도 하다. 이 질문에 명확히 자신 있게 CEO가 답할 수 있다면 그 기업은 클라우드 분야에서 준비가 된 기업이라고 할 수 있다. **진단 과정에서 CEO를 인터뷰하고 클라우드 도입의 목적에 대해 질문을 해 보면 단 1시간 안에 디지털 전환의 성숙도를 진단해 볼 수 있다.**

기업이 자체적으로 보유하고 운영하던 서버 인프라를 클라우드로 전환한다고 해서 자동으로 혁신이 만들어지지 않는다. 서버를 구매하지 말고 빌려서 사용하자는 목적으로 클라우드를 도입한 건 아닐 것이다. 서버를 운영하는 인건비를 절감하자고 클라우드를 도입하는 건 아닐 것이다. **클라우드 전환 이후에 디지털 혁신을 위해서 해야 하는 많은 작업이 있으며 이에 대한 준비도 역시 매우 중요하다.** 디지털 전환 시대에 기반 서버 인프라가 클라우드 기반으로 전환되면 기업의 중요한 인프라가 전환되게 된다. 하지만 이미 이전한 기업들도 그 성과에 대해 의문이 있다. 최소한 비용이 절감되었는지, 업무 신속성이 더 확보되었는지, 기업의 사업 연속성이 확대되었는지 등등. 이런 클라우드 도입에 의문이 생기는 것은 아마도 아직 많은 클라우드 전환 기업들은 반쪽 전환한 상태이기 때문이다. 심지어 가상화 서버를 구축하고 클라우드를 도입한 것으로 이해하고 있는 CEO들도 많은 듯하다.

기업이 기반 서버 환경을 클라우드로 전환하는 이유는 비즈니스 환경에 빠르게 대응하기 위함이다. IT 시스템의 영향을 적게 받고 기업 경쟁력을 신속히 확보하는 것이다. 기업은 본연의 비즈니스 수행에 핵심 역량을 집중하고 IT 인프라는 활용이 주목적일 것이다. 그러기 위해서는 **인프라 자원의 전환과 함께 애플리케이션의 현대화가 병행되어야 한다.** 클라우드가 기본으로 제공하는 컨테이너 기반 표준화 환경에 맞춘 애플리케이션의 현대화가 병행해서 진행되어야 기업의 빠른 대응이 가능해진다. 이 부분에 대한 대비가 현재 기존 도입 회사들도 전략을 갖고 향후 진행해야 하는 영역이다. 애플리케이션 현대화는 서버 인프라의 클라우드 전환보다 훨씬 난도가 높고 많은 자원이 소요되는 작업이다. **클라우드 영역에서는 주로 기존 시스템이 어느 정도 클라우드로 이전되었**

는지 진단한다. 클라우드 전환 또는 신규 도입 전략이 수립되어 있는지 점검한다. 전환된 클라우드 시스템이 효율적으로 운영 관리되고 있는지 점검한다. 클라우드 시스템의 운영관리도 최대한 자동화되어 있어야 한다. 멀티 클라우드와 하이브리드 클라우드를 사용할 수 있는 체계가 되어 있는지 진단한다. 전사적으로 비용을 통제하며 비용이 잘 배분되고 있는지 진단한다. 인프라 측면만 아니고 애플리케이션 현대화 작업이 적정 분야에 적용되어 있는지 진단한다. 클라우드 시스템의 특성상 언제든지 더 좋은 다른 클라우드 시스템으로 신속히 이동할 수 있는 체계가 되어 있는지 진단한다. 확대해서 인프라 클라우드 전환을 시작으로 애플리케이션 현대화를 진행하고 다양한 서비스를 SaaS 서비스로 활용할 수 있는 체계가 준비되어 있는지 진단한다.

클라우드 영역에서 세부 진단 항목은 다음 9가지 영역으로 나누어진다. 저자 총괄 시절 기업의 디지털 전환을 지원하고자 만들고 사용하였던 SK(주) C&C의 진단 방법론을 참고하였다.

1. 클라우드 Adoption

클라우드의 도입은 기업의 IT 인프라에 대한 엄청난 변화를 의미하게 된다. 그래서 반드시 클라우드로의 전환에 대한 전략 수립이 필요하다. 기업의 성숙도를 진단하기 위해서는 그 기업의 클라우드 전환 전략이 있는지, 그 전략이 유효한지에 대한 진단이 필요하다. 세부적으로는 On-Premise, Public 클라우드, Private 클라우드 조합에 대한 전략이 확인되어야 한다. 현재 유효한 클라우드 인프라 제공 회사들(CSP)에 대한 최신 정보를 확보하고 각

사의 장단점을 파악하고 있어야 한다. 회사의 Value Chain에서 어떤 영역에 우선 적용할 것인지 설계가 필요하다. 클라우드의 전환에 앞서서 신중히 고려해야 하는 것이 클라우드 인프라로 전환이 단지 시스템적 변화만이 아니라는 것이다. 기존 도입 서버 시스템과는 달리 클라우드 시스템은 많은 부분에서 운영 자동화되어 있다. 기존 기업이 보유한 시스템 운영체계는 무의미하므로 완전히 새로운 운영체계와 기술력이 사전에 준비되어 있어야 한다. 클라우드 전환 계획에 운영 조직을 포함한 운영체계 전반 변화에 대응하는 사전 준비가 치밀히 수립되어 있지 않으면 많은 저항을 만나게 될 것이다. 심지어는 오히려 전환 후 효율성 효과성이 더 저하되는 일도 있고 CEO는 왜 저하되는지 그 이유를 파악하지 못하는 경우도 많다. 클라우드 전략 수립 점검 항목에서는 이러한 운영체계 준비 내용도 진단해서 성숙도를 판단하게 된다. 즉 클라우드 전환 이후 변경되는 운영체계에 대한 준비도를 진단한다. 클라우드 전환 시작 이후 향후 확대 방안에 대한 전략을 진단한다. 클라우드는 해당 서비스 제공자의 영향을 많이 받는 분야여서 해당 서비스 제공자들의 생태계 발전 방향에 대해 이해하고 있는 수준을 진단해야 한다.

2. 클라우드 Migration

클라우드로의 실제 전환 현황을 진단한다. 진행 중인 클라우드 Migration 진행 단계를 확인하고 그 성숙도를 진단한다. Shift & Lift 방식의 클라우드 전환은 상대적으로 리스크가 적긴 하지만 그래도 정밀한 이전 계획이 필요하다. 이미 이전 작업이 완료된 부분에서 발견된 문제점들이 정리되어 있어야 한다. 클라우드의 특성상 언제든지 다른 CSP로 이전이 가능할 수 있도록 하는 빠른 이전 체계를 정립해 두어야 한다. 이러한 내용이 문서도 정리되어 있는지를 진단한다.

애플리케이션 현대화를 통한 이전 계획에 대해서도 그 영역과 이전 로드맵이 필요하다. 애플리케이션 현대화는 그 추진이 상당히 리스크가 존재하기 때문에 그 범위를 정하고 단계별 이전 계획을 수립하는 데 치밀함이 필요하다. 클라우드 인프라의 도입은 Shift & Lift 방식에서 애플리케이션을 현대화하고 결국 SaaS의 도입으로 연계되기 때문에 앞서 도입된, 또는 도입계획이 있는 SaaS 계획 또는 활용도에 대해 진단한다. 서버 인프라 클라우드 전환과 더불어 데이터 클라우드, AI 클라우드, 블록체인 클라우드로 이전에 대해 전략이 수립되어 있다면 상당한 성숙도를 확보했다고 할 수 있다. 멀티 또는 하이브리드 클라우드 활용계획이 있는지 점검하고 멀티/하이브리드 클라우드 실현을 위한 구체적인 Solution 확보 상태를 진단한다. 단일 클라우드보다 멀티/하이브리드 클라우드로의 전환에 대한 대비는 성숙도가 훨씬 높다고 진단할 수 있다.

3. 클라우드 아키텍처

당연한 이야기이지만 특히 클라우드 인프라는 인프라의 도입만으로는 그 효과를 보기 어렵다. 그 효과를 측정하기도 어렵다.

비용 관리를 제대로 체계적으로 하지 않으면 오히려 비용도 더 많이 들고 기대한 성과를 만들어 내지 못하고 서비스 제공자에게 종속되는 가능성 높다. 국내기업들이 한때 유행처럼 도입했는데 그 효과가 있는지 의문이 생긴다. 도입 기업 자체적으로도 어떤 평가를 하고 있는지 궁금하기도 하다. 궁극적으로 클라우드의 도입은 애플리케이션 현대화(Modernization)로 연결되어야 사업의 민첩성을 지원하는 유연한 인프라가 될 것이다. 아마도 국내기업들이 클라우드의 도입으로 그 성과를 자신 있게 이야기하지 못하는 것은 애플리케이션 현대화(Modernization)에 주저하기 때문일 것이다. 물론 아주 먼 미래에 다양한 애플리케이션이 대부분 SaaS 서비스로 제공된다면 애플리케이션 현대화가 별로 필요 없이 SaaS에 의해 현대화될 수도 있다. 하지만 기업 특유의 기능을 고려하는 서비스의 SaaS는 좀 먼 이야기이거나 일부 영역에 국한될 가능성이 있다. 그래서 기존 애플리케이션의 현대화를 아키텍처에 고려해야 한다.

특히 Digital Native 기업들은 처음 구축부터 클라우드 인프라 위에서 클라우드 개념의 애플리케이션을 개발하지만, 대다수를 차지하는 기존 기업에서는 클라우드 도입 후 애플리케이션 현대화(Modernization)에 적극적이지 않다. 반쪽 전환일 뿐이다. 완전 전환이 되어야 궁극의 민첩성을 확보할 수 있다. 따라서 아키텍처 영역에서는 기업의 애플리케이션 현대화(Modernization) 영역의 현황과 계획을 진단해 기업의 클라우드 성숙도를 측정하게 된다. 진단을 위해 클라우드 Native 애플리케이션과 애플리케이션 현대화 비중을 점검하고 아키텍처 상에 반영 여부를 진단해 본다.

4. 클라우드 애플리케이션 배포

애플리케이션 배포 및 테스트 프로세스 표준화/자동화 여부를 진단해서 클라우드 환경하에 애플리케이션 운영의 자동화 여부를 진단해 본다. 클라우드로 전환하게 되면 시스템 운영체계 뿐 아니라 애플리케이션의 개발과 운영체계를 실행하는 그 자체 프로세스의 변화가 필요하다. 그 중심에 CI/CD(Continuous Integration/Delivery) 체계가 있다. 다양하고 복잡한 애플리케이션을 생산성 있게 무결점으로 통합하고 배포하는 CI/CD 환경 구축 여부를 진단한다. 클라우드의 전환은 전반적인 서버 인프라 운영 시간과 비용의 절감 목적이 있다. 또한 자동화된 애플리케이션 통합과 배포는 복잡하고 시간 소모적인 배포의 재작업을 최소화해 기업의 민첩성을 제공하게 된다. 기업이 클라우드 환경에서 배포를 위한 애플리케이션 통합작업과 배포 자동화 과정의 프로세스가 정립되어 있고 관련 자동화 도구들이 클라우드 환경에서 유효하게 사용되고 있는지 진단한다.

5. 클라우드 서버/서비스 프로비저닝 & 오케스트레이션

기업의 클라우드 프로비저닝 방식을 진단한다. 수동, 스크립트 기반, 자동화 도구 사용 등 여부에 따라 기업의 클라우드 운영 성숙도는 차이가 있게 된다. 기업이 현재 사용하고 있는 클라우드 자동화 도구에 대한 리스트를 확보하고 각각 기능의 효과성을 진단한다. 상황에 따라 수동과 자동 프로비저닝 방식이 혼합해서 활용될 수 있는 프로세스가 체계화되어 있는지 진단한다. 사용되고 있는 자동화 도구의 유효성을 진단한다. 프로비저닝과 오케스트레이션이 실제 진행되는 과정을 점검하고 해당 담당자들의 역할을 진단한다. 외부 역량 활용 시 내부에 축적 중인 역량을 진단한다. 사용 중인 도구의 활용도를 점검하고 향후 발전 계획을 진단한다. 이 분야는 CSP의 신규 서비스 활용 확대에 따라 생산성이 급격히 높아질 수 있는 영역이기 때문에 CSP가 클라우드 시스템 그 자체에서 제공하는 기능에 대해 충분히 이해하고 활용할 수 있어야 한다. 기업은 클라우드 운영자들이 해당 사항에 대한 최신성을 유지하고 있는지 진단해야 한다.

6. 클라우드 비용 관리

클라우드 시스템에 배정된 예산의 배정 방식을 조사하고 전사 단위, 조직 단위 또는 서비스별 등에 대한 세부적 배정 방식을 진단한다. 클라우드는 그 사용량이 동적으로 변화하고 그 변화에 따른 비용의 차이가 발생하기 때문에 수요를 예측하고 이를 통제하는 기능이 매우 중요하다. 이에 대한 통제 관리가 유효하지 않으면 불필요한 클라우드 사용이 급증할 수 있다.

클라우드 CSP 또는 MSP가 제공하는 도구 또는 별도의 도구를 활용해 비용 관리하고 있는 상황을 진단한다. 클라우드 비용 관련 CSP, MSP 계약 구조의 적절성을 평가하고 향후 비용 통제를 위한 계획을 진단한다. 발생한 비용은 각 사업부에 적절히 배분되어서 관리회계에 반영되어야 한다. 사업부별로 클라우드 사용의 성과를 비용 관점에서 측정할 수 있어야 한다. 이런 비용 관리 체계는 향후 CSP, MSP와 계약에서 회사에 유리한 조건을 만들어 낼 수 있으며 CSP, MSP 비용 적정성을 평가하는 데 매우 유효하다. 클라우드의 도입이 비용 절감이 최종 목표는 아니지만 매우 중요한 성과지표인 건 분명하다. 비용을 줄이기 위해서는 비용을 절감할 수 있는 분야를 명확히 이해하고 절감하는 방안이 있어야 한다. 클라우드 도입 후 비용이 절감되지 않고 오히려 증가하는 것은 이러한 비용 통제 방법이 체계적이지 못해서이다. 비용이 유효히 통제 관리되지 않으면 클라우드의 사용에 제한이 생기게 되고 궁극의 디지털 전환 효과에 대한 의구심이 생기게 된다. 즉 클라우드상에서 이를 인프라로 구현해야 하는 다양한 디지털 전환 과제의 추진에 영향이 있게 된다. 같은 클라우드 인프라를 사용하고 있는데 어떤 기업은 비용이 절감되고 어떤 기업은 비용이 오히려 늘어나게 되는 것일까. 바로 효율적인 비용 통제 체계의 차이라고 할 수 있다. 그 관점에서 진단하게 된다.

7. 클라우드 재해 복구

예상치 못한 재해에 대응하기 위해서 클라우드 인프라에 대한 재해 복구 정책이 얼마나 유효하게 만들어져 있는지 진단해야 한다. 클라우드로 서버를 이전하게 되면 또는 신규 서버를 구축하게 되면 재해 복구 체계도 클라우드 환경에 맞추어서 다양한 아키텍처의 구현이 가능하다. 평상시 실제 활용도 대비 재해를 대비하는 재해 복구시스템은 비용에 대한 부담이 항상 존재하기 때문에 비용효율적으로 재해 복구시스템을 클라우드 환경을 최대한 활용하여 구축하는 계획이 필요하다. 이러한 계획을 진단하게 된다. 클라우드 재해 복구 아키텍처를 확인하고 복구의 수동화 및 자동화 여부를 진단한다. 재해 복구 범위에 따라 들어가는 비용의 차이가 커서 시스템별로 우선순위를 정해 우선순위별 재해 복구 체계가 되어 있는지 진단해야 한다. 재해 복구 아키텍처가 설계/구축되어 있어도 유사시 제대로 작동하는지에 대한 모의 테스트작업이 중요하기 때문에 모의 테스트 시행 여부를 진단한다. 발생할 수 있는 재해 시나리오가 폭넓게 정의되어 있어야 하고 시나리오별 복구의 유효성을 주기적으로 점검하는지에 대한 진단이 필요하다. 다시 강조하면 재해 복구 체계는 발생 빈도와 비교해 비용이 많이 들어 투자를 주저하는 경우가 많으나 재해 발생시 그 영향이 크므로 치밀한 계획이 필요하며 특히 재해 영향에 따른 중요도 기반 우선순위가 반영되어 있어야 한다.

8. 클라우드 보안

클라우드 도입 시 고객, 특히 경영자들이 가장 걱정하는 부분이 자사 데이터의 외부 유출 등 보안에 대한 우려이다. CSP 제공하는 보안 수준에 대한 파악이 되어 있어야 하며 정기적으로 보안 상태를 진단하는 방법론이 구체적으로 설정되어 있어야 한다. CSP의 보안 수준은 상당히 높은 품질을 유지하지만, 특정 기업의 특정 보안 요건을 수용하지 못할 수도 있다. 보안은 그 중요도를 고려해 볼 때 항상 최상의 상태를 유지하고 있어야 해서 클라우드 환경에서 보안은 CSP의 제공 보안 서비스 외에 특정 보안 요건을 수용할 수 있는 아키텍처를 기업이 설계하고 구축, 운영할 수 있는지 진단이 필요하다. 갑작스러운 상황에서 발생하는 보안 위협에 대한 보안 진단, 정기진단, 자동화된 보안 위협 감지 등이 어떻게 작동하는지 진단이 필요하다. 특히 클라우드 보안은 훌륭한 기술들이 클라우드 시스템에 적용되어 있지만 클라우드의 특성상 공통 사용이어서 각 기업의 특수성에 고려되지는 못하는 부분에 대한 대처가 성숙도의 관건이 된다. 따라서 기업의 보안 특수성을 고려한 보안 솔루션 도입 등 추가 아키텍처를 반영할 수 있는 체계와 역량에 대한 진단이 핵심이 된다.

9. 클라우드 파트너사 SLA 관리

클라우드를 도입하게 되면 CSP 외에도 다양한 파트너들과 협업하고 적정수준의 서비스를 비용효율적으로 받아야 한다. 각 담당 파트너에게서 최적의 서비스를 받기 위해서는 파트너사에 대한 서비스 평가지표가 유효하게 설정되어 있어야 한다. 시장의 서비스 제공자들의 서비스 품질이 매우 다양하다. 품질을 유지하고 제공하는 데 큰 비용이 들기 때문에 서비스 품질에 문제가 있는 서비스 제공자들이 많다. 기업이 이를 정확히 파악하고 있지 못하면 높은 비용에 낮은 서비스를 받게 될 것이다. 또 이를 관리하는 부서가 명확히 존재해야 하며 서비스 제공자들의 실제적인 평가를 하는 프로세스가 작동하고 있어야 한다. 관련 분야 서비스 제공 경쟁사들과 수준을 비교해 볼 수 있는 서비스 비교분석이 수행되어야 하며 이 부분이 영역별 파트너 회사로부터 최상의 서비스를 받을 방법이다. 따라서 이번 진단에서는 클라우드 전환과 관련된 다양한 서비스 파트너사와의 협업할 프로세스와 평가 체계 등이 준비되고 작동하고 있는지 진단한다.

네 번째 진단 분야 : 데이터는 디지털 전환의 핵심 자산

모든 디지털 전환의 기반은 데이터라고 할 수 있다. 사실 데이터 관리를 체계적으로 하지 않으면 할 수 있는 디지털 전환이 별로 없다. 디지털 전환의 핵심인 기업의 지능화를 나무라고 하면 데이터는 물과 햇빛이다. 물과 햇빛이 없으면 나무는 성장할 수가 없다. 데이터 관리가 기업의 지능화에 물과 빛의 역할을 하는데 그 범위가 너무 넓어서 이를 기업들이 수행하는 데 어려움이 많다. 기업들이 데이터 관리에 대한 추진은 과거 상당히 오랜 기간 진행되었다. 따라서 이번 진단에서는 데이터 생성부터 수집, 저장, 관리, 분석, 가공 등 데이터 life cycle 전체를 진단하고 관련 전문인력의 보유 현황을 진단한다. 추진의 규모, 시간, 비용 등의 측면에서 가장 어려운 분야이다. 필요로 하는 인재의 유형도 다양하고 필요로 하는 자동화 도구도 많다. 기업이 AI를 추진하는 데 실패하는 이유 중에 가장 많이 하는 말이 데이터 확보 실패라고 한다. 이는 정말 맞는 말이다. 인공지능 세계적인 석학을 기업에 모셔도 데이터 관리를 제대로 하지 않으면 세계적인 인공지능 인재가 성과를 만들어 낼 수 없다. 즉, 데이터 관리를 체계적으로 하지 않으면 세계적인 인공지능 전문가를 비싸게 모셔 와도 결과가 없는 이유이다. 그런데 더 어려운 것은 CEO들이 자기 회사의 데이터 관리 상태를 잘 모른다는 것이다. 사실 CEO가 이를 파악하기는 쉽지 않다. 그러니 추진 중인 디지털 전환이 왜 성과를 만들어 내지 못하는지 파악이 안 되는 것이다. 단언컨대 디지털 전환에서 제일 먼저 해야 하는 일은 전사적인 데이터 관리 체계를 자동화, 현대화하는 것이다. 데이터 전환 상태만 진단해 보면 그 회사의 디지털 전환 성숙도를 개략적으로 가늠해 볼 수 있다. 확보해야 하는 데이터의 종류가 점점 확대되고 있고 데이터의 형식도 복잡해지고 있다. 필요한 데이터를 확보하는 방법도 다양해지고 있다. 데이터가 있어야 하는 시점도 이제는 실시간에 가까운 요건이 많다. 확보한 데이터도 실제 분석에 필요한 작업에 공급되기까지 많은 처리 과정이 필요하다. 즉 기업이 지능화를 확보하기 위해 물과 빛에 해당하는 데이터를 확보하고 가공하고 공급하는 전 과정 너무나 복잡하고 성공적인 처리에 큰 노력이 소요되는 데이터 관리 영역을 유효히 관리하고 있는지 진단은 디지털 전환의 성공 요인이라고 할 수 있다. 데이터를 모으는 일만이 아니고 데이터를 가공, 처리하는 일에 대한 효율성이 진단되어야 한다. 데이터의 속성을 쉽게 파악할 수 있는 것에 필요한 메타데이터 관리 여부를 진단해야 한다. 데이터를 가공 처리하는 프로세스의 과정을 관리하고 가공, 처리 데이터 간 관계를 파악할 수 있는지 진단해야 한다. 데이터 간의 비즈니스 관계를 쉽게 파악하는 것은 회사의 핵심 지적 자산이라고 할 수 있다. 즉 데이터 간의 비즈니스 관계가 잘 정의되고 있고 계속 지식으로 축적되고 있는지는 향후 AI의 활용도를 높이는 것에 매우 중요하기 때문에 이 부분에 대해 진단한다. 확보된 데이터가 있어야 하는 분석자들에게 적시에 쉽게 제공되는지도 필요한 진단 항목이다.

기업들이 데이터 분야에 오랜 기간 상당한 투자를 했고, 그 중요성을 인식하고 있는 것에 비해 진단 결과가 미흡한 경우가 많다. **그래서 많은 CEO가 기대한 것보다 결과가 미흡해 실망이 큰 영역이다.** 데이터의 생성부터 전 과정을 관리하지 않으면 AI, 블록체인, 클라우드 등 디지털 기술의 적용에서 성과를 만들어 내기 어렵다. **다양한 첨단 디지털 기술 적용을 시도하는데 성과가 나지 않는 가장 큰 이유이다.** 특히 데이터 영역은 구축에 상당한 시간이 걸리기 때문에 지금과 같은 디지털 겨울의 시기에 더욱 강조해서 그 기반을 구현해 두어야 하는 영역이다. **미국에 팰런티어라는 회사가 있다.** 데이터 분석을 통해 사회적, 경제적 문제를 풀어내는 회사이다. 지금 가고 싶은 회사 한 곳을 마음대로 선택하라고 하면 꼭 근무해 보고 싶은 회사이다. 과거 데이터 분석을 통해 빈 라덴의 위치를 정확히 파악한 것으로 유명해진 회사이다. **데이터를 읽어서 예측을 해내는데 그 결과가 매우 놀랍다.** 이러한 놀라운 결과를 만들어 내기 위해서 관리하는 데이터의 수준과 방법은 놀라울 정도이다. 자료수집, 효율적인 저장 관리, 데이터 관계 정의, 메타데이터 등등 한 번쯤 벤치마킹 해 보면 의미 있는 데이터 관리에 대한 통찰력을 얻을 수 있다.

데이터 영역에서 세부 진단 항목은 다음 9가지 영역으로 나누어진다. 저자 총괄 시절 기업의 디지털 전환을 지원하고자 만들고 사용하였던 SK(주) C&C의 진단 방법론을 참고하였다.

1. 데이터 레이크 아키텍처

데이터 레이크는 꼭 필요하다. 데이터 레이크를 고려한 전체 데이터 관리 아키텍처가 있어야 한다. 현재 데이터 레이크가 있는 기업도 그 범위와 품질을 점검해야 한다. 데이터 레이크와 관련해 비용면에서 효율적으로 데이터를 저장할 수 있는 솔루션들이 많이 나오고 있어서 다행이다. 사실 과거 데이터웨어하우스 구축이 진행될 때 사용 필요성에 비해 구축 및 유지보수 비용이 과다해 최근에는 이를 현행화하지 않는 경우가 많았다. 하지만 최근 비용면에서 매우 효율적인 도구들이 출시되고 있어서 기업이 필요로 하는 데이터를 효율적 비용으로 데이터 레이크에 만들어 낼 수가 있다. 과거 AI가 활성화되지 못한 이유는 알고리즘 그 자체 성능보다 반도체 성능 이슈가 있었으나 최근 반도체 성능의 향상으로 AI의 활용도가 높아지고 있듯 데이터 레이크 영역도 최근 과거 비용과 시간이 과다하게 소비되는 구축/운영 과정을 매우 효율적으로 진행할 수 있는 발전이 있기에 데이터 레이크의 준비에 큰 진전이 예상된다. 이러한 부분에 대한 준비가 진단에 포함된다.

과거에는 운영계 데이터에서 Operation Data Store(ODS), 데이터웨어하우스, 데이터마트 등으로 데이터를 변형 추출하는 작업이 힘들게 진행되었고, 이를 모두 저장 관리해야 하는 어려움이 있었다. 하지만 지금은 이러한 추출과 별도로 단계별 저장 과정을 단순화할 수 있는 데이터 클라우드 형태의 아키텍처가 가능해지고 있어 데이터 레이크 아키텍처의 현대화를 통해 기업이 필요로 하는 데이터를 충분히 비용면에서 효율적으로 저장, 관리할 수 있다. 이러한 부분이 적용되어야 데이터 관리의 연속성이 있게 된다. 이를 진단한다.

따라서 데이터 저장 아키텍처가 데이터의 수집부터 활용까지를 고려해 효율적 비용으로 구현되어 있는지 진단한다. 데이터 종류와 규모가 점점 크게 확대되고, 특히 외부 데이터나 비정형 데이터 활용의 증가가 확실하기에 데이터의 저장과 가공을 위한 분산처리 기술이 필요하게 된다. 기업이 분산처리 기술을 활용하고 있는지 진단은 성숙도를 평가하는 중요한 기준이 된다. 향후는 클라우드의 도입이 확대될 것이기에 데이터 레이크 아키텍처를 설계할 때 클라우드 인프라 도입을 고려해 데이터 레이크가 설계 및 구현되었는지 진단한다. 향후 데이터 레이크의 발전에 대한 비전과 실행전략이 있는지와 그 유효성을 진단한다.

2. 기업 내부 발생 데이터 수집

기업 내부 데이터는 가장 핵심이 되고 신뢰성 높은 데이터가 된다. 회사를 운영하면서 생성되는 데이터이기에 비즈니스 상황과 연관성이 깊고 데이터의 품질도 신뢰할 만할 것이다. 하지만 아직도 많은 기업이 기업 스스로 만들어 내는 데이터를 저장 관리하는 것에 부족함이 많다. 기업에서 만들어 내는 데이터 종류를 분석해 보고 저장 관리 범위를 점검해 본다. 여전히 중요한 데이터를 각 부서가 직접 관리하는 경우가 많다. 기업 내부 데이터의 저장 관리에 대한 데이터별 중요도가 설정되어 있는지와 얼마나 현업 사용자들이 활용하고 있는지, 활용의 문제점을 인식하고 있는지 등에 대해 진단한다. 내부 발생 데이터의 저장 관리와 활용도를 종합적으로 평가해 본다. 생각보다 그 중요한 내부 데이터를 잘 관리하고 있지 않다.

3. 기업 외부 발생 데이터 수집

기업 외부 데이터는 그 양이 방대하고 형식이 다양하며 수집을 위한 소스 확보에도 통상 어려움이 많다. 하지만 많은 경우에서 내부 데이터와 결합해 의미 있는 통찰력을 제공하는 경우가 많다. 내부 데이터가 품질이 좋고 비즈니스 연관성이 높지만, 회사가 필요로 하는 지능화 예측을 위해서 내부 데이터만의 사용은 부족한 것이 확실하다. 외부 데이터의 경우 내부 데이터에 비해 관리 수준이 떨어지는 것이 보통의 현상이다. 체계적이지 않고 부서 간 공유되지도 않는다. 외부 데이터를 어떻게 수집 및 관리하는지 진단해 보면 그 기업의 데이터 활용 성숙도를 진단해 볼 수 있다. 어떤 종류의 외부 데이터가 필요한지, 어떻게 정의되어 있는지, 실제 수집하고 있는 데이터와 활용 분석의 종류는 무엇인지, 내부 데이터와 결합 또는 수집한 외부 데이터 간의 결합 등 데이터 큐레이션을 통한 데이터 결합 분석이 진행되고 있는지 등등을 진단해 본다. 특히 외부 데이터의 수집도 크롤링을 통한 자동화 연결 그리고 시스템 간 인터페이스 및 수작업 업로드 등 각각 유형별로 데이터 수집의 효율성을 확대해 가야 하며, 현재는 수집하고 있지 않지만, 어떤 외부 데이터가 있는지 꾸준히 조사해야 외부 데이터가 필요할 때 즉각 수집할 수 있게 된다. 내부 데이터와 외부 데이터의 결합으로 상당히 의미 있는 지능화를 만들어 낼 수 있다. 외부 데이터를 그 특성상 데이터 형식이 다양하고 그 양이 방대할 가능성이 있어서 외부 데이터 관리를 위해서는 데이터의 저장, 가공, 활용의 전 과정의 효율성이 중요하다. 이러한 부분을 진단하게 된다.

4. AI를 활용한 데이터 수집, 가공, 관리

AI 알고리즘은 유효한 학습 데이터를 확보하는 것이 핵심이라고 할 수 있다. 그런데 이러한 학습 데이터를 확보하는 데 역으로 AI를 적극 활용해서 데이터 처리의 생산성을 높일 수 있다.

예를 들어서 기업이 다양한 내/외부 데이터를 확보하는 과정에서 데이터 중복이 발생할 수 있다. 고객 데이터의 경우 각 부서의 용도에 따라 각각 고객 데이터 수집한다. 한 고객에 대해 다른 데이터가 수집되면서 동시에 중복 수집이 된다. 이때 이 데이터의 정합성을 계속 유지하는 데 큰 노력이 별도로 들게 된다. 정합성이 유지되지 않은 상태로 고객 분석을 하게 되면 이상한 예측값이 나올 수 있다. 다른 채널에서 수집한 같은 고객의 데이터는 정합성을 잘 유지하고 있으면 360도 고객 분석이 가능해지는 장점이 있지만 정합성을 유지하지 못하면 혼란스러운 예측값을 만들어 낼 수 있다. 이러한 데이터의 정합성을 유지하는 것이 매우 중요한데 사실 이 작업에 역시 큰 비용과 노력이 들게 된다. 이때 AI 알고리즘을 학습시켜서 중복데이터를 감지하고 이를 통합하는 자동화를 만들어 볼 수 있다. 자동화하게 되면 데이터 처리의 생산성을 상당히 높일 수 있다. 데이터는 수집부터 가공, 처리까지 많은 수작업이 필요하게 된다. 이 부분의 자동화나 지능화가 필요하며 AI로 학습된 알고리즘에 의한 복수 소스 중복 데이터 처리 문제의 효율성을 높일 수 있다. 저자는 저서에서 초거대 AI에 대한 투자는 우리가 잘할 수 있는 분야가 아니라고 해당 분야에 대한 투자에 대한 신중함을 언급했다. 초거대 AI에 투자하는 비용을 차라리 이런 데이터 처리를 AI로 수행하는 도구에 투자하면 그 수요가 전 세계적으로 매우 크고 이 분야의 핵심 사업자가 될 수 있다. 투자하면 산업에서 글로벌 리더십을 차지할 수 있는 분야가 바로 AI와 데이터를 만드는 AI 영역이다.

많은 데이터를 어떻게 효율적 비용으로 관리하느냐가 결국은 데이터 관리의 핵심이므로, 이 영역은 특별히 생산성을 고려한 자동화가 필요하고, AI를 활용해서 AI에 필요한 데이터를 효율적 비용으로 만들어 낼 수 있다. 실제 다른 소스로부터 생성되는 같은 데이터는 다른 형식이나 이름으로 저장되며 이는 데이터의 중복을 발생시켜서 분석의 정확성을 떨어뜨리고 데이터 관리의 효율성을 낮춘다.

AI 알고리즘으로 학습시키면 중복데이터를 잘 분류해 낼 수 있다. 데이터를 관리하는 AI를 활용하게 되는 것이다. 이런 방식처럼 데이터 관리 영역에서 지능화, 자동화를 통해 데이터 처리의 효율성을 높이고 있는 부분에 대한 진단이 필요하다. 이 영역에 대한 기업의 적용 수준은 데이터 처리 성숙도를 진단하는 데 매우 중요한 기준이 된다.

5. 데이터 검색

저장된 데이터를 얼마나 분석가들이 업무 현장에서 쉽게 활용할 수 있는가도 중요한 진단 기준이 된다. 사용자 관점에서 인터뷰해 보면 관련 검색 도구가 도입되었다고 하더라도 제대로 활용되지 않는 경우가 많다. 뭔가 사용에 불편함이 있는 것이다. 데이터를 검색하는 특화된 검색 도구의 활용 여부를 진단한다. 검색 도구가 도입되어도 많은 기업에서 데이터 확보는 IT실 담당자에게 요청하는 경우가 많다. IT실은 현업의 데이터 요청으로 본연의 핵심적인 업무를 놓치는 경우가 많다. 현업 데이터 필요 분석자들도 데이터 요청에 걸리는 시간 때문에 적시 분석에 의한 실행의 시기를 놓칠 수 있다. 따라서 현장 데이터 요청이 얼마나 효율적으로 적시에 일어나는지 진단해야 한다.

필요 데이터 중 API를 제공하는 데이터의 비중을 조사해 본다. 분석가들이 쉽게 데이터를 활용할 수 있도록 준비한 데이터 추출 도구, 데이터 연동을 위한 API뿐 아니라 관련 방법을 전체적으로 사용자 관점에서 진단해 본다. 비정형 데이터의 증가로 자연어 모델, 생성형 AI를 통한 회사 고유의 전문지식검색 서비스는 현업 사용자의 데이터에 대한 접근성에 긍정적 영향을 줄 수 있다. 생성형 AI 등 비정형 데이터에 대한 현업 사용자들의 접근성과 접근할 수 있는 데이터의 유효성에 대해서 진단해 본다.

6. 데이터 가공

저장 관리되는 데이터에 한 가지 중요한 포인트는 기준정보 관리체계이다. 데이터를 분류하는 기준정보가 표준화되어 있어야 데이터 분석을 통한 활용의 효율성이 향상된다. 따라서 확보된 데이터들의 기준정보 표준화 여부를 진단하고 관련 운영프로세스를 점검해야 한다. 모든 기준정보 관리는 현장에서 이를 관리하는 것에 있어서 항상 이슈가 있다. 이슈를 파악해 이에 대한 해결 현황을 진단해 본다. 데이터 가공과 관련해서도 생산성을 높여 주는 다양한 도구들이 있다. 기업이 내부 데이터를 수집하고 있는데 그동안 기준정보 표준화를 한 번도 수행한 적이 없다면 당장 수행해야 한다. 기준정보 표준화를 통해 예측값이 정확도를 높일 수 있다.

확보한 데이터의 결함을 보완하는 작업, 분석에 제외되어야 하는 값을 처리하는 과정, 데이터 클렌징, 추가 보완 데이터 확보 등 등 가공 과정에 데이터를 가공하는 자동화 도구들은 매우 유용하며 그 역할이 중요하다. 때에 따라서는 프로그램 코딩에 익숙하지 않아도 GUI 환경으로 No Coding 또는 Low Coding으로 현업 업무 전문가도 데이터를 가공할 수 있어야 한다. 따라서 데이터 가공 도구들의 활용 현황은 데이터 관리 성숙도를 진단하는 데 매우 중요한 기준이 된다. 데이터 수집부터 사용까지 전 데이터 관리 Pipeline에서 현업의 CDS가 코딩 없이 자동화된 도구를 사용하여 어떤 작업까지 가능한지 진단해 보면 그 기업의 데이터 관리 성숙도를 점검해 볼 수 있다.

7. 데이터 흐름/이력 관리

데이터를 저장하고 검색하고 하는 것도 중요하지만 최근 추세는 성숙도가 높은 기업은 데이터 간의 흐름을 추적하는 것에 중점을 두고 있다. 데이터는 시간이 지남에 따라 또는 가공 등의 처리 과정을 거치면서 그 상태가 변경되게 되고 변경된 이력을 분석할 수 있는 것이 데이터를 분석하는 것에 중요한 경우가 될 수 있다. 기업이 발생하는 내부 데이터 관리도 사실 벅찬데 데이터 변형의 이력까지 관리해야 하는가에 대해 의문이 있을 수 있지만 관리해야 의미 있는 예측값을 만들어 낼 수 있다. 기업이 확보한 데이터는 소중한 기업의 자산으로 철저히 관리되어야 한다. 길고 어려운 일이지만 이 작업이 기업의 미래를 좌우하는 디지털 전환의 가장 기본이 되는 작업임을 꼭 명심하면 좋겠다.

특히 데이터 간의 비즈니스적 관계를 미리 파악해서 정리해 두면 그 자체가 기업에 매우 중요한 자산이 될 수 있다. 따라서 데이터의 흐름에 따른 변경/가공 이력을 추적할 수 있는 체계와 데이터 간의 비즈니스적 노하우가 담긴 관계도는 향후 AI 활용에서 AI 알고리즘과 사람 전문가가 협업할 수 있게 하는 중요한 역할을 한다. 그런 이유로 이를 관리하는 기업은 데이터 성숙도가 매우 높은 수준이라고 할 수 있으며, AI의 활용을 통해 업의 혁신을 만들어 낼 수 있는 기업이 될 수 있다. 저자는 미래 기업 가치를 산정할 때 그 기업이 데이터 관리를 어떻게 하고 있는지가 중요한 기준이 되리라 생각한다. 데이터 관리가 체계적이지 않은 기업은 지금 재무적 성과가 설사 있다고 하더라도 또는 매우 큰 상장 시장에 있다고 하더라도 미래가 불투명하다고 할 수 있다.

데이터의 데이터를 메타데이터라고 한다. 데이터를 위한 데이터라는 뜻으로 데이터를 파악하기 위해서 데이터의 속성에 대한 정의가 있는 데이터이고, 데이터의 가공 절차에 따른 흐름을 설명하는 메타데이터를 만들면 현업 사용자의 데이터에 대한 활용도를 크게 향상할 수 있다. 이러한 부분의 진단을 통해 성숙도를 점검한다.

8. 데이터 보호/보안

데이터 보안을 위해 적용되고 있는 기능과 솔루션을 파악해 본다. 데이터 식별/비식별화 여부를 파악해 본다. 접근 권한 등 보안 기술의 적용 여부를 진단해 본다. 문서로 만들어진 보안 정책을 확인하고, 확보한 보안 인증제도를 확인한다. 보안 관련 시스템의 데이터 관련 기능 구현 사항을 점검하고 진단에 반영한다. 데이터 보안은 시스템적 보안도 중요하지만 보안 정책 수립과 인적 보안 등 보안의 전체적인 체계와 기술적 보안이 융합되어야 하는 특성이 있다. 보안은 한 곳이 취약해도 전체가 무너지는 성향이 있으므로 전체 융합적 최적화가 중요하다. 이런 부분에 대한 진단을 통해 성숙도를 파악해 볼 수 있다.

9. 데이터 인력 전문성

데이터를 전담하는 조직이 최근에는 대부분 회사에 존재한다. 지금은 그 존재 여부가 성숙도에 중요한 기준은 아니다. 그 조직의 규모, 인력의 전문성, 역량의 포트폴리오, 전문 도구 활용 역량, 사업 도메인에 대한 이해도, 외부협력실행의 정교함 등을 상세히 진단해야 한다. 데이터 아키텍트, 데이터 엔지니어, 데이터 사이언티스트, DBA, 데이터모델러, 자동화 도구 전문가 등 영역별 전문가가 해당 기업의 인프라 아키텍처에 얼마나 부합하게 확보되어 있는지가 중요하다.

특히 현장 업무 전문가와의 협업 프로세스가 작동하는지 점검해야 한다. 데이터 전문조직의 역량 파악을 위해 조직도상의 위치, 구성원 수, 직무내용, 외부 협력 회사명, 외부 협력 업무 내역에 대한 조사가 필요하다. 최근 추세는 데이터 관련 직무의 시장 내 부족으로 인해 육성된 데이터 관련 전문가들의 이직이 아주 빈번한 추세이다. 연봉도 높고 이직률도 높은 데이터 전문가의 육성 및 유지가 매우 어려운 상태여서 CDS(Citizen Data Scientist 현업 업무 전문가)를 데이터 사이언티스트로 육성하는 방법이 매우 효율적이다.

하지만 이런 CDS를 육성하기 위해서는 자동화된 데이터 분석 환경의 구축이 선행되어야 한다. CDS 대부분은 코딩에 익숙하지 못하다. 따라서 CDS를 활용하려면 No Coding 환경을 만들어 주는 것이 중요하다. 현장에서 빠른 분석은 자동화된 도구를 사용해서 CDS가 처리하고 난도가 높은 분석은 데이터전문팀이 개발해 배포하는 전략이 유효하며, 이런 체계가 가능하도록 관련 전문가가 육성되고 있는지 확인하는 것이 그 기업의 데이터 성숙도를 측정하는 데 중요하다.

다섯 번째 진단 분야 : 협업의 생산성을 위한 Digital Workplace

RPA(Robotic Process Automation) 등 Business Process Automation 과 Collaborative Work 관련 기술의 적용 현황을 진단한다. 최근 비대면 업무 환경의 갑작스러운 추진으로 이 부분에 대한 시스템 환경 구현은 다른 기술에 비해 상대적으로 많은 진전이 있었고 상당한 수준까지 올라간 기업들이 늘어나고 있다. 비대면 환경하에서 생산성을 높여 일할 수 있는 체계는 대면 환경으로 돌아가도 상당한 효율성을 제공할 것으로 판단된다. 대면과 비대면이 효과적으로 융합된 업무 환경의 구현은 기업에 상당한 디지털 경쟁력을 제공할 것이다. 반강제로 시행된 디지털 업무 환경은 이제 그 효과를 검증하고 2.0을 준비해야 하는 단계로 발전해야 할 것이다. 전에는 주로 프로세스를 자동화하는 단계였다면 성숙도가 높아지려면 프로세스 자동화 부분에도 지능화가 포함되어야 한다. 또한 기존 시스템과의 연동 부분도 성숙도를 진단해 볼 수 있는 의미 있는 진단 항목이 된다.

사실 Digital Workplace 관련 영역은 그 분야가 다양해서 전체를 대상으로 진단하기 쉽지 않은 영역이지만, 성숙도 진단에서는 주로 비즈니스 자동화 영역, 즉 BPA 분야와 비대면 협업 환경에 집중해서 성숙도를 진단해 본다. Digital Workplace 영역에서 세부 진단 항목은 다음과 같다.

Digital Workspace 영역에서 세부 진난 항목은 다음 2가지 영역으로 나누어진다. 저자 총괄 시절 기업의 디지털 전환을 지원하고자 만들고 사용하였던 SK(주) C&C의 진단 방법론을 참고하였다.

1. BPA(Business Process Automation)

기업 내부 업무 프로세스의 생산성 개선 활동에 가장 유용한 도구는 Robotic Process Automation(RPA)이다. 기업이 업무 프로세스를 처리하는 과정에서 프로세스 간 연계가 필요하며 이때 사람의 수작업 영역이 존재한다. 일부 시스템이 처리해도 시스템 간 연계 중간에 사람의 개입이 필요하며, 이 연계되는 부분에서 자동화할 수 있는 처리 방안이 구현되면 사람 작업자의 수작업에 따른 병목 현상을 최소화할 수 있다. Digital Workplace 영역이 광범위해서 그 성숙도를 진단하기가 어려울 수 있지만 RPA의 적용 성숙도를 점검해 보면 전체 수준을 가늠할 수 있다.

사실 AI, 블록체인, 데이터 영역의 Digital 기술 적용은 그 효과를 만들어 내기에 시간이 상당히 걸리지만 RPA 영역은 적용 후 빠른 시간에 그 성과를 현업 중심으로 만들어 낼 수 있어서 기업이 디지털 전환의 Small Success를 만들어 내기에 매우 유용한 영역이다. RPA를 통한 Back office와 Front office의 연계 자동화로 상당한 업무 생산성을 확보할 수 있다. 현재 적용 중인 RPA 프로세스로 업무 프로세스의 자동화 수준을 평가할 수 있다. 파악을 위해서는 RPA 적용 현재 단계를 도입, PoC, 후선 업무 적용, AI 기반 RPA 적용 등의 구간으로 구분해 그 적용 여부나 적용 계획을 파악해 본다. 전체 업무 리스트에 RPA 적용 비율을 조사하고 향후 계획을 분석해 본다.

특히 RPA의 적용은 특정 구간의 프로세스를 자동화하는 것에 현재 많은 기업이 성과를 내고 있다. 이를 기반으로 확대 계획을 수립하고 추진하면 단기간에 성과를 입증할 수 있는 매우 좋은 사례를 만들어 낼 것이다. RPA 적용을 통해 확보한 생산성 기반의 확보한 효율 성과는 지능화 또는 탈중앙화를 구현하는 작업에 투입해 디지털 전환의 영역을 확대할 수 있다.

2. Collaborative working environment

불가피한 비대면 시대 전환으로 인해 업무의 협업 관점에서는 많은 변화가 있었다. 대면 환경으로 다시 전환되어도 비대면 협업은 과거 대비 활성화되어서 업무 생산성을 높이게 될 듯하다 기업이 비대면 환경에서 생산성을 만들어 내는 협업을 위한 도구 등의 활용 여부를 통해 성숙도를 진단해 볼 수 있다. 특히 비대면 업무의 증가로 비대면 작업 종류에 따라 적합한 디지털 협업 공간 제공에 대해 다양한 업무 협업에 특화된 솔루션들이 계속 출시 적용되고 있다.

미팅, 문서 공동작업, 개발 작업, 토론 작업 등등 각 특화 영역별로 적용 수준을 검토하고 구성원들의 활용 편의성과 이런 도구들의 사내/외 시스템들과의 연동 여부를 파악할 필요가 있다. 특히 자사 지식 정보로 학습된 언어모델 기반 챗봇과 비전 AI와의 연동을 통한 협업 환경 구축은 상당한 협업 생산성을 확보할 수 있다.

여섯 번째 진단 분야 : IoT

기업이 기업활동을 추진하는 과정에서 의외로 많은 데이터가 생성된다. IT 시스템에서 생성되는 정형 데이터나, 문서 등에서 생성되는 비정형 데이터 외에도 운영 필요에 따라 각종 장비에서 만들어지는 데이터들이 존재한다. 이러한 장비들에서 발생하는 데이터와 데이터 수집을 위해서 설치한 디바이스에서 만들어지는 IoT 데이터가 의미 있는 지능화를 제공해 줄 수 있다. 장비에서 발생하는 IoT 데이터의 경우 발생량이 방대하여서 데이터를 관리하는 비용이 심하게 증가할 수 있다. 데이터 분석의 효과가 비즈니스 결과에 영향이 큰 영역을 선정하는 것이 중요하다.

IoT 데이터를 확보하기 위한 별도의 분석 작업이 필요하다. 매우 유의미한 IoT 데이터가 생성되고 있으나 활용되지 못하는 경우가 많고 간단한 수집 디바이스의 설치로도 의미 있는 IoT 데이터를 확보할 수 있는 경우가 많으므로 우리가 생성하는, 또는 생성할 수 있는 IoT 데이터에 대해 전사적으로 점검해 볼 필요가 있다. IoT에서 생성되는 데이터의 수집/분석 현황을 진단하고 IoT 기술 적용을 진단한다. 이러한 IoT 작업을 통해 생각하지 못했던 그 효과를 보는 경우가 있다. 특히 중요 설비의 예지 정비 또는 전기 등 투입 자원 절감 등에서 좋은 사례들이 있다. 과거 전기차에 설치되는 배터리에서 데이터 수집하는 프로젝트를 진행한 적이 있다. 전기차의 수명을 좌우하고 잔존가치를 측정하는 것에 있어서 배터리의 운영 데이터는 중요한 역할을 하게 된다. 이렇듯 장비에서 자동 생성되는 IoT 데이터를 활용하는 역량과 적용 분야 정의는 기업의 디지털 전환 성숙도를 측정하는 의미 있는 기준이 된다. IoT 영역에서 세부 진단 항목은 다음과 같다.

IoT 영역에서 세부 진단 항목은 다음 3가지 영역으로 나누어진다. 저자 총괄 시절 기업의 디지털 전환을 지원하고자 만들고 사용하였던

SK(주) C&C의 진단 방법론을 참고하였다.

1. IoT 데이터 Integration

분석에 활용되어야 하는 많은 데이터는 IoT를 통해서 새롭게 확보할 수 있다. 기업의 IoT 데이터 생성 및 활용은 데이터 관점에서 중요한 성숙도 판단 기준이 된다. IoT에서 발생하는 데이터는 그 양이 상당히 많고 광범위하며 데이터 형태도 다양하다. 특정 장비에 특화된 데이터 형태일 가능성이 있다. 그 때문에 이 데이터를 활용하기 위해서는 다양한 IoT 데이터 간 통합 분석을 위한 전체 IoT 데이터 관리의 표준화된 체계가 먼저 정리되어야 한다. 그래야 교차분석 등이 가능해진다.

계획 없이 수집된 데이터는 그 활용도가 매우 떨어질 수 있다. 수집된 IoT 데이터와 기존 데이터와의 통합 분석 아키텍처도 필요하다. IoT 센서 데이터 측정 및 통신 프로토콜 통합 여부를 확인한다. IoT 데이터의 수집 형태를 Raw 데이터와 Summary 형태로 구분해 본다. 외부 데이터와의 결합 활용 여부를 점검해 본다. IoT 데이터의 수집은 그 단위에 따라 수집해야 하는 데이터의 양이 크게 차이가 난다. 자동 생성되는 IoT 데이터를 어느 단위로 관리할 것인지도 사전에 계획되어 있어야 한다. 초/분/시간 단위 등등.

2. IoT 데이터 Analytics

IoT 데이터를 통해 분석하고 현장의 문제를 해결해 가는 사례 파악이 필요하다. 아직 IoT 영역은 다른 디지털 기술에 비해 진도가 늦은 편인 영역이어서 그 사례를 파악하기 쉽지 않을 것이고, 특히 방대한 데이터가 만들어지고 데이터의 형식이 소스 장비의 특성에 의존성이 강해서 실제 기업이 IoT 영역에서 성과를 만들어 내기 쉽지 않다. 만일 이런 진단을 통해 기업이 IoT 데이터를 관리하고 분석에 활용하는 역량과 사례를 확보했다면 상당한 디지털 성숙도가 있다고 할 수 있다.

IoT 데이터 분석을 시행하는 기업도 그 활용의 범위가 예방, 예측, 처방 등 어떤 범위까지 수행하는지 점검해 본다. 현상 파악과 예방 차원 중심의 분석에서 처방을 만들어 내는 분석까지 확대 여부를 통해 기업의 디지털 성숙도를 진단해 볼 수 있다. IoT 데이터를 분석해 만들어진 데이터를 가지고 어떤 의사 결정이 이루어지고 있는지 IoT 데이터 기반 의사 결정 자동화 체계를 점검해 본다.

3. IoT 데이터 Visualization

Business Intelligence(BI), Digital Twin 등 IoT 데이터 시각화 도구에 대한 활용을 평가해 본다. 가상화된 디지털 객체 간 연동 여부를 점검해 본다. IoT 데이터 분석으로 다양한 통찰력을 만들어 내서 의사 결정에 반영할 수 있지만, IoT 도입 초기에는 데이터의 시각화 정도만으로도 의미 있는 결과를 만들어 낼 수 있다. IoT 데이터의 시각화를 통해 사람 전문가가 의사 결정을 할 수 있는 지원 도구로 활용 여부를 진단해서 성숙도를 점검해 볼 수 있다.

디지털 전환 성숙도 측정 5단계

앞에서 언급한 6가지 기술 영역을 다음의 5가지 성숙도 단계로 측정하게 된다. 성숙도는 해당 기업이 디지털 전환을 추진하기 위해 축적한 인적 역량, 시스템 역량, 외부 협력 역량, 의사 결정 역량 등 전체적인 체계의 준비 사항을 정량적으로 진단한다. 각 단계를 반드시 거쳐서 성숙도가 높아지는 것은 아니다. 우선순위의 결정에 따라 각 단계를 축약해서 성숙도를 높일 수 있다. 하지만 분명한 메시지는 단계에서 제시하는 역량은 반드시 확보되어야 디지털 전환의 속도를 높일 수 있다는 것이다. 각 단계 역량을 확보해야 재무적 성과가 꾸준히 만들어질 것이다. 적용 기업의 디지털 경쟁력으로 안착하게 될 것이다.

성숙도 수준 1단계: Digital Starter

임시적, 그때그때의 활용 단계를 의미하며 전사적인 디지털 전환에 대한 기준 또는 방향 없이 필요시마다 산발적으로 디지털 과제를 수행하는 수준을 말한다. 아직 전문가가 제대로 확보되지 않은 상태 또는 최소한의 전문가가 디지털 기술에 대한 적용 학습을 시작하는 단계이다. 경영진 측면에서는 본 과제에 의미 있는 경영 성과를 기대하지 않고 있는 경우가 많고 다른 기업들의 추진에 불안감을 느끼고 뭔가 시작해야 하는 것 아닌가 하는 단계이다. 구성원 대상으로는 동기부여 차원에서 지원하는 수준이라고 볼 수 있다. 하지만 이미 진행한 것 별로 없어서 지금부터 로드맵을 명확히 한다면 빠른 속도로 성숙도를 높일 수 있는 장점이 있다.

아래 질문에 해당한다는 기업은 지금 이제 디지털 전환을 막 시작하는 단계라고 할 수 있다. 혹시 추진을 시작한 지 몇 년 되었는데 아직 1단계 상태라면 지금 해 오던 방식처럼 해서는 시작 단계인 1단계를 벗어나기 어려우므로 추진 전략을 다시 점검해 보아야 할 것이다. 혹시 진단 과정에서 1단계에 해당하는 항목의 진행 과정도 없었다면 아직 디지털 전환이 시작되지도 않은 성숙도 0단계라고 할 수 있다. 1단계가 현재 추진 중이라면 1년 안에 2단계로 전환되어야 그 진행 속도가 유효하다고 할 수 있다.

2021년 저자 재직 시절 기업의 디지털 전환을 지원하고자 만들고 사용하였던 SK(주) C&C의 진단 방법론에서 사용한 디지털 전환 판단 1단계 수준을 참고하였다. 제시한 범용적으로 판단 할 수 있는 보편적 진단의 공통 기준으로 참고하여 각 사에 맞춘 상세 성숙도 기준을 맞춤으로 개발해서 활용할 필요가 있다. 이 기준을 재정리하고 상세화하는 과정이 또한 실행 계획을 명확히 하는 과정이 될 것이다.

1. AI 1단계 수준

- 분석 플랫폼이 없고 사용자 요구사항에 대한 일회성 데이터 분석을 수행하고 있음
- 데이터 분석 과정이 주로 통계 기법 중심
- 독자적인 AI 분석 및 모델 개발 수행이 어렵고 관련 인력이 매우 부족함
- AI 모델 활용의 경우가 있다고 해도 주로 현상 분석 기반 문제를 파악하는 수준

- AI 기반 성공적 use case가 없음
- 분석 플랫폼 사용 시 자사 데이터를 기반으로 모델 학습 과정이 없음
- 데이터 및 모델 병렬구조를 적용해 개발된 모델이 없음
- 모델 학습이 자동화되어 있지 않고 모델 학습을 수작업으로 진행함
- 모델 등록, 추적, 배포 시스템이 없이 수작업으로 모델 생애주기 관리함
- 사업 부서별 AI 성과 관련 핵심 관리 지표가 부재하고 성과 모니터링이 되지 않음
- 전담 조직 없이 특정 프로젝트를 위해 단위 사업부별로 소규모 임시 팀이 활용됨
- AI 분석 과제 수행을 위해 외부 역량을 활용하지 않음

2. 블록체인 1단계 수준

- 기업이 블록체인 기술 적용으로 해결할 수 있는 문제가 정의되어 있지 않음
- 향후 12개월 이내에 블록체인 기술을 도입하려는 계획이 없음
- 블록체인을 통한 데이터 추적관리, 문서 위/변조 검증, 신원 확인 계획 없음
- 토큰 이코노미를 기반으로 한 기업 내 활용 애플리케이션에 대한 계획이 없음
- 탈중앙화 원장을 기반으로 하는 블록체인 기술에 대한 이해

도 있는 구성원이 있음

- 이중지출, 작업증명, Permission, Permissionless 등 블록체인 구조 이해 있음
- 가상화폐, 거버넌스 토큰 등 토큰 이코노미에 대한 이해도 있음

3. 클라우드 1단계 수준

- 클라우드 전환 검토 진행 중, On Premise 서버를 주요 IT 인 프라로 운영하고 있음
- 애플리케이션의 재설계 없이 그대로 클라우드로 이전한 구조 를 유지하고 있음
- 클라우드 애플리케이션의 배포 및 테스트 프로세스가 표준화 되어 있지 않음
- 수동으로 클라우드 프로비저닝 수행
- 조직별로 클라우드 예상 사용량 등 정교한 클라우드 용 통제 체계가 없음
- 클라우드 기반 재해 복구/사업의 연속성 관리를 위한 핵심 지 표 관리를 하지 않음
- 클라우드 운영 관련 비정상적 이벤트가 사전에 정의되어 있 지 않음
- 클라우드 보안 진단이 정기적으로 계획되어 있지 않음
- 클라우드 서비스 공급자(MSP)의 서비스 수준 평가가 추세로 관리되고 있지 않음

4. 데이터 1단계 수준

- 데이터의 형태/속성 고려한 데이터 레이크가 설계/구축되어 있지 않음
- 데이터를 모으는 것과 활용하는 것 추진이 균형적이지 않음
- 데이터를 저장 및 가공하는 것에 있어서 분산처리 기술이 적용되어 있지 않음
- 기업분석을 고려한 데이터 정의가 설계되어 있지 않음
- 외부와 내부 데이터와의 연계 분석을 위한 데이터 결합 정의되어 있지 않음
- AI 분석 및 학습에 필요한 데이터를 관리하는 체계가 없음
- 보유 데이터 검색 및 접근을 위한 자동화, 시각화 도구가 존재하지 않음
- 수집된 Raw 데이터에 대한 가공 처리 없이 단순 적재만 진행되고 있음
- 데이터 변경/가공에 대한 이력이 관리되지 않고 데이터 간 관계 메타정보가 없음
- 데이터센터 레벨의 보안 체계가 구축되어 있음
- 데이터 수집, 결합 분석을 위한 데이터 큐레이션 조직이나 기능이 존재하지 않음

5. Digital Workplace 1단계 수준

- 단순 반복 업무를 대상으로 RPA 도입을 검토하고 있음
- 사내 메신저, 그룹웨어 등 기본적인 협업 생산성 도구들을 사

용하고 있음

6. IoT 1단계 수준

- Device를 연결하는 단계로 Device에서 발생하는 데이터를 저장 중
- 이기종 기기 간에 발생하는 데이터가 통합되어 있지 않음
- IoT 데이터를 활용해 특별한 분석이 진행되고 있는 Use Case 가 없음
- IoT 데이터를 시각화 도구를 사용해 분석하고 있음

성숙도 수준 2단계: Digital Literate

디지털 전환에 대한 방향성을 수립하고 그에 부합하는 과제를 수행하기는 하지만 각 사업 부서가 독자적으로 실행하며 상호 연계성은 거의 없는 경우이고, 주로 새로운 기술에 대한 파일럿 개념의 검증 과제가 주류를 이루게 된다. 파일럿 수행을 위해 약간의 임시 예산이 반영된 상태이며 구성원의 Digital 역량 확보를 위해 다양한 교육 프로그램이 활성화되는 단계를 의미한다. 2021년 저자 총괄 시절 기업의 디지털 전환을 지원하고자 만들고 사용하였던 SK(주) C&C의 진단 방법론에서 사용한 디지털 전환 판단 2단계 수준을 참고하였다. 제시한 범용적으로 판단할 수 있는 보편적 진단의 공통 기준으로 참고하여 각 사에 맞춘 상세 성숙도 기준을 맞춤으로 개발해서 활용할 필요가 있다. 이 기준을 재정리하고 상세화하는 과정이 또한 실행 계획을 명확히 하는 과정이 될 것이다.

1. AI 2단계 수준

- 분석 플랫폼에서 제공하는 AI 모델에 자사의 학습 데이터를 활용해 모델을 학습
- 학습 데이터를 나눠 병렬로 학습시키는 데이터 병렬구조를 적용해 모델 개발함
- SPSS 등 통계소프트웨어 수준의 데이터 분석 활용 단계
- AI 모델 학습 횟수, 회당 학습 규모 등 파라미터 조정이 자동화됨
- AI 모델을 활용해 이슈 발생의 원인을 파악하고 과거 중요 이슈의 원인을 분석함
- AI 기반의 Use Case가 특정 사업부에 한정되어서 활용되고 있음
- AI 모델의 활용 성과가 아직 가시적으로 나타나고 있지는 않음
- 모델 등록 및 버전 관리만 가능한 기초적인 AI 모델 플랫폼이 존재
- AI 운영 성과에 대한 모니터링이 가능한 시각화 도구를 활용하고 있음
- 독자적인 AI 모델 개발 역량이 확보되지는 않았지만, 학습 중인 전담 인력은 확보
- AI 인력 육성을 위한 교육 프로그램이 운영되고 있음
- AI 전담 조직 있으나 전사적으로 현장 사업 부서와 업이 활성화되어 있지 않음
- PoC 과제를 중심으로 외부 AI 역량과 협업이 일부 진행 중임

2. 블록체인 2단계 수준

- 블록체인 플랫폼 도입이 계획/확정되어 있음
- 블록체인 플랫폼상에서 운영할 애플리케이션에 대한 정의가 되어 있음
- 블록체인 플랫폼상에서 운영할 토큰 이코노미 고려한 범위가 포함되어 있음

3. 클라우드 2단계 수준

- 비핵심 업무를 중심으로 Public 클라우드 전환을 진행 중임
- IT 인프라 자산의 10% 정도가 Public 클라우드로 전환됨
- 애플리케이션 구조는 그대로 유지하고 컨테이너화함
- 자동화된 애플리케이션 배포 및 테스트 프로세스가 표준화되지 않음
- 버전 관리 시스템 존재함
- 수동 프로비저닝과 동시에 반복 업무에 대한 스크립트 방식의 프로비저닝 수행
- 조직별로 클라우드 사용에 대한 예산이 배정
- 향후 사용량 예측을 기반한 예산 배분 정책은 수립되어 있지 않음
- 애플리케이션의 중요도에 따라 우선순위가 정의되어 있음
- 핵심 서비스를 공급하는 일부 MSP에 대한 SLA 평가를 비정기적으로 수행함

4. 데이터 2단계 수준

- 사업의 분석 목적에 맞는 데이터 레이크는 만들어져 있음
- 현재 또는 향후 분석을 대비한 비정형 데이터 등의 반영은 아직 없음
- 데이터 크기에 따른 분산처리시스템의 설계 반영은 아직 적용되고 있지 않음
- 사업의 분석 목적에 부합하는 데이터의 정의는 진행 중
- 관련 물리적 인프라의 부족으로 사업의 분석 요건을 충분히 지원하고 있지는 못함
- AI 분석/학습에 필요한 데이터가 정의되어 있음
- 특히 데이터에 대한 Feature Set가 만들어져 있고 이를 메타데이터로 관리함
- 데이터 검색 도구는 도입되어 있지 않지만, 보유 데이터 현황은 관리되고 있음
- 중요 데이터에 대한 부분적 기준정보가 정리되어 있음
- 데이터의 흐름과 이력이 사업부별로 관리되고 있음
- 데이터 비식별화가 정의되어 있고 비식별 데이터를 암호화해 관리되고 있음
- 데이터 결합을 위한 큐레이션 조직이 존재
- 일부 외부 데이터와 결합하기 위해 외부 전문가와 협업이 진행 중임

5. Digital Workplace 2단계 수준

- 실무 적용성 높은 RPA 과제를 선정해 PoC를 계획 중임
- 원격근무 환경지원용 줌, 슬랙, MS Teams 등 목적별 도구를 사용

6. IoT 2단계 수준

- IoT 센서 데이터 간 통신 프로토콜을 맞추는 작업이 진행 중
- Summary 데이터뿐 아니라 Raw 데이터 수집을 시작함
- IoT 센서 측정 데이터 해석을 위해 개별 측정값에 대한 이벤트 알림 기준이 정의
- IoT 데이터를 사업별, 프로세스별 KPI와 연동해 대시보드화하는 시각화 사용 중

성숙도 수준 3단계: Digital Performer

1~2단계 역량 확보, 기술 검증의 준비 기간이었다면 3단계부터는 디지털 전환을 본격적으로 추진하는 단계라고 할 수 있다. 전사적인 추진의 가이드 및 운영체계가 존재하고 모든 이해관계자가 과제에 대해 이해하고 있으며 유기적으로 협업하는 단계이다. 프로젝트 실패에 대한 우려보다는 실패를 통해 빠른 학습이 중요한 단계로 이 기간에 회사의 디지털 역량은 급속한 속도로 발전하는 단계이다. 전사 차원에서 디지털 전환을 추진하는 전담 부서가 있고 예산이 배정되어 있다. 경영진은 추진에 대한 성공적 결과를 기대하고 외부와의 전략적 협력을 모색하기 시작한다. 3단계 추진을 통해 디지털 기술에 대한 이해도가 매우 높아지

며 경영 성과와 연계되는 프로젝트들이 만들어지기 시작하는 단계이다. 즉 디지털 전환을 지난 2~3년간 적극 추진해 왔다면 이제 성과를 만들어서 입증할 수 있는 단계의 진입이라고 할 수 있다. 국내/외에서 디지털 전환을 전사 차원에서 지난 몇 년간 추진했고, 그 추진 사례들이 소개되는 기업들이 주로 이 단계에 속한 것이라 할 수 있다. 2021년 저자 총괄 시절 기업의 디지털 전환을 지원하고자 만들고 사용하였던 SK(주) C&C의 진단 방법론에서 사용한 디지털 전환 판단 3단계 수준을 참고하였다. 제시한 범용적으로 판단할 수 있는 보편적 진단의 공통 기준으로 참고하여 각 사에 맞춘 상세 성숙도 기준을 맞춤으로 개발해서 활용할 필요가 있다. 이 기준을 재정리하고 상세화하는 과정이 또한 실행 계획을 명확히 하는 과정이 될 것이다.

1. AI 3단계 수준

- Kaggle 등 AI Community 내 최신 모델 활용
- 성능이 검증된 외부 Solution을 도입해 자사 데이터를 학습시켜 활용함
- 하나의 모델을 여러 GPU에 분할 할당해 모델 학습하는 모델 병렬구조가 적용
- R, Python 등 프로그래밍 언어를 활용할 수 있는 통합 개발 환경을 구축함
- 모델 학습을 위해 준비하는 데이터의 전처리 과정이 자동화됨
- AI 모델을 활용해 미래 트렌드 또는 발생 가능 상황을 예측하는 분석을 수행함

- 적용 중인 AI Use Case가 특정 부서에 국한
- AI Use Case에서 가시적인 성과가 만들어지고 있음을 사업 현장에서 인정
- 모델의 수정, 학습 및 배포 내역을 자동으로 기록하는 모델 추적 시스템이 존재함
- 데이터 시각화와 함께 비전문가가 사용할 수 있는 분석 도구를 제공함
- 독자적인 AI 분석, 모델 개발 수행 역량을 확보
- AI 관련 전문인력의 숫자도 충분히 (예, 전 직원 10%)확보되어 있음
- AI 전담 조직이 있고 특정 사업과 긴밀히 협업함
- 다수의 전략적 Partnership 체결 통한 전략적인 Partnership 포트폴리오를 구성함

2. 블록체인 3단계 수준

- 블록체인 플랫폼이 기본 기능을 중심으로 구현되어 있음
- 구축된 독자 블록체인 플랫폼상에서 다양한 PoC 프로젝트들이 진행되고 있음
- 블록체인에서 데이터 추적관리, 계약거래문서 증빙, 신원 인증 서비스 등 구현
- 토큰 이코노미 기능이 PoC 단계로 진행 중임

3. 클라우드 3단계 수준

- Public 클라우드 우선 정책이 실행되고 있음
- 전체 서버 자산의 30% 이상 Public 클라우드로 전환되었음
- Public 클라우드 전환 불가 경우 Private 클라우드 혼용 Hybrid 클라우드를 구축함
- 클라우드 전환 우선에 따라 애플리케이션의 전환도 진행 중
- 현재는 단일 Public CSP를 주로 활용하는 단계임
- 애플리케이션의 일부 구조적 변경을 수행함 (Tier 분리, API 추출 등)
- 애플리케이션의 배포 및 테스트 프로세스가 표준화되어 있으나 수동방식으로 진행
- 50% 이상의 반복 업무는 Scrip 기반 클라우드 프로비저닝 방식으로 수행
- 자동화 도구에 의한 프로비저닝은 준비 단계에 있음
- 조직별로 서비스별로 클라우드 예산이 배정되고 수요량도 예측됨
- CSP 별, SaaS 사업자별 개별적인 클라우드 비용이 관리됨
- 수동방식의 장애 복구시스템이 운영 중
- 일부 핵심 서비스에 대해서 재해 복구시스템이 클라우드로 구현되어 있음
- 보안 위험에 대해 자동화된 리포팅 체계가 정립
- 정기적인 클라우드 보안 진단 프로세스가 구축되어 있음
- 클라우드 서비스공급자(MSP)에 대한 정기 서비스 레벨 평가

가 수행

- MSP 외 다른 Partner 사에 대한 문서로 된 평가 프로세스가
부재함

4. 데이터 3단계 수준

- 데이터 레이크가 현재 사업의 업무 분석 요건을 충족하는 구
현이 되어 있음
- 수작업 기반의 백업/복구 관리가 구현되어 있음
- 대규모 데이터 처리가 대부분 분산처리 기술에 의해 활용되
고 저장됨
- 사업목적에 부합하는 데이터 대부분이 정의되어 있음
- 해당 자료를 수집하는 프로세스가 정의되어 있음
- 인프라 용량의 한계로 일부 데이터의 실제 구현은 제한이 있
음
- 기업 내부 데이터와 결합 분석에 필요한 외부 데이터를 충분
히 수집하고 있음
- AI 모델에 필요한 데이터 대부분이 Feature Set로 정의됨
- 데이터를 가공해 제공할 수 있는 기본 인프라가 구현되어 있음
- 분석에 필요한 전사 데이터를 검색할 수 있는 도구가 실행되
고 있음
- 데이터 접근을 위한 API는 요청 시 개발을 통해 제공하는 상황
- 관리되고 있는 거의 모든 데이터 범위에서 기준정보가 정의
되어 있음

- 기준정보 기반으로 데이터를 가공할 수 있음
- 전사적으로 데이터의 수집/가공 과정이 자동으로 기록되고
  있음
- 데이터의 흐름을 모니터링하고 분석하는 플랫폼은 보유하고
  있지 않음
- 전사적으로 데이터별 차등 보안 정책이 정의되고 권한이 정
  의됨
- 데이터 접근 권한 관리는 보안 담당자가 수동으로 관리함
- 데이터 결합 분석을 위한 데이터 큐레이션과 데이터 분산처
  리 전문성을 내재화
- 비정형 데이터 처리에 대해서는 외부 역량과 협업함

5. Digital Workplace 3단계 수준

- 실행 용이성이 높은 RPA 과제를 대상으로 POC 결과를 검증
  완료함
- 기존 사용 협업 도구의 사용자가 확대되고 사내 시스템과 연
  동 추진함

6. IoT 3단계 수준

- IoT 센서 간 프로토콜 통합작업을 진행 중
- 분 단위 내부 IoT 자료를 수집하고 제조사에서 제공하는 데
  이터 결합을 시도함
- 내부 IoT 데이터와 외부 획득 데이터를 결합해 설비 예방적

(preventive) 관리

- IoT 통계 데이터에 대한 다차원 분석을 위해 BI 도구를 활용
하고 있음

성숙도 수준 4단계: Digital Leader

단일 몇 개 업무 프로세스가 아니라 전사의 다양한 업무 프로세스가
통합적으로 디지털 기술에 의존해 운영되며 프로세스별로 Use Case가
운영되고 있는 단계이다. 사례별로 만들어지는 경영 성과가 분명하고
객관적이며 그 적용 범위가 전사적으로 확대되고 전사 추진 조직 외에
각 부서는 부서별 담당 디지털 전환 에이전트가 육성되어 있다. 현재 운
영되고 있는 전환 경우에 대해 시장의 관련 기업들이 매우 궁금해하며
이에 대한 벤치마킹 요청이 확대되는 특징이 있다.

의사 결정자, 특히 최고 경영진의 디지털 기술에 대한 이해도가 매우
높고 그 기술의 본질에 대해 정확히 파악하고 있는 단계이다. 특히 디지
털 전환이 현재 업무의 생산성을 확보하는 단계이기는 하지만 아직 업
을 바꾸는 비즈니스모델 혁신 단계까지는 이르지 못한 단계이다. 국내
에는 부분적으로 4단계에 진입 초기 기업은 있지만 디지털 전환 종합적
측면에서 4단계에 도달한 기업은 아직 보지 못했다. 4단계에 진입한 기
업이 있다면 성과를 만들어 내는 것은 시간문제이고 디지털 겨울이 지
날 때 해당 기업은 매우 중요한 차별적 경쟁 우위를 확보하게 될 것이다.
2021년 저자 총괄 시절 기업의 디지털 전환을 지원하고자 만들고 사용
하였던 SK(주) C&C의 진단 방법론에서 사용한 디지털 전환 판단 4단계
수준을 참고하였다. 제시한 범용적으로 판단할 수 있는 보편적 진단의

공통 기준으로 참고하여 각 사에 맞춘 상세 성숙도 기준을 맞춤으로 개발해서 활용할 필요가 있다. 이 기준을 재정리하고 상세화하는 과정이 또한 실행 계획을 명확히 하는 과정이 될 것이다.

1. AI 4단계 수준

- 연구기관 또는 전문기업과 공동개발을 통해 최신 논문을 기반으로 모델을 개발
- 자사 학습 데이터를 학습시켜서 활용함
- 데이터의 병렬구조와 모델 병렬구조를 모두 적용해 모델을 개발함
- 성능이 검증된 외부 AI 모델을 라이브러리 형태로 사용자에게 제공함
- 여러 개의 모델 결합, 모델 계층구조 등 AI 모델의 최적화된 구조를 자동으로 탐색
- AI 모델을 활용해 예측된 결과를 바탕으로 이슈를 해결하고 그 결과를 분석함
- AI 기반 Use Case가 다수의 사업부에서 적극 활용되고 있으며 정량 성과를 입증
- 일정 주기에 맞추어서 자동으로 AI 모델을 배포할 수 있는 AI 플랫폼이 있음
- 사업부별 AI 산출 핵심 지표에 대해 정형, 비정형 리포트를 생성
- 분석 결과, 이를 공유할 수 있는 리포팅 도구가 제공되고 있음

- AI 분석과 모델 개발을 수행할 수 있는 인력의 전문성이 확보되어 있음
- AI 전담 부서가 여러 사업부와 긴밀히 협력해 다수의 AI 모델을 개발, 운영
- 전사 AI 과제의 통제를 일괄 수행하고 있음
- 핵심 AI 전문 파트너들과 협업 체계가 만들어져 있음
- AI 전문기업에 지분투자, JV 설립 등 외부 역량에 대한 투자가 진행 중임

2. 블록체인 4단계 수준
- 자사 자체 블록체인 플랫폼에서 상용화된 애플리케이션이 운영되고 있음
- 데이터 추적관리, 계약문서 증빙 서비스, 신원 인증 등 주요 애플리케이션 운영 중
- 토큰 이코노미 애플리케이션이 상용화되어서 서비스 중임

3. 클라우드 4단계 수준
- 자사의 서버 50% 이상이 Public 클라우드로 전환됨
- Hybrid 클라우드 아키텍처가 명확히 수립되어 있음
- 전사 기술 아키텍처에 의해 전체 Hybrid 클라우드가 구축 및 운영되고 있음
- 주로 단일 Public 클라우드 사용이 주를 이루지만 부문적 SaaS 솔루션 사용

- 클라우드 애플리케이션 신규 개발을 위해 마이크로서비스아 키텍처 비중 확대
- 전체 애플리케이션 중 10% 이상이 마이크로서비스 아키텍처 기반으로 구현됨
- 애플리케이션 배포 및 테스트 프로세스가 완전 자동화
- CI/CD 실시간 반영은 불가하나 계획 중
- 대다수 클라우드 운영 업무를 자동화된 도구로 프로비저닝 수행
- MSP 사업자를 통해 복수의 CSP와 SaaS에 빌링을 통합화
- 클라우드 사용 분석으로 비용 최적화를 수행함
- 완전히 자동화된 장애 복구시스템을 운영 중
- 서비스 연속성 보장을 위해 클라우드 재해 복구시스템이 준비되어 있음
- 클라우드 호스팅, 테넌트 서비스 레벨의 표준화된 클라우드 보안 정책 설계
- 클라우드 운영에 대한 진단 및 리포팅 활동이 자동화됨
- 파트너사에 대한 운영관리 담당자가 지정되어 있음
- 전 파트너사에 대한 평가지표, 패널티를 정의하고 문서화함
- 공식적인 파트너사 평가 프로세스가 작동하고 있음

4. 데이터 4단계 수준
- 사업 분석에 필요한 데이터 대부분이 수집 및 관리 중에 있음
- 데이터 수집 및 관리하는 프로세스가 자동화되어 있음

- 병렬로 나누어진 데이터의 가공을 위해 분산처리 기술이 활용되고 있음
- 인프라 준비에 대한 충분함으로 분석에 필요한 거의 모든 데이터를 수집 및 관리
- 기준정보가 표준화되어 있고 기준정보 변경을 통제하는 프로세스가 가동 중임
- 전사적으로 데이터의 흐름이 변경 관리되고 있고 이력이 관리
- 데이터 간의 관계를 도식화해 분석자들에게 제공하고 있음
- 전사 데이터 접근에 대한 모니터링이 실시간으로 수행
- 접근 권한 관리가 자동화되어 있음
- 데이터 큐레이션 조직이 데이터 결합, 분산처리 및 비정형 데이터 역량 내재화
- 클라우드 환경에서 데이터 클라우드 전문성에 대해서 외부 역량과 협업

5. Digital Workplace 4단계 수준

- RPA가 Back office 후선 업무 중심에 주로 적용 중
- Front office 업무에 대한 적용을 검토 중이거나 일부 PoC가 진행 중임
- 업무 생산성을 위해 챗봇, 비전 인식 솔루션이 RPA와 연동되어서 사용되고 있음

6. IoT 4단계 수준

- IoT 센서 데이터 간 프로토콜 통합이 완료
- Raw 데이터가 초 단위로 수집되며 외부 데이터와 결합 분석
  이 지속으로 수행
- 기계학습, 딥러닝 알고리즘을 적용한 데이터 분석이 진행 중
- 예지(Predictive) 정비 관련 애플리케이션이 운영되고 있음
- Digital Twin을 개별 물리적 실체에 데이터값을 매핑
- 가상화된 디지털 객체와 데이터 간 시뮬레이션 기반을 구축함

성숙도 수준 5단계: Digital Transformer

디지털 기술의 적용으로 재무적 성과가 분명히 만들어지고 있고 디지털 기술이 그 기업의 핵심 경쟁력의 원천이 된다. 고객에게 디지털 기반 차별적인 서비스를 제공하며 기업의 비즈니스모델 자체가 기업의 미래가치를 높이는 미래 지향적 사업모델로 변경하기 시작하는 단계이다. 적용 기술에 대한 이해도가 높은 최고 경영진이 존재하고 기술별 최고 전문가그룹이 존재하며 그 숫자도 전사 구성원 비율에서 의미 있는 비중을 차지하게 된다.

각 사업 부서의 디지털 기술 비전공자들도 디지털 기술 응용에 대한 이해도가 매우 높다. 다양한 기술을 적용한 자동화 지능화 도구들을 활용하고 있으며, 외부 전문가그룹과 적극적으로 협력한다. 확보된 디지털 기술과 Use Case가 매우 완성도가 높으며 잘 모니터링되고 계속 새롭게 진화해 간다. 기업은 디지털 기술로 새로운 의미가 있는 기업 가치 Multiple을 확보하게 되므로 외부 투자자들에게서 많은 관심을 받게 되

고, 이를 통해 더 발전하는 선순환 단계에 진입하게 된다. 확보된 역량은 단지 사람뿐이 아니며 데이터, 알고리즘, 아키텍처 등 유무형의 디지털 자산을 확보하게 된다. 이는 전사적으로 공유되고 전사 부서에서 다양한 case에 재활용되고 계속 update 된다. 이 Digital Asset이 기업의 중요한 경쟁력이 되며 기업 가치 산정에 반영되고 경쟁자가 쉽게 따라올 수 없는 진입 장벽이 된다. 2021년 저자 총괄 시절 기업의 디지털 전환을 지원하고자 만들고 사용하였던 SK(주) C&C의 진단 방법론에서 사용한 디지털 전환 판단 5단계 수준을 참고하였다. 제시한 범용적으로 판단할 수 있는 보편적 진단의 공통 기준으로 참고하여 각 사에 맞춘 상세 성숙도 기준을 맞춤으로 개발해서 활용할 필요가 있다. 이 기준을 재정리하고 상세화하는 과정이 또한 실행 계획을 명확히 하는 과정이 될 것이다.

1. AI 5단계 수준
- 다수의 AI 모델 알고리즘을 선택적으로 활용해 자사 요건에 맞게 결합
- 자사 데이터를 학습시켜 현장에서 활용할 수 있음
- 학습시킬 모델의 병렬구조를 반영해 학습을 스케줄링해 GPU 자원 활용을 최적화
- 자사 AI 플랫폼과 외부 Solution을 물리적으로 통합해 활용하는 개발 환경 제공
- 모델 학습 파라미터 조정, 학습 데이터 선별 등에 자동화 처리 체계
- AI 모델이 기간 시스템과 연동되어서 자동으로 양방향 변화

에 대처함

- AI 기반 Use Case가 전사 핵심 가치로 인정되고 있음

- 모델 선정, 학습, 배포, 운영의 전 과정이 실시간 모니터링

- 성능저하 시 품질 확보를 위한 제어 시스템이 존재함

- 이슈 발생 시 대처 방안을 제시하는 의사 결정 지원 도구와
  연계됨

- AI 모델에 대한 분석과 개발을 독자적으로 진행할 수 있는 전
  문성 확보

- 규모를 확보한 데이터 분석조직이 존재하며 해당 산업에 대
  한 통찰력을 보유

- 현장 분석에 대한 기술적 리드를 확실히 진행할 수 있음

- 전사 차원의 통합 AI 분석조직이 존재

- 사업부별로도 파워 유저가 육성(Citizen Data Scientist)

- 복잡성이 낮은 AI 모델 개발은 사업 조직 자체적으로 수행

- 전사 통합 조직은 난도가 높은 개발에 Focus 함

- AI Use Case를 통해 구체적인 성과가 조직 전반적으로 만들
  어지고 있음

- AI 모델 활용 역량이 경쟁사 대비 회사의 차별점일 것에 대해
  인정이 됨

2. 블록체인 5단계 수준

- 자사 독립된 블록체인 플랫폼이 운영

- 시장 상황을 고려한 2단계 고도화 작업이 진행되고 있음

- 데이터 추적, 문서 증빙, 신원보증 등 블록체인 애플리케이션 운영이 확대 중
- 토큰 이코노미 애플리케이션이 가동 중
- 블록체인 기술이 경쟁사 대비 상당한 시장 내 경쟁력을 확보하는 도구로 사용
- 탈중앙화 조직 운영을 위해 필요한 부분적으로 DAO 형식의 의사 결정이 운영

3. 클라우드 5단계 수준

- Public 클라우드 우선 전략 방향성이 확고히 실행 중
- 약 60% 이상의 자원이 Public 클라우드로 전환
- 일부 Multi/Hybrid 클라우드가 활용되고 있음
- 복수의 Public 클라우드 CSP 사업자를 통해 Multi/Hyrid 클라우드 서비스 사용
- 다양한 SaaS 솔루션을 활용해 실제 현업 업무에 적용 중임
- 클라우드 애플리케이션 신규 개발을 위해 마이크로서비스 아키텍처 비중 확대
- 전사적으로 클라우드 Native 애플리케이션 비중 10% 이상
- 애플리케이션 분석 도구의 배포 및 테스트 프로세스가 자동화
- CI/CD 환경이 구축됨
- 쿠버네티스 도입으로 자동화된 클라우드 오케스트레이션 수행
- CSP, SaaS 사업자와 정기적인 협의를 통해 운영비용 절감 계획을 수립

- 새로운 가격 체계에 대한 이해를 기반으로 클라우드 비용 관리 정책을 최신화함
- 핵심 데이터 자동 복제와 이중화 등 클라우드 자원에 대한 정기적인 테스트 추진
- 개선을 통해 클라우드 재해 복구시스템 고도화 지속
- 보안 진단 및 리포팅 활동이 자동화
- 자기 학습 기반으로 보안 정책 변경 또는 필요 보안 활동 실행이 자동화됨
- 클라우드 파트너사들에 대한 서비스 수준 비교분석 데이터를 지속 축적
- 비즈니스 목적별로 서비스 레벨 최적화에 활용하고 계약을 갱신함

4. 데이터 5단계 수준

- 현재 Biz. 목적 및 데이터 특성을 반영한 데이터 아키텍처 설계 및 관리 자동화
- 미래에 필요한 데이터를 반영한 데이터 아키텍처 설계
- 활동 로그 등 연속으로 유입되는 스트리밍 데이터에 대해서 분산처리 기술 활용
- Biz. 필요 데이터가 모두 정의되어 있음
- 데이터 수집 프로세스가 정의되고 관리되고 있음
- Biz. 활용이 가능한 데이터를 발굴해 데이터 Pool을 확대함
- Biz. 필요 데이터가 정의되어 있고 내부 데이터 연계할 수 있

을 만큼 충분히 수집

- 해당 데이터 수집 프로세스가 자동화 및 모니터링
- Biz. 활용이 가능한 데이터가 지속으로 수집되고 있음
- Feature store를 streaming/batch 두 가지 방식으로 분산 저장 및 운영
- 데이터 검수 및 가공 시간 단축
- 분석에 필요한 전사 보유데이터를 검색할 수 있는 시스템이 존재함
- 데이터 접근을 위한 API가 모든 데이터에 대해 구축되어 있음
- 데이터 접근 허가 프로세스가 자동화되어 있음
- 전사 데이터 수집 및 가공 프로세스에 대한 모니터링이 가능함
- 전사적 E2E 데이터 흐름 및 가공 이력 관리 자동화
- 데이터의 흐름 및 가공 이력의 실시간 모니터링 가능
- 메타데이터 기반 데이터 흐름 및 가공 이력 역추적 가능
- 데이터별 비식별화 필요 여부가 정의되어 있고 비식별화 데이터에 대해 암호화
- 전사 데이터 관련 보안 정책 적용이 자동화되고 모니터링되고 있음
- 실시간 보안 위협 감지 및 보안 정책 위반 상황 발생 시 자동으로 대응함
- 빅 데이터 분산처리, 비정형 데이터 처리 관련 충분한 전문인력을 내재화함

5. Digital Workplace 5단계 수준

- AI 기반 RPA 도입을 통해 자동화 대상 프로세스를 스스로 식
  별하고 최적화
- 현장 업무에 디지털 workforce, human workforce 간 업무
  역할 구분 명확
- AI, Robot, RPA 등 Human-Machine Collaboration 환경이 구
  현됨

6. IoT 5단계 수준

- IoT 센서 데이터 간 측정 기준, 통신 프로토콜 통합작업이 대
  부분 완료됨
- IoT 데이터가 1000분의 1초 단위로 수집됨
- 예측 단계에서 한 단계 더 나가서 Prescriptive 분석을 적용
- 기기, 서비스 제어에 대한 자동화된 의사 결정을 수행함
- 가상 모형을 넘어서 상호 연계된 다수의 가상화된 디지털 객
  체를 연동
- 전체 최적화 관점의 통합 시뮬레이션을 수행함

As-Is 현황과 기업 경영전략 목표와의 차이 분석

이 분석은 기본적으로 현재 성숙도 수준과 미래에 필요한 성숙도 수

준 간의 차이를 파악해 그 차이를 극복하는 디지털 전환 전략 과제를 도출하기 위함이다. 상기에서 제시한 6가지 기술 영역을 5가지 성숙도의 평가 기준으로 현재 상태를 우선 진단한다. 그다음에 같은 방법으로 향후 2~3년 후 정도 확보해야 하는 To-Be 목표를 설정해 본다. As-Is를 진단하는 것과 비교해 To-Be 목표를 세팅하기 어려울 수 있다. 왜냐하면 이는 그 기업이 처한 외부환경과 내부 역량 등을 고려하고 기업의 사업 전략에 대해 깊이 있는 이해가 필요하기 때문이다.

따라서 To-Be 목표를 세팅하기 전에 사업전략에 대한 이해를 높이는 Workshop 등이 필요하며 이 Workshop을 통해 사업전략에 대한 공감대가 우선 선행되어야 최종 결과물이 설득력이 있게 된다. 이 과정에서 기업의 사업전략에 대한 수정이 발생하기도 한다. 이 작업을 통해 기업은 현재 나의 디지털 전환 상태를 점수화할 수 있고 사업전략에 부합하는 미래 디지털 전환 상태와의 차이를 정량적으로 정의해 볼 수 있다. 당연히 이 차이는 디지털 전략을 수립하고 그 차이를 극복하는 전략 과제를 정의하는 데 매우 중요한 원천 데이터가 된다. 이 과정에서 참여 구성원들은 회사 사업전략에 대한 이해도를 높일 수 있다. 디지털 전환 자가 진단 과정을 통해 참여 구성원들은 디지털 전환에 필요한 역량에 대해 충분히 이해했을 것이다. 그 이해력을 배경으로 미래를 산정해 보면 쉽게 전략 과제를 만들어 낼 수 있다. 향후 매년 기업의 전략 방향성이 변화될 수 있다. 정량화 기반으로 만들어진 전략 과제는 기업 경영전략의 동적 변화에 민감하게 반응하는 디지털 전환 과제로 계속 변화 추진된다. 즉 기업이 디지털 전환이 경영진의 변화에 흔들림이 없어지면서 경영환경의 변화에 동적으로 민감하게 대응할 수 있게 된다. 만들어지고 추진 중인 디지털 전환의 추진 과제는 그 회사의 맞춤으로 유일한 맞춤 특성을 기반으로 경쟁력을 갖추게 될 것이다.

As-Is 현황과 업계 선도 기업 성숙도와의 차이 분석

As-Is 현황 진단과 우리 스스로 정한 To-Be 경영전략과의 부합 정도 분석만으로는 부족하다. 이 분석만으로는 시장의 빠른 변화에 대응하지 못할 수 있다. 시장에는 많은 혁신적인 기업들이 빠른 속도로 발전해 가고 있다. 특히 디지털 전환의 선도 기업들은 여러 가지 분석과 시행착오를 거치면서 경쟁력 있는 디지털 기술 차별화를 만들어 왔기에 이러한 노력을 벤치마킹하면 시행착오를 최소화하고 검증된 과제를 빠르게 정의할 수 있다. 6가지 기술 분야에서 혁신을 만들어 가고 있는 선도 기업들 특히 각 분야에서 5 Level의 성숙도를 만들어 낸 Digital Transformer를 찾아서 그들이 진행하고 있는 디지털 전환 프로젝트에 대해 세밀한 분석을 할 필요가 있다. 이러한 선도 기업들의 디지털 전환 성숙도를 파악하는 것 상당히 어려운 과제이지만 파악할 수 있다면 매우 큰 추진의 통찰력을 제공받게 된다.

다시 강조하지만, 디지털 전환 관점에서 선도 기업과의 비교는 특별히 중요하다. 특히 성숙도 2레벨 이하의 경우 자체적으로 추진 과제를 정의하기가 상당히 어려운 작업이기 때문에 동종 업계 또는 선도 기업의 차별화 포인트가 자체로 정의한 과제 대비 유효성이 높을 가능성이 높기 때문이다. 디지털 선도 기업은 수익 창출, 혁신 특히 기업 가치에 대한 디지털 전환 측면에서 후발 기업을 완전히 압도한다. 이를 대충 조사하면 안 되고 체계적으로 비용을 제대로 들여서 조사해야 한다.

세계적 전략 컨설팅 회사인 BCG에서 2020년에 조사한 자료를 보면 몇 가지 지표를 통해 확인할 수 있다. 디지털 전환을 선도하는 기업이 그러하지 않은 기업들보다 차이를 보이는 지표는 혁신을 위한 연구·개발 비용의 증가가 절대적으로 차이가 난다. 이익 관점에서의 성장성도 차이가 난다. 특히 기업 가치 측면에서는 2.4배 정도의 차이를 보인다. 이미 디지털 전환 선도 기업은 성과 특히 기업 가치와 재무적 측면에서 그 효과가 검증되었다고 할 수 있다. 디지털 전환추진에 있어서 선도 회사의 추진 방향과 성숙도를 본인 회사와 자세히 비교해야 하는 이유이다. 실제 작업을 해 보면 관련 기업의 데이터를 확보하는 것에 큰 노력과 시간이 투여되지만 노력에도 데이터를 찾기 힘든 경우가 많다. 이때 외부 연구기관의 도움을 부분적으로 받는 것 추천한다. 외부 연구기관이나 컨설팅 기관은 조사 대상 기업의 전현직 담당자들에 대한 직접 인터뷰 또는 해당 프로젝트를 진행한 경험이 있는 외부 전문가들을 찾아서 인터뷰를 통해 자료를 확보하기 때문에 우리가 차이 분석을 위해서 필요로 하는 내용을 핵심적으로 파악할 수 있는 좋은 방법이다. As-Is 분석과 선도 회사와의 차이를 점수화해 보면 선도 회사는 디지털 전환으로 기업성과를 만들기 위해 무엇을 해 왔는지와 우리가 무엇이 부족한지 한눈에 파악할 수 있게 된다. 이 작업을 통해 참여 구성원들은 선도 회사의 디지털 전환 성과를 만들어 내는 기술을 정량적으로 파악하고 그 수준을 가늠하게 될 수 있다. 아래 예시 표는 기업이 비교한 벤치마킹 대상 기업과 기업의 경영전략과 부합하는 디지털 전환 준비도를 한눈으로 표에서 볼 수 있게 만든 것이다. 경영전략 즉 To-Be 대비와의 차이를 한 눈으로 이해할 수 있고 벤치마킹 대상과의 차이를 6가지 기술 분야별로 인식할 수 있는 아래와 같은 표를 만들어 보면 그 차이를 알 수 있고 어느 영역에 어느 정도 차이가 있는지 볼 수 있도록 하는 표를 참고로 예시해 본다. 아래 예시에서는 경영전략에 부합 여부 및 선도 기업과의 비교를 통해 현재 디지털 전환의 성숙도가 낮은 것을 명확히 인식할 수 있다. 특히 기업 경영전략과의 차이보다 벤치마킹 대상이 되는 선도 추진 기업과의 차이가 더 큰 것을 볼 수 있다. 이러한 차이는 향후 추진 과제의 우선순위를 결정하는 것에 영향이 있을 수 있다. **이러한 차이를 모두 공감하고 디지털 전환을 추진하는 것과 아닌 것은 결과의 차이가 클 것이다.**

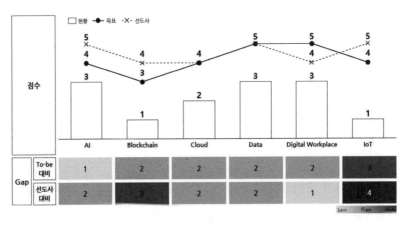

출처) SK(주) 기업의 디지털 전환 준비 성숙도에 대한 To-Be와의 차이/
벤치마킹 대상과의 차이 비교 그래프 표현 예시

디지털 전환 실행 과제 정의

6가지 영역에서 진단한 To-Be 목표와 비교, 선도 회사와 비교를 통해 현재 상황에 대한 진단과의 차이를 파악하게 되면 이를 극복할 과제를 설계할 수 있다. 그 과제는 전문가 확보, 인재 육성, 새로운 인프라 또는 자동화의 도입, 외부 기관과 전략적 협력, 조직의 재구성, 기술 확보, 데이터 확보, 경영진 교육 등 기술력 확보부터 조직의 재구성 등 회사 전 영역에서 필요한 과제가 설계된다. 아래 표는 진단 후 도출된 즉시 실행 과제 정의에 대한 예시이다. 예시지만 대부분 기업에 필요한 사항으로 예상된다. 기업이 디지털 전환을 통해 지능화되려면 구성원 중에 AI를 이해하고 있는 비율이 어느 정도 수준이 되어야 한다. 데이터와 AI가 기업의 지능화 수준을 좌우하기 때문에 전통산업의 기업도 지능화를 위해서는 데이터 회사가 되어야 한다. 우버는 모빌리티 회사이지만 데이터 회사이다. 마켓컬리도 쇼핑몰 회사지만 데이터 회사이다. 모두 각자의 산업에서 데이터로 지능화를 만들어 차별화하는 회사이다. 제조업도 유통업도 운송업도 모두 데이터 회사가 되어야 지능화 혁신을 할 수 있다. 그러니 당연히 AI와 데이터를 이해하는 구성원의 비율이 어느 정도 수준으로 올라와야 가능해진다. 생산 자동화 시기에 자동화 설비의 생산성을 위협한 것은 초기에는 외부 요인이 아니고 내부 작업자였다. 기존 작업자의 자동화 생산설비에 대한 거부감이 혁신의 장애가 된 적이 있다. 지능화도 마찬가지이다. 따라서 이를 극복하기 위해 전사적으로 거의 의무적으로 AI를 활용하게 해야 한다. AI를 활용하는 수준과 범위를 성과 평가에 반영해야 한다. AI와 사람이 조화롭게 협업하면서 사람 전문가는 기존보다 창의적인 의사 결정에 주 역할을 하게 해야 한다. 그래야 AI도 같이 발전하고 업무 속으로 스며들게 될 것이다. AI를 스스로 잘 만들고 업무에 적극 활용하며 AI 활용을 통해 비즈니스 성과를 정량적으로 만들고 이를 디지털 자산화하여 전사적으로 공통의 자산으로 활용하게 하는 인재가 진정한 미래의 인재이다. 인재의 기준이 변해야 한다. 아래 예시로 제시한 즉시 실행 과제는 그런 측면에서 기술된 예시이니 디지털 전환의 초기에 고려해 볼 것을 제언해 본다.

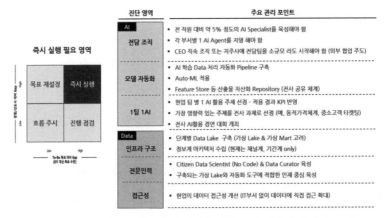

예시) 성숙도 분석을 통해 도출된 디지털 전환 즉시 실행 과제 정의 예시

디지털 전환 과제 실행의 우선순위

진단에서 도출된 As-Is, To-Be 목표와의 차이와 선도 회사와의 차이를 6개 기술 영역과 5개 척도의 동일 기준으로 세부 실행 과제를 도출하

면 다음과 같은 4사분면에 이를 표현할 수 있고 이를 통해서 실행 과제의 우선순위를 설정해 볼 수 있다. 우선순위를 정해야 하는 이유는 빠른 추진을 위해서 도출된 전 과제를 동시에 수행하는 것이 당연히 가장 빠른 방법이지만 기업 대부분은 예산, 인력 등과 같은 자원에 제한이 있다. 따라서 제한된 자원을 단계적으로 집중해 투입하려면 시급성을 고려한 우선순위가 필요하다.

선도 회사 대비 차이가 크고 본인들이 정한 사업전략에 부합하는 To-Be 목표와의 차이가 큰 영역은 당연히 가장 시급성이 가장 높은 영역이라고 할 수 있다. 이 영역은 실행력 가속화를 위해서 특별한 빠른 조치가 즉시 필요한 영역이다.

선도 회사 대비 차이가 크지만, 본인들이 정한 To-Be 목표와 차이가 크지 않은 영역을 "목표 재설정"이라고 한다. 즉 본인들이 정한 To-Be 목표가 그 영역에서 너무 보수적으로 설정되었다고 할 수 있다. 따라서 디지털 전환의 목표를 다시 세팅해야 하는 영역이다.

선도 회사 대비 차이는 크지 않으나 본인들이 정한 To-Be 목표와 차이가 큰 경우는 "진행 상황점검" 영역이다. 선도 회사와 대비해 차이가 적기에 이미 상당한 수준에 있으나 해당 산업에서 전체적으로 혁신에 대한 필요성이 절실한 경우로 비즈니스모델을 변화시킬 혁신적인 To-Be 목표를 재설정하고 현재 추진 중인 과제의 속도를 더 높일 필요가 있다.

선도 회사와 차이가 작고 To-Be 목표와도 차이도 작은 영역으로 비교적 추진을 오랫동안 해온 기업에서 해당 과제가 주로 도출된다. 현 방향성을 유지하며 시장과 경쟁자의 추세를 지속으로 모니터링해 추진 중인 과제에 반영하는 프로세스가 필요하다.

아래 표에는 진단을 통해 도출된 과제 중에 우선순위를 정하는 예제를 만들어 보았다. 이 예제에서는 즉시 실행 과제로 AI 조직의 신설, AI 자동화 플랫폼 도입, 전사적 AI 전파 체계 및 Citizen Data Scientist의 육성이 선도 기업과 큰 차이를 인식할 수 있었고 해당 기업의 경영전략 분석 결과에 대한 디지털 전환 성숙도 측면에서 더 많은 준비가 우선으로 필요한 영역으로 정의되었다. 당장 우선해서 지능화를 위해 전담 조직을 만들고 사업 현장 현업의 AI 활용 분위기를 형성하며 기본 데이터를 정비하는 것에 중점 하게 되어 있다. 그 후에 클라우드 운영 고도화 및 블록체인을 통한 탈중앙화 설계 등이 후속 과제로 정의 되었다. 이러한 우선순위는 목표 선도 기업과의 차이와 해당 회사의 경영전략에 부합하는 정도에 따라 변경되기 때문에 선도 기업에 대한 벤치마킹이 중요하고 기업의 경영전략과 밀접히 연계된다.

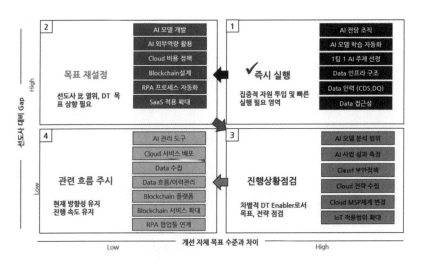

예시) 디지털 전환 실행 과제 우선순위 결정 예시

가상의 진단 결과 예시

디지털 성숙도 진단 - 제조 산업 진단 가상의 예시

가상 사례는 제조사로, 지난 몇 년간 디지털 전환을 매우 적극적으로 시행해 왔고 글로벌 선도사 비교에서도 큰 차이가 나지 않는 기업의 예시이다. **CEO가 강력한 의지로 디지털 전환을 추진 중이며 특히 디지털 전환 인재를 육성하는 것에 집중 투자를 했다.** 다만 고민은 현재 진행 중인 과제들이 **우선순위에 적합한지에 대한 CEO의 고민이 있었던 것이 진단의 주목적이었다.** 현재 아직 성과가 입증되지 않았지만, 디지털 기술의 성숙도를 고려해 현재의 디지털 전환 겨울에 미래를 대비한 역량을 확보해 가고 있는 것으로 판단된다.

디지털 전환으로 기업들이 성과를 만들고 차별적 경쟁력이 확실해지는 2030년쯤 초일류기업이 되어 있을 것이다. **진단 초기에 고려해야 하는 점은 CEO의 추진 의지 확인이다.** 진단 방법론에 대한 경영진 설명을 통해 진단 후 얻을 수 있는 현재 디지털 수준에 대해 공유하고, 의사 결정자의 지원을 확보한 후에 진행해야 한다. 의사 결정자는 대부분 국내 기업 의사 결정 구조를 고려해 볼 때 CEO이며 CEO의 진단 추진에 대한 의지를 반드시 확인해야 한다. 의지를 확인하는 가장 좋은 방법은 추진 방법론에 대한 CEO 설명회를 사전에 개최하고 설명회 자리에서 결과 보고회에 CEO 참석 확답을 받는 것이다. 디지털 전환 작업은 Bottom up 으로 추진력을 얻기 어렵다. 추진의 시작점은 반드시 CEO가 되어야 한다. 디지털 전환을 고객에게 제안하고 있는 기업이라면 반드시 CEO 레벨 Communication이 전제되어야 한다.

디지털 전환은 절대적으로 CEO Agenda이다. 시작인 진단부터 CEO

의 강력한 참여 의지 확인이 필요하다. 따라서 이번 진단 사례도 진단 초기부터 CEO에 대한 설명회 등을 통해 CEO의 추진에 대한 의지를 확인했다. 경영진의 추진 의지를 확인하고 나서 자가 진단을 위한 진단지를 배포했고, 가능한 한 많은 구성원이 참여하는 설명회를 진행했다. 설명회 이후 자가 진단이 진행되며 동시에 벤치마킹 대상이 되는 회사를 선정하고 벤치마킹 조사에 들어갔다. 사실 자기 진단서는 앞의 사례 표 예시에서 볼 수 있듯이 일반적인 기준들이다. 중요한 것은 스스로 판단한다는 것과 그 판단을 다수 관련자가 모여서 토론을 통해 같이 결정한다는 것이 큰 의미이다. 토론 과정에서 기준에 나오는 주제에 대한 조사와 학습이 이루어지고 디지털 전환에 가장 중요한 전사적인 추진의 공감이 만들어진다. 이 진단을 토론으로 진행한다는 것을 가장 크게 강조하는 이유이다. 디지털 전환의 핵심은 의사 결정자인 CEO의 Agenda인 동시에 실행력을 확보하기 위해서 전사적인 공감이 필수 성공 요소이다. 기업은 생각보다 여러 가지 이유로 부서 간 협업이 잘 안된다. 부서 간 협업을 만들어 내는 것은 공동의 목표라는 인식과 서로 상대의 입장과 상황을 이해하는 것이다. 자가 진단 실행이 이를 어느 정도 만들어 낼 수 있다.

1차로 만들어진 자가 진단 자료는 그 적정성을 검증하고 Workshop 등을 통해 보정된다. 이번 사례에서는 디지털 전환 관련 영역별로 다수의 부서가 자가 진단에 참여했다. 선진기업 벤치마킹 자료를 확보하는 작업은 외부 컨설팅 기관에 의뢰해서 관련 외부 전문가를 직접 인터뷰해 벤치마킹 자료를 확보했다.

AI 분야에서 3점 등급을 획득했다. 검사 공정 중심으로 AI 모델을 활용하고 있었다. 파일럿 프로젝트 기준으로 30% 정도 정량적 효율성을 만들어 냈다. 다수의 공정에서 AI 모델을 활용하고 있으며 복합 AI 활용을 위해 AI 모델 개발 자동화 도구를 활용하고 있었다. 하이퍼 파라미터 튜닝 등 AI 알고리즘 학습에 자동화 도구가 활용되고 있으며 제한적이기는 하지만 Feature Store가 활용되면서 향후 유사한 AI의 활용에 대비하여 디지털 자산으로 준비하고 있었다. 아직 최적의 AI 모델 선택은 엔지니어의 수작업으로 진행되고 있었다. 공정 전반과 구매/HR/재무 등 지원 업무 전반에서 AI 알고리즘의 활용에 대한 계획이 수립 중이었다. AI 전문 외부 Community의 최신 모델과 주요 학회 논문 등이 참조되고 있었다. 약 90명 정도의 AI 전문인력을 보유하고 있고 AI 모델 개발 과정에서 현업 엔지니어와 데이터 Scientist의 모형화 반복 작업이 밀접하게 협업으로 진행되고 있었다. 검사 공정에 비전 AI를 활용하고 있으나 이를 복수의 공정에 활용하기 위한 End to End 자동화된 모델 관리가 필요한 사항으로 도출되었다. 1개 공정에 대해서는 30% 개선이라는 의미 있는 AI 기반 성과를 확인할 수 있었다. 현재 수준은 다양한 공정에 AI를 적용해서 그 성과를 확인하는 활발한 AI 구축 단계이며 전사로 확대하기 위해 구축과 운영의 자동화 서비스 체계를 계획하고 있었다. 각종 제조 장비의 이상 징후 예측에 활용되고 있으나 그 예측 결과를 기반으로 한 자동제어 체계와 모델 업데이트 체계는 아직 추가 고도화가 필요한 단계이다.

데이터 분야에서 4점 등급을 획득했다. 모든 공정 데이터를 데이터 레이크에 수집하고 데이터 처리의 전 과정을 추적하는 Lineage를 확보하는 프로젝트가 진행되고 있다. 제조 현장에서 파일 시스템 기반

Feature Set 구축 및 활용 중이다. 데이터 레이크 플랫폼을 활용해 주기적으로 Feature Set 업데이트되고 있다. Feature Set 전사적으로 현업에서 활용되기 위한 플랫폼 제공이 구축되고 있다. 데이터 활용 사용자들은 SQL을 활용해 데이터에 접근하고 있으나 전체 데이터에 대한 접근 API 서비스를 계획 중이다. 현재 API를 통한 데이터 접근 비중은 10% 이하이다. 데이터는 수집부터 활용까지 목적에 따라 복잡한 처리 과정을 통해 데이터가 변하게 된다. 따라서 데이터 분석을 위해서는 데이터 흐름에 따른 변화 과정이 추적되어야 데이터 분석가들의 데이터 활용이 극대화된다. 이를 위해서 메타데이터 관리와 플로우 메타정보를 관리해야 하며 아직 이 부분에 대한 구현이 안 되어 있고 필요성에 대한 인식은 확보된 상태이다.

클라우드 분야에서는 3점 등급을 획득했다. 데이터 보안 정책에 따라 Public 클라우드로 전환은 15% 미만이지만 Private 클라우드로의 전환은 70%에 달한다. 도입된 상용 SaaS는 HR 등 일부 지원 업무에 국한되어 있다. 클라우드 기업들이 대부분 인프라 클라우드 전환에 집중하고 있지만 클라우드 전환의 진정한 목적은 애플리케이션의 현대화(Modernization)이다. 그러므로 이를 추진하는 것이 매우 중요하다. 현 진단 사례에서는 기존 애플리케이션에 대한 현대화(Modernization)는 진행되고 있지 않지만, 클라우드 네이티브 애플리케이션에 대한 계획이 수립 중이다. 현재 마이크로서비스 아키텍처에 의한 애플리케이션의 개발은 5% 미만이다.

블록체인 분야에서는 1점 등급이다. 사실 많은 기업이 그들의 사업에 블록체인 기술을 어떻게 활용할 것인가에 대한 아이디어가 매우 부족한 상태이다. 이번 진단 사례의 경우에서는 블록체인 기술의 데이터 위/변조 불가 특성을 최대한 활용해 중요한 데이터에 대한 데이터 활용 이력 데이터의 위/변조를 불가하게 하는 적용 사례가 있다. 블록체인이 제공하는 신뢰 프로토콜을 활용해 생태계 내에서 데이터를 기반으로 하는 협업 R&D 플랫폼을 통해 데이터 공개에 대한 불안감 없이 공동의 R&D 를 가능하게 하는 블록체인 기반 연구·개발 플랫폼이 활용되고 있다.

디지털 성숙도 진단 - 운송 서비스 산업 진단 가상의 예시

이번 가상 예시는 운송 서비스사업과 관련된 기업 가상 사례이다. **지난 몇 년간 디지털 전환에 대한 추진을 위해 인재도 확보하는 노력을 했고 기간 IT 시스템에 관한 정비도 했으나 디지털 전환으로 인한 경영 성과가 만들어지는 사례가 매우 부족하다고 경영진이 인식하고 있는 회사 예시이다.** 이 예시도 최고 경영진의 추진에 대한 의지를 확인한 다음 진행되었고 최종 보고회에 CEO가 참석해 의미 있는 토론이 있었던 사례이다. 이 진단 결과를 기반으로 현재 디지털 전환 과제들이 우선순위에 따라 진행 중이다.

현재 AI 수준은 0.5단계로 이제 막 시작하는 수준이라고 할 수 있다. 몇 개 AI 프로젝트가 진행되었지만, 큰 성과가 없었다. 과거 대학교 AI 연구실과 협업이 있었으나 경영 성과를 의미하는 결과는 없었다. AI 파일 럿 프로젝트 진행 후에도 그 경험이 회사 지식자산으로 축적되지 못하고 있었다. **데이터의 경우 데이터 레이크가 없고 소규모 데이터마트 정도를 보유하며, 현업 분석가들은 데이터의 부족을 크게 느끼는 상태이다.** 비정형 데이터나 외부 데이터에 대한 관리는 전혀 없는 상태이다. 대용량 데이터 처리에 대비한 분산처리 기술은 전혀 확보되어 있지 않았다.

현재 보유 중인 데이터도 현장 사용자들의 접근성이 매우 떨어지는 상태이다. **상대적으로 클라우드는 성숙도 레벨이 상대적으로 확보되어 있었다.** 전 시스템을 모두 퍼블릭 클라우드로 이전 완료했다. 다만 리프트 앤 시프트 방식의 이전으로 애플리케이션 현대화에 대한 필요성은 과제로 되어 있는 상태이다. 2가지 퍼블릭 클라우드를 동시에 사용하고 있어서 향후 멀티 클라우드에 대한 전략이 필요한 상태이다. 일부 SaaS를 사용 중이고 SaaS의 활용도를 확대하는 계획을 하고 있다.

클라우드 운영 관점에서 MSP에 대한 의존도가 높아서 이는 보완해야 하는 포인트로 진단되었다. 업무 생산성 측면에서 RPA의 **빠른** 도입으로 이를 신속하게 확산한다면 상대적으로 경쟁력 있는 디지털 업무 환경이 될 것으로 진단되었다. IoT를 통한 현장 데이터의 수집 및 분석 작업이 시도는 있었으나 체계적으로 관리되고 있지 않았다. 글로벌 선도 기업과의 비교에서 많은 차이를 보이고 있었다.

벤치마킹 대상으로 삼았던 글로벌 선도 기업은 경력이 3년 이상인 AI 인재를 전 직원의 10% 이상 보유하고 있었다. 기업의 업무 프로세스 중에 AI를 통해 확보하면 큰 효과가 기대되는 영역을 선정하고 AI를 적용해 성과를 만들어 내고 있다. 클라우드의 전환은 애플리케이션 현대화 부분도 병행해서 진행되었다. 데이터 레이크를 보유하고, AI 학습에 필요한 학습용 데이터를 생성하며, 이를 전사적으로 공유하는 체계를 보유하고 있다. Supply Chain 영역에서 각 사업자 간 공유해야 하는 문서 등을 블록체인 기반으로 운영하면서 문서 전달 작업의 생산성을 확보하고 있었다. 전사 AI 전담 조직이 구성되어 있으며 외부 AI 전문기관과 가상의 팀을 만들어서 정기로 협업을 추진하고 있다. IoT의 활용 극대화를 위해 필요로 하는 IoT 대상 업무 범위를 설계하고 이를 구현하고 있다.

이번 진단 회사의 경우 현재 상황의 진단과 글로벌 선도사와 비교해 즉시 실행 과제, 목표 재설정 과제, 진행 상황 속도 점검 과제, 관련 흐름 주시 과제 등 4가지로 그 과제를 구분하고 즉시 실행 과제를 중심으로 디지털 전환이 진행 중이다. 즉시 실행 과제로 도출된 내용은 AI 조직 구성, AI 모델 자동화 플랫폼 도입, 전사적으로 전체 팀 조직 AI 활용 계획 설계, 데이터 레이크 구축, Citizen Data Scientist 육성, 현업 데이터 접근성 확보 등 6가지이다.

디지털 혁신기업에서 배운 디지털 전환 핵심 성공 Point

데이터를 활용해야 의미 있는 의사 결정을 할 수 있다는 것은 이미 너무나도 잘 알려져 있다. 기업들은 이를 활용하기 위해 많은 투자를 통해 데이터를 확보해 간다고 하지만, 어떤 기업은 데이터 활용을 통해 디지털 전환 기업으로 정량적 성과가 나고 어떤 기업은 성과가 나지 않고 계속 투자만 하게 되는 것일까? 특히 경영자가 데이터 처리 과정에 대한 이해가 부족한 경우가 대부분이어서 이 부분에 대해 왜 성과가 나오지 않는지 원인을 파악하는 것에 어려움이 많고 많은 의문점을 갖고 있는 것을 여러 현장에서 확인했다.

저자가 글로벌 항공기 제조사를 방문해 보고 놀란 사례가 있어 소개한다. 이 회사의 데이터 활용의 핵심은 인과관계가 있는 내부/외부 데이터의 통합 분석에 의한 의사 결정 체계였다. 항공기 제조회사였는데 항공기의 결함을 최소화하는 것이 그들의 고객 항공사의 핵심 지표이기 때문에 이는 항공기 제조사와 깊게 연계가 되어 있다. 여기서 두 가지 핵심 포인트가 있었다. **하나는 어떤 의사 결정을 위해서는 내부 데이터만으로는 한계가 있다는 것이다.** 내부 데이터도 통합되지 않은 일부분 데이터만으로는 더더욱 제한점이 많다. 하지만 이러한 외부 데이터 연관 분석을 위해서 데이터 준비 처리에 큰 비용과 노력이 수반 되기 때문에 기업이 그 필요성을 이해하더라도 실행을 위한 인프라를 구축해 가기가 쉽지 않다. 오랜 시간이 걸린다. 이 기업은 이를 극복하기 위해 메타데이터라고 불리는 데이터의 논리적 통합에 중점을 두었다. 실제 물리적으로 데이터를 통합하는 것은 단계도 복잡하고 비용도 많이 든다. 또한 이를 유지보수하기도 어렵기 때문에 실행하기가 거의 불가하다. 설사 투자한다고 해도 투자 규모 대비해 효과를 입증하기 어렵다. 항상 제한적인 데이터에 기반한 분석은 그 정확성이 저하되어 의사 결정자에게 의미 있는 결과를 제공하지 못한다. 그래서 발생하는 디지털 겨울의 분위기를 맞이하게 된다. 이 항공사는 **이러한 데이터의 확보, 결합 및 연계 분석을 가상의 데이터 레이크로 해결하였다.** 이 기업은 물리적 데이터를 통합하지 않고 논리적으로 통합해 교차분석이 필요할 때 이를 임시로 빠르고 논리적인 분석을 하게 되는 기술을 적극 활용하고 있다. 과거 미국의 한 데이터 분석 기업이 아프가니스탄에서 빈 라덴의 위치를 정확히 파악해야 했을 때 어떤 한 기관의 데이터만으로는 불가했다. 또한 여러 기관 데이터를 물리적으로 통합해 둘 수도 없었으나, 필요한 데이터의 논리적 통합으로 연관 분석했다. 빈 라덴의 위치를 정확히 추론한 사례와 같은 가상의 데이터 레이크 방법을 이 기업은 최대한 활용해 데이터 분석의 효율을 극대화하고 있었다. 외부 데이터를 경쟁력 있게 비용효율적으로 활용할 수 있었다. 디지털 전환 혁신기업은 데이터를 중요한 자산으로 관리하며 특히 외부 데이터의 활용에 중점이 되어 있다. **방대한 외부 데이터의 활용을 위해 데이터의 물리적 통합보다 논리적 통합을 통해 매우 비용효율적인 체계를 만들어 가는 공통점이 있다.**

또 한 가지 핵심 포인트는 그래프 DB의 활용이었다. 이를 온톨로지라고 하기도 한다. AI가 잘하는 일은 사람이 잘 못한다. 반대로 사람은 당연히 하는 일을 AI는 엄청난 리소스를 투입해야 할 수 있다. 이 기업은 사람 전문가의 지식이 축적된 업무 처리 및 의사 결정의 노하우를 일종의 데이터 간 연관관계를 그래프 DB화해 그동안 사업 과정에서 **축적된 사람의 지식을 Digital Asset으로 만드는 과정에 집중했다. 기업이 수년간 보유한 경쟁력 있는 업무 처리의 자산을 온톨로지로 모형화하여 디지털 자산화한 것이다. 이 온톨로지는 AI를 학습하는 것에 매우 유용하다.** 기업의 오랜 전문지식이 포함된 온톨로지가 바로 경쟁력이다. 여기서 우리 기업들의 AI 집중 방향을 다시 언급하면 우리 기업들은 다양한 전통 분야에서 오랜 기간 축적한 업무 지식이 매우 풍부하고 선진적이고 글로벌 경쟁력 있다. **이 부분을 온톨로지화하여 AI에 반영하면 글로벌 최고 수준의 전문 AI를 만들 수 있다.** 지금 이미 경쟁에서 늦었고 너무나 큰 투자를 지속하는 글로벌 빅테크 기업의 투자를 따라가야 하는 범용 초거대 AI 모델을 개발하는 분야보다 우리 기업들이 집중해야 하는 AI 영역이 산업별 특화 로직이 설계된 온톨로지이다. 이미 이 항공 제조사는 온톨로지를 통해 혁신을 만들어 가고 있었다.

예를 들어 항공기의 경우 수없이 많은 고장이 발생하며 그 원인은 수없이 많은 이유와 부품에 기인하게 된다. 이는 단순히 내부 제조상에서 발생하는 제조 데이터의 분석만으로는 파악이 충분하지 않다. 항공기 운영 항공사, 공항, 생태계 협력업체 등에서 발생하는 다른 데이터만 아니라 유사 업종 기업의 사례와 통합될 때 데이터를 통해 분석할 수 있는 통찰력의 효과가 분명하게 나타난다. 그리고 데이터나 AI가 파악할 수 없는 많은 사업적 지식이 그 기업의 전문가들에게 내재해 있다. 그래서 **이 기업은 오랜 경험을 보유하고 있는 구성원 전문가들의 업무적 지식을 그래프 DB, 즉 Digital Asset으로 만들어 이를 축적하고 생산성을 높이며 고객의 요청으로 적시에 대응하는 체계를 직접 볼 수 있었다. 이상적으로 상상만 했던 일들이 실제 현장에서 축적되어 가고 있는 것을 보았다.**

이를 온톨로지라고 한다. 사전적 정의는 존재하는 사물과 사물 간의 관계를 컴퓨터가 처리할 수 있도록 표현하는 것. 실상에서 발생하는 모든 분석은 결국 데이터와 데이터 간의 관계에서 시작한다. 그리고 이 관계를 알고리즘에 학습시키는 것이 인공지능이다. 이 데이터 간의 관계를 데이터만으로 인공지능을 학습시키면 즉 비지도 학습하면 그 결괏값이 만족할 만한 수준이 되기 어렵다. 데이터만으로 학습시키기에 그 로직이 너무 복잡해 학습이 잘 안되는 경향이 있다. **인간 전문가의 오랜 경험에서 나온 지식을 잘 축적해 이를 인공지능에 학습시키면 순수 데이터만으로 한 비지도 학습보다 훨씬 훌륭한 결괏값을 만들어 낼 수 있다.** 사람이 잘하는 일은 인공지능이 어려워하고 인공지능이 잘하는 일은 사람이 어려워하는 것을 연결해 주는 것이 온톨로지라고 할 수 있다. 이러한 접근이 인간과 AI의 협업을 의미하는 것이다. 사람이 AI를 학습시키고 학습된 AI는 인간 판단의 실수를 최소화하거나 판단의 정확도를 높여 준다. AI와 인간이 협업하기 위해서는 이를 연결하는 방법이 필요한데 그 방법이 온톨로지이다. 글로벌 정상의 디지털 전환 기업은 이미 이를 실행하고 있었다. AI 관련해서 데이터는 결국 각자 기업이 체계적으로 장기 계획을 갖고 관리해야 한다. 알고리즘은 이미 모두 공개되어 있어서 활용하면 된다. 중요한 것은 AI를 만들고 운용하는 경제성과 함께 현재 AI 기술의 성숙도를 고려해 볼 때 인간과의 협업을 최대한 만들어 내는 것이기 때문에 온톨로지가 그 핵심이라고 할 수 있다. 한번 상상해 보자. 우리 기업들은 산업에서 분야별로 훌륭한 운영의 경쟁력을 보유하고 있는 기업들이 많다. 이 경쟁력을 AI 화해서 상품화하면 우리가 글로벌 산업계 AI 시장을 선도해 갈 수 있다. 이 분야는 다른 경쟁국가가 쉽게 따라올 수 없다.

종합해 보면 다양한 데이터를 논리적으로 통합해 연관 분석으로 정확한 추정을 하고 인간 전문가들의 사업적으로 축적된 지식을 Digital Asset으로 만들어 축적해 가고 있다는 것이 미래 이 기업의 새로운 가치를 예상해 볼 수 있었다. 핵심은 데이터에 매우 집중되어 있고 데이터 처리의 효율성을 추구하며 사람 지식과 인공지능의 협업으로 디지털 성과를 만들어 내는 것이다. 그리고 이러한 과정에서 Digital Asset이 계속 고도화되고 있다는 것이다. 한때 우리는 사람이 경쟁력이라고 하는 캐치프레이즈를 기업들이 사용한 적이 있었다. 사실 지금도 크게 달라지지 않았다. 하지만 가까운 미래는 Digital Asset이 경쟁력이라고 할 것이다. 과거 기업이 인재를 육성하는 정성이 이제는 Digital Asset을 축적하는 것으로 이동할 것이고 이를 체계적으로 지금부터 우리가 한다면 우리의 미래 신사업으로 탄생하게 될 것이다. 기업의 디지털 전환 작업이 빠른 지름길로 진행될 수 있도록 이러한 역량을 진단하고 처방해야 한다. 이렇게 진행되는 과제들이 어떤 결과를 만들어 낼 것인지 최고 의사 결정자들이 충분히 이해하고 있어야 한다.

분야별 디지털 전환 글로벌 선도 기업과
국내기업 평균과의 차이

디지털 성숙도 진단 방법론을 활용해서 국내 많은 기업을 진단했다. 진단을 추진했던 기업들은 디지털 전환에 관심이 있는 기업들이다. 즉 그동안 어느 정도 디지털 전환 적업을 수행해 왔던 기업들이다. 추정 평균적으로 보면 각 산업 분야에서 시장 위치 대략 상위 30% 정도에 속하는 기업 중심으로 생각이 된다. 국내기업 중 디지털 성숙도 측면에서 상위 그룹에 있는 기업들을 대상으로 진단한 것으로 예측해 볼 수 있다. 물론 전적으로 저자의 직관적인 감각으로 상위 그룹이라고 언급한 부분이 있다는 것을 감안하고 업종도 제조부터 유통, 금융, 공공 등 다양한 업종을 진단했다. 그 진단 결과를 평균 및 종합적으로 요약해 보면 우리나라 기업들의 현재 디지털 전환 성숙도를 간접적 개략적으로 가늠해 볼 수 있을 것이다.

국내선도 기업의 디지털 전환 성숙도는 5점 척도에서 2점대 중반이라고 추정이 된다. 2점대라면 이제 디지털 전환을 시작하고 전사적인 디지털 전환에 대한 전략이 수립되어 있고 사업부별로 디지털 전환 파일럿 프로젝트를 독립적으로 실시하고 있는 단계이다. 아직 정량적 성과를 만들어 내지 못하고 있으며, 3단계인 전사 통합 추진 단계로 전환해 정량적 성과를 만들어 내기 위해 무엇을 추가로 집중해야 하는지 고민하는 단계라고 할 수 있다. 전산화는 많은 진척이 있었지만, 지능화와 탈중앙화로 표현되는 4차 산업혁명에 준하는 디지털 전환은 아직 진행 초기 단계이다. 디지털 전환이 사회/경제적으로 많이 언급되었고 시간이 경과 한 기간을 고려해 볼 때 좀 낮은 결과라고 생각이 된다. 글로벌에서 선도적으로 디지털 전환을 추진했고 디지털 전환추진을 통해 의미 있는 성과를 만들어 내는 기업들이 있다. 국내 상위 그룹 평균값과 글로벌 선도 기업의 값을 비교하면 글로벌 선도 기업의 값이 우리의 목푯값이 될 수 있을 것 같다. 글로벌 선도 기업의 값을 목푯값으로 보았을 때 대략 1~1.5 단계 차이가 있다고 할 수 있다. 한마디로 한 레벨 낮은 디지털 전환 수준이라고 할 수 있다. 국가별로 산업 전체적인 평균값은 우리나라 기업이 낮지 않고 오히려 높을 수도 있지만 우리가 추구하는 디지털 전환은 글로벌 최고 수준이기 때문에 글로벌 최고 사례를 목표로 해야 할 것 같다. 우리 기업이 글로벌 경쟁력을 갖기 위해서는 지금부터 1레벨 디지털 전환의 수준을 시급히 높여야 한다. 또한 이러한 기업의 디지털 전환을 지원하는 디지털 전환 사업모델에서 글로벌 빅테크에 의존하지 않고 우리 기업이 제공하는 디지털 전환 서비스를 사업화하여 글로벌로 진출할 수 있는 수준으로 육성해야 한다. 의지는 충분한 것 같고 방향성에 대한 재정립이 필요하다.

6가지 기술 분야별로 세분화해 보면 AI, 클라우드, 데이터 영역은 2점대 중반이고 블록체인 분야는 1점대로 아주 초보적인 수준이다. 상대적으로 점수가 높은 영역은 Digital Workplace 분야이다. 이는 우리나라 기업들이 한동안 전산화에 많은 투자를 했고 특히 지난 몇 년간 비대면 업무가 활성화하면서 디지털 전환을 통한 협업과 업무 생산성 향상에 집중해 투자한 결과라고 예측된다. 분야별로 우수한 진단 결과를 만들어 낸 기업의 경우 진행 상황은 다음과 같다. AI 경우는 비전 AI를 활용해 생산공정에서 품질을 확보하는 분야에 가장 적극적으로 활용되고 있다. 최근 비정형 데이터 특히 언어모델 관련 AI의 활용이 많이 언급되고 있지만 현장에서는 이미지 AI의 활용이 아직은 많은 상태이다. 유통, 상거래 산업의 경우는 개인화 추천 모델에 AI가 가장 활발히 사용되고 있다. 언어모델을 활용해 고객과의 소통 내용이 분석되고, 이를 고객만족도 관리 측면에서 활용되고 있는 사례들도 증가하고 있다.

금융 기관의 경우 고객센터 상담원과 고객 간 통화에 대한 언어모델 분석을 통해 불완전판매를 없애는 기능으로 활용되고 있었다. 블록체인의 경우 다양한 유통과정에서 발생하는 문서 전달의 과정을 블록체인으로 효율화하는 추진이 시험적용 단계로 활용되고 있었다. 블록체인의 비가역적 특성을 활용해 데이터 활용의 보안성을 유지하는 기능으로 활용되고 있었다. 블록체인 기술을 활용한 분산 신원 인증 서비스는 오래전부터 진행이 되어 왔지만, 아직 의미 있는 결과는 만들어 내지 못하다. 클라우드 전환과 관련해서 현재는 인프라 레벨의 전환이 주류를 이루고 있으며 클라우드 전환 후 변경된 운영체계에 대해 적응해 가는 단계이다. 인프라의 클라우드 전환 이후 애플리케이션 레벨 클라우드 전환, 즉 애플리케이션 현대화 추진은 상대적으로 그 추진이 미진한 상태이다.

최근 2~3년간 RPA의 도입이 매우 활성화되어서 재무, 구매, 마케팅 영역에서 기존 시스템과 연계해 처리 프로세스를 자동화하는 추진이 활성화되고 있다. IoT의 활용 측면에서 이제 막 IoT 데이터를 확보하는 단계이며 일부 IoT 데이터 분석을 통한 의사 결정에 반영이 시도되고 있다.

국내기업들의 디지털 전환에 대한 평균적 종합적 의견으로는 국내선도 기업들의 디지털 전환 수준은 학습의 단계를 막 지나서 부분 추진에서 전사적으로 추진을 확대해 가고 있고 정량적 성과를 입증하는 압력을 심하게 받고 있으며 그동안 진행해 온 파일럿 프로젝트를 확산하려는 시작 단계이다. 하지만 그다음 단계로 진화하기 위해서 집중해야 하는 과제를 아직 명확화하지 못한 상태로 그동안 투자에 대한 점검을 통해 추진의 방향성을 재점검해야 하는 상태이다. **아직 디지털 전환의 추진이 담당 임원 레벨에 국한한 경우가 많아서 전사적으로 동력을 갖고 추진하기에 역부족이며 지금보다 더 CEO 레벨의 추진이 필요한 상황이다.** 과거 몇 년 동안 디지털 전환에 대한 큰바람이 불었고 외부 인재 영입 또는 새로운 시스템의 도입 등 추진이 있었으나 그 성과에 대한 의문이 있어서 지금은 그 추진이 좀 주춤한 상태라고 할 수 있다.

디지털 전환을 위해서는 회사의 기반 인프라가 변화되어야 하는데 기반 인프라에 대한 투자보다 외부 보여 주기식 접근이 아직도 많아서 **일회성 이벤트로 끝나는 파일럿 성격의 프로젝트가 주류를 이룬 상태이다.** 대부분의 디지털 전환추진 기업에서는 Data Scientist를 중심으로 DT 추진팀을 구성하고 있으나 현장 활용조직과의 협업에 어려움이 있어서 실질적인 현장의 참여를 만들어 내지 못하고 있다. **업무 도메인에**

대한 이해도가 높은 Citizen Data Scientist가 절실히 육성되어야 할 필요가 있으나 체계적으로 육성되고 있지는 못하는 상태이다. 기존 정보화와는 달리 디지털 전환은 한번 만들어진 애플리케이션이 계속 환경변화에 동적으로 변화해 가야 한다. 이러한 생애주기 관점에서 디지털 전환 애플리케이션이 운영되어야 하지만, 디지털 전환의 연속성이 보장되고 있지 못한 상태이다. Citizen Data Scientist를 중점 육성하면서 이들을 지원하는 AI 플랫폼 인프라 투자를 통해 경제성을 확보하고 Digital Asset으로 축적하면서 지속성을 확보해 가는 접근을 발견하기가 쉽지 않은 상태이다.

우리나라 기업들이 디지털 전환에 속도를 내고 기반 인프라로 연속성을 보장받기 위해서는 다음과 같은 공통적 집중 과제에 대해 고민해야 하고, 데이터를 우선 확보해야 한다. 데이터를 효율적으로 보관, 관리할 수 있는 체계와 인프라가 반드시 있어야 한다. 특히 비용을 효율적으로 관리할 수 있는 진화한 데이터 보관 인프라가 준비되어야 한다. 앞으로 다양한 AI 활용을 위한 알고리즘 개발 프로젝트가 진행될 것이다. 이를 기업의 중요한 자산으로 인식해서 계속 진화 발전시키고 전사적으로 공유할 수 있는 체계를 만들어야 한다. 현장에서 직접 디지털 전환을 추진할 현업 업무 도메인을 잘 아는 Data Scientist를 집중해 육성해야 한다.

전사의 모든 팀 단위 조직은 무조건 1개 이상의 팀 자체 개발 AI를 보유하고 이를 전사적으로 공유할 수 있어야 한다. 향후 팀 조직의 성과는 AI의 활용도 평가 결과가 반영될 수 있어야 한다. AI를 잘 활용하는 팀 조직이 좋은 평가를 받을 수 있도록 평가 체계를 디지털 전환 시대에 맞추어서 변경 설계해야 한다. 이제 미래 성과를 만들어 내면서 좋은 평가를 받는 팀은 스스로 AI를 만들고 활용해 성과를 만들어 내는 조직이다. 만든 AI를 전사에 공유하고 다른 팀들이 이를 활용할 수 있게 하는 조직이다. 만든 AI를 지속해 개선하고 확장해 가는 조직이다. 팀 업무를 사람과 AI가 공동으로 수행하면서 사람과 AI가 같이 진화해 가는 조직이다. 이러한 팀에 그에 준하는 보상을 주어야 전사에 이런 팀들이 확대될 것이다. 아직은 기술적으로 또는 지원 인프라 차원에서 이를 팀 레벨에서 전적으로 수행하기가 어렵다. 그런 이유로 전사 차원에서 기술적 지원팀과 생산성을 높일 수 있는 인프라가 공통으로 준비되어서 현업 팀을 지원해야 한다. 전사적으로 현업 팀 조직의 디지털 전환을 지원하는 TFT가 CEO 직속으로 육성되어 있어야 하고 이를 현장에서 추진하는 데 있어서 이를 지원하는 자동화 인프라가 준비되어 있어야 한다. 클라우드는 애플리케이션 레벨에서 현대화가 되어 있어야 하고 필요한 데이터는 언제든지 실시간으로 가공해서 활용할 수 있어야 한다. 블록체인과 관련해 유용 케이스가 운영되고 있어야 하며 다양한 SaaS들이 활용되고 확대되어 가야 한다.

현재의 도메인을 아는 Citizen Data Scientist 들이 육성되어 있어서 각 팀이 자체 인력으로 AI를 만들고 운영할 수 있어야 한다. 이러한 모든 추진의 산출물이 전사 관리 인프라에 저장되고 모두에게 공유될 수 있는 자산으로 관리되어야 한다. 그래야 글로벌로 경쟁력 있는 디지털 전환 기업이 탄생하게 될 것이고 그러면 어느 순간 기업이 경쟁자들이 쉽게 따라갈 수 없는 시장 경쟁력을 갖게 된 것을 알게 될 것이다. 비로소 4차 산업혁명에 준하는 기업의 비즈니스모델을 혁신하는 기업이 탄생하게 될 것이다. 그 과정에서 우리나라의 미래를 보장하는 새로운 사업모델이 탄생할 것이고 이 분야는 글로벌에서 경쟁력이 있는 우리의 미래가 될 것이다. 범용 초거대 언어모델 만드는 일보다 이 분야에 집중해 투자하는 것이 우리가 제조업, 반도체 이후 4차 산업혁명 시대 글로벌 선도 국가가 되는 매우 현실적인 방법이라고 생각된다.

4부

기업의 미래 디지털 전환 모습에 대한 통찰

AI 기반 지능화 구현으로 디지털 전환 성과 만들기, No Code AI

AI를 통한 혁신은 No-Code AI에서 온다고 생각한다. 디지털 겨울은 AI 분야에서는 No-Code를 통해서 극복될 것이다. 그러므로 이 겨울에 우리가 준비를 견고하게 하려면 AI의 No-Code 시대에 대비해야 한다. 키워드는 AI No-Code, AI를 만드는 AI, AI 자동화 플랫폼이다. 세계 최고의 AI No-Code 플랫폼을 만들어서 글로벌 빅테크들이 이를 사용하게 해야 한다. AI 실전 활용 경제성을 가능하게 하는 분야에 집중해야 하고 그 첫 번째가 AI No-Code 분야이다.

아주 오래전부터 사람이 사용하는 언어와 컴퓨터가 이해하는 언어는 달랐다. 사람은 프로그램 코드를 통해 컴퓨터와 Communication을 해 왔고 이 프로그램 코드 생성 과정은 오랜 기간 생산성이 없는 영역이었다. 산업혁명에서 공장 자동화로 산업화가 급격히 만들어지고 이를 기반으로 산업혁명이 일어났듯 지능화 영역의 혁신은 프로그램 영역에서 프로그램이 필요 없는 AI와 AI를 만들어 내는 AI 혁신이 산업혁명을 만들어 낼 것으로 생각한다. 증기의 발견은 제품 제조생산 자동화를 가속시켰다. 증기의 발견으로 제조생산 자동화 과정의 경제성이 확보되었다. 그리고 이 과정이 산업혁명으로 이어졌다. 지능화를 만들어 내는 AI 경우도 경제성이 관건이며 AI No-Code 발견이 지능화를 가속 시킬 것이다. 이 발견이 4차 산업혁명을 만들어 낼 것으로 생각한다.

지금의 언어모델 또는 생성 모델은 큰 진전이 있고 다양한 산업적 변화가 만들어질 기반이 될 것이며 그로 인한 새로운 사업모델이 창출될 것이지만 아직 기술 수준이 충분하지 않아서 이 부분의 기술 수준이 올라오기 전에 나타나고 있는 현재 AI 붐에 대해 저자는 오히려 지금의 과도한 기대에 기반한 AI 붐이 또 다른 겨울을 더 깊게 만드는 계기가 될 수도 있다는 생각이 든다. 큰 기대는 큰 실망을 만들어 내고 회복에 더 큰 노력이 든다. 이러한 기대와 실망의 반복을 인위적으로 변경할 수는 없고 기대치를 낮추고 이 반복되는 겨울을 No code AI 분야에서 잘 준비하고 발전된 비즈니스 로직을 축적해 가며 AI 역량을 발전시켜 가야 할 것이다.

다시 지능화의 역사를 생각해 보면, 1956년 처음 AI 개념이 나온 후로 여러 번의 AI 겨울이 있었다. 1986년 역전파 학습알고리즘의 발표, 1997년 IBM 딥블루의 체스 경기 승리, IBM Watson의 제퍼디 퀴즈쇼 우승, 2012년 AlexNet의 세계 이미지넷 우승, 2014년 알파고 바둑 승리, 2023년 생성형 AI까지 가슴 뛰게 하고 곧 AI가 세상을 바꿀 것 같은 이벤트가 있고 나서 AI 겨울은 꼭 찾아왔다. 이번 초거대 AI 언어모델 및 생성형 AI도 마찬가지로 비슷한 과정을 겪을 것 같기는 한데 이번엔 다를지 좀 지켜봐야 할 것 같다. 물론 겨울이 오고 그 사이클이 반복되면서 AI는 계속 발전해 간다. 그 주기도 단축되며 발전한다. 과거 역사에서 다시 종합적으로 생각해 보면 기술의 발전보다 중요한 것은 AI 현장 적용의 경제성이다. 기술의 미성숙을 인정하는 인간과 AI의 협업과 AI 생성의 자동화 및 No Code 접근이 AI 지능화로 산업 전체를 변화시키는 4차 산업혁명을 가능하게 할 것이다.

과도한 기대는 버블로 이어지고 발전을 오히려 늦어지게 하는 부작용이 있기에 미래를 당길 준비를 착실히 하고 실전 적용의 경제성에 집중

고민이 있어야 한다. 분야를 정해서 잘 준비하면 우리나라의 관련 인재를 고려해 볼 때 AI가 중공업, 반도체에 이어 우리나라에 중요한 미래 산업이 될 수 있다. 집중하고 육성해야 하는 AI 분야를 다시 정해야 한다. 반복해서 강조한다. 지금 개발 중인 범용 초거대 AI의 국산화는 아닌 듯하다. 통찰력 있는 분야 리더들의 활약을 기대해 본다.

저자가 처음 AI 알고리즘을 접한 것은 2017년 IBM과 왓슨 비즈니스를 한국에서 수행하기 위해서였다. 지난 30여 년간 IT서비스 산업에서 많은 과제를 수행해 온 경험으로 프로그램 코딩을 데이터가 해 주는 AI의 역할은 큰 충격이었다. 그리고 이것이 미래라고 생각했다. 또한 AI를 전공했다는 학계 전문가들도 이 분야가 매우 넓어서 자기 전공 분야를 벗어나면 많은 것을 다시 공부해야 하는 특징이 있고 특히 논문 또는 실험실을 벗어나면 비즈니스 실질 성과를 만들어 내기가 어렵다는 것을 알게 되었다. 연구실 AI 알고리즘만으로는 비즈니스 성과를 만들 수 없고 관련 전체 사이클 즉 AI의 전 생성과 운영 과정의 혁신이 있어야 한다는 것도 알게 되었다. 과거와는 달리 오픈소스 생태계가 활성화되어서 핵심 알고리즘에 대해서는 별도로 연구하지 않아도 그 접근이 매우 쉽다.

AI 영역에서 실험실 성과와 파일럿 성과는 잘 만들어 내는 것에 비해 현장 성과를 실질적으로 만들어 내지 못하고 투자가 계속되게 하는지에 대한 의문도 풀리기 시작했다. AI는 연구실을 나오면 알고리즘 그 자체만으로는 비즈니스 현장에서 성과를 만들어 내지 못하고 아직은 경제성이 없다는 것을 분명히 이해했다. 연구실 밖으로 나온 AI가 사업으로 만들어지는 사례들이 조금씩 나오고 있기는 하다. 하지만 생태계 전체를 혁신해야 하는 과제들은 여전히 미흡한 상태에서 시대적 흐름에서 AI를 통한 성과 만들기 기다림이 계속되고 있다. 아직 그 결과는 막연한 기대속에 언제까지일지 알 수 없는 상태에서 자원이 계속 투입되고 있다고 생각된다. AI를 통해서 비즈니스 성과를 만들 수 있다는 것은 증명되었다. 그다음은 적용의 경제성을 확보하고 지속성을 확보하여 일상의 프로세스로 내재화하는 것이 과제이다. 여러 가지 의견이 있을 수 있지만 No code를 기반으로 한 AI 생성과 운영 생산성에 집중해야 한다고 생각한다. 앞에서 언급한 디지털 겨울의 원인인 AI 실전 적용의 경제성을 확보하는 것이 가장 중요한 이슈이다. AI 자동화 플랫폼과 No Code 생성영역이 AI 현장 적용의 경제성 이슈를 해결할 수 있다.

즉시 실행 과제, 인간과 AI의 협업 체계 구축에 집중

앞에서도 언급했지만 AI 산업 전반을 펼쳐 놓고, 글로벌 동향을 분석하고, 엔지니어와 경영진이 함께 토론하며 투자 분야를 신중히 결정해야 한다. 보통 기업에서 신규 기술 분야에 대한 투자를 결정할 때 오류가자주 발생하는데, 투자 보고서 작성자가 의사 결정자의 의도를 파악하고그에 맞추어서 의사 결정 보고서를 작성하는 경우가 있고 특정 전문가의 편중된 의견이 과도하게 의사 결정에 반영되는 경우가 있다. 사실 의사 결정자들이 산업에 대해 깊은 통찰을 기반으로 투자하는 사례도 있지만 기술과 생태계의 큰 흐름과 비전에만 많이 의존하여 결정한다. 적중 가능성이 떨어지는 이유이다. 요즘 AI와 같은 기술에 투자는 거시적으로 이를 거부하기 어렵고 사실 뭐라도 투자해야 할 것 같은 분야이다.

하지만 세부적으로 들어가면 투자의 분야가 매우 세분으로 나누어지고 기업 상황에 맞춘 다양한 선택지가 존재한다. 즉 디테일로 들어가야 의미 있는 의사 결정이 가능하다. 이러한 의미 있는 디테일한 의사 결정을 위해서는 의사 결정자가 실행 레벨의 통찰력이 있어야 한다. 엔지니어에게만 맡기면 안 되는 의사 결정 영역이다. 이러한 투자가 운이 좋아서 성공하는 예도 있지만 그 결과가 좋지 않은 사례가 많다. 정말 통찰력이 있는 존재감 있는 의사 결정자의 판단이 있는 경우가 아니면 관련 분야 전문가들의 충분한 열린 토론을 통해 그 분야를 결정해야 한다.

AI 분야에서 범용 초거대 AI는 다소 시기를 놓친 느낌이다. 지금 국내 기업 정도 규모의 투자로는 처음부터 가능하지 않은 것으로 보인다. 투자비 회수가 안 될 것이 우려된다. AI에 투자하지만 빅테크가 집중하지 않고 우리의 산업 특성상 잘할 수 있는 기반이 있는 영역을 찾아야 한다. 산업계 현장 리더의 통찰력을 강조하는 이유이다. 최근 기술의 특징 및 글로벌 빅테크의 사업 방향을 고려해 볼 때 현재 단계에서 우리 기업이 사업화해 볼 수 있는 기업의 AI 사업모델은 범용의 초거대 AI가 아니고 특정 산업 분야별로 특화된 AI 알고리즘 영역과 인간/ AI 협업을 완성하는 협업모델임을 다시 강조한다. 어느 영역에서도 AI 활용은 현재 사람의 개입이 필요하다. AI가 자기 완결적으로 할 수 있는 일이 아직은 없다. 현재 AI는 아무리 완성도가 높은 영역에서도 모두 인간의 작업을 돕는 수준이다. AI의 결과물만으로 방아쇠를 당길 수는 없다. 당분간은 AI와 인간의 협업에 투자해야 한다. 특히 산업별 전문가들은 AI보다 우수한 지적 역량을 오랜 사업수행 경험을 기반으로 축적 보유하고 있다. 이러한 인간 전문가의 오랜 사업수행 경험으로 축적된 지식을 AI에 자기 완결적으로 학습시키는 것은 당분간 불가능하다. 불완전한 AI와 불완전한 사람의 협업이 오히려 많은 난제를 경제적으로 생산성 있게 적시에 해결할 수 있다. 이러한 AI와 전문가의 협업을 만들어 가는 기업이 성과를 만들고 더 발전된 자기 완결성이 높은 AI를 만들어 낼 것이다. 앞으로 기업에서의 인재는 AI를 잘 사용하는 사람이고 이를 거부하는 사람은 AI에 의해 대체 될 것이다. 현재 사람의 역할 부분을 지속해서 AI로 자동화해 갈 수 있다. 처음에 AI는 사람의 보완재 역할을 주로 하겠지만, 시간이 지나면서 자기 완결적 AI를 만들어 내는 시기를 단축할 수 있고, 이러한 사람과 AI의 협업을 통한 문제 해결 과정에서 작은 성과를 만들어 내며 AI 겨울을 극복해 갈 수 있다.

지금은 범용 초거대 AI를 만든다고 국내 개별 기업들이 각자 글로벌 기업을 따라가지 않았으면 좋겠다. 연습 삼아 해 보기에 너무 큰 투자가 수반된다. 국가 주도의 언어모델을 개발해 공유하는 체계를 만들고, 개별 기업은 공공의 국가 초거대 AI를 기반으로 글로벌 기업들과 협력해서 AI 알고리즘 특화해 가고, 인간의 협업을 준비해서, AI가 현장에서 그 역할을 검증해 가게 하는 사례를 만든다면 훌륭한 미래 AI 사업모델을 만들어 낼 수 있을 것이다. 우리나라만의 경쟁력 있는 AI 산업의 혁신 사례 모델이 나올 것이다. AI 연구실 엔지니어와 함께 기술에 대한 깊이 있는 통찰력이 준비된 경영 의사 결정자가 만나서 같이 성과를 만들지 않으면 자원과 시간만 쓰게 될 것으로 보인다. 글로벌 현실을 직시하고 그에 맞는 상황에서 돌파구를 찾아야 할 것이다. 지금이 적합한 시기이다.

예를 들어 많은 고객센터 업무에서 고객을 응대하는 업무도 간단한 응대조차 AI가 자기 완결적으로 고객을 응대할 수 없다. 사람이 잘할 수 있는 일을 AI는 너무 힘들게 하고, AI가 쉽게 할 수 있는 일인데 사람에게는 너무 어려운 일들은 기업 현장에서 혼합되어 발생한다. 하지만 우리는 현장에서 AI와 같이 문제를 풀어 가는 것 너무 미숙하다. 이 부분이 포인트이다.

범용 초거대 언어모델들이 Public 클라우드 기반으로 SaaS 서비스화 되고 있다. 각 기업의 상품전략과 고객 응대 전략을 AI에서 학습시키기에는 아직 제한이 많다. 비용 문제도 있지만 보안 문제가 중요하고 특히 자사 환경에 적합한 나만의 AI를 만들어 내는 것이 아직은 쉽지 않다. 즉 기업에서 비교적 단순 반복 업무에 해당하는 고객센터의 고객 응대 업무도 현재의 AI는 보조적인 역할을 할 뿐 온전히 의미 있게 해결해 줄 수가 없다. 고객센터 상담원의 업무를 지원해 주어서 생산성을 높여 줄 수는 있지만 단 1명도 완전 대체는 불가하다. 그냥 개인의 좀 똑똑한 서치 엔진으로 활용이나 문서작성 등에 활용할 뿐이다. 아직은 기업 활용에는 문서작성, 자료 찾기 S/W의 보조기능으로 활용이 거의 전부인 듯하다. 하지만 이 부분은 빠르게 발전할 것이다. 이때 우리 AI 산업은 무엇을 할 것인가? 그때도 계속 범용 초거대 AI 모델 만들고 각종 Solution은 글로벌 기업에 의존하거나 경제성이 없이 자체적으로 각자 파일럿 프로젝트만 하고 있을 것인가?

Digital Native 플랫폼 회사 등 일부 Digital 선도 회사에서는 현재에도 많은 영역에서 AI가 사람을 대체할 것으로 예상되지만 일반 기업에서는 아직 시간이 필요하다. 아주 오래 걸릴 수도 있다. 언어모델만 아니라 AI 알고리즘 대부분의 상황이 비슷하다. 많은 기업이 경쟁적으로 지난 몇 년간 고객 응대 생산성을 위해 챗봇을 도입했다. 하지만 현재 결과는 챗봇을 통한 고객 응대가 활성화되거나 챗봇을 통해 고객 상담업무를 상당히 감소시켜 주었다는 명확한 결과는 확인이 다소 어렵다. 또 많이 추진했던 영상 AI 분야도 상황은 비슷하다. 저자는 몇 년 전 뇌출혈을 AI가 판독해 내는 AI 프로젝트를 추진 한 적이 있다. 뇌출혈은 대부분 응급상황인데 응급실 전문 분야의 의사 부족으로 AI가 판독하면 많은 응급 환자를 구할 수 있다고 생각했다. 사업적으로도 큰 의미가 있을 것으로 생각했다. 하지만 이 추진도 사업성이 없었다. 우선 AI를 학습시키는 데 너무나 많은 시간과 비용이 투입된다. 즉 만드는 데 큰 비용이 들지만, 병원은 그 비용에 맞는 대가를 줄 수가 없다. 의사가 한눈에 확인할 수 있는 내용을 학습하는 데 너무나 많은 자원이 소요된다. 이세돌과 AI의 바둑에서 이세돌은 그냥 일상생활 하다가 와서 둔 바둑이 AI는 데이터센터 몇 개를 돌리는 자원을 소비하며 진행한 것과 같은 개념이다. 지금까지 많은 기대를 안고 수없이 많은 AI 프로젝트를 진행했으나 기대한 만큼의 성과를 만들어 낸 프로젝트는 없었다. 주원인은 AI의 경제성이었다. 그래서 저자는 AI를 만드는 AI, AI의 자동화, No Code AI, 인간과 AI 협업을 강조하는 것이다.

금융 기관에서 부실기업 평가 AI, 보험 불완전판매 확인 AI, 주가 예측 AI 등과 제조기업에서는 품질 불량 판정 AI, 화합물 합성 통한 후보물질 발굴 AI, 의료기관에서 뇌출혈 판독 AI, 항생제 추천 AI 등등 모두 기대와는 달리 AI 독자적으로 문제를 해결해 내지 못했다. 완전히 자기 완결적으로 문제를 풀어내는 AI는 아직은 너무나 많은 시간과 자원이 소요되었다. 상기에서 언급한 모든 내용은 AI에 대한 기대치는 높고, 실제 현장 적용성은 경제성 측면에서 아직 갈 길이 멀어서이다. 새로운 생성형

AI의 발표가 성과에 대한 또 하나의 실망을 만들어 낼 가능성이 있다. 그것은 또 다른 AI의 겨울이라고 부를 수 있다. 하지만 저자는 최근 시도되고 있는 AI를 만드는 AI, No Code AI 등 이 반복되는 겨울을 지나서 성과를 만들어 낼 가능성에 대해 기대가 있고 이를 현장에서 적극 실행해 볼 생각이다. 기대가 너무 큰 영역이다. 기업의 해결 어려운 문제는 대부분 매출이나 비용과 직접 연계되어 있다. AI 적용의 경제성을 확보하여 기업의 수익성에 직접 영향이 있는 문제를 해결하는 노력을 적극 추진할 것이다. 성공하면 이것이 4차 산업혁명이다. 특히 인간과 AI의 협업 극대화를 위한 방법에 대해 집중할 것이다.

지능화 구현, AI가 지능화 전반에 미치는 영향에 대한 통찰

결국 제반 인프라 비용을 낮추고 AI 학습에 사람의 개입을 최소화하는, 즉 AI를 만들고 유지하는 원가를 최소화하는 시도가 현실적으로 적용할 수 있게 만들어져야 한다. 이는 기술혁신으로 가능한 부분이지만 동시에 제반 시스템과 연계되어서 함께 돌아가야 하는 문제이기도 하다. 지금처럼 이벤트성으로 만들어지고 운영되는 상황에서는 기술 발전이 산업혁명으로 연결되기 어렵다. AI에서 상시 운영되는, 한마디로 생산성이 나오는 AI를 만들기 위해 무엇을 해야 하는지 정하고 이를 실행하는 기업이 AI 산업에서 지형을 바꾸는 주도자가 될 것이다.

예를 들어 과거 사례를 보면 독일 소프트웨어 기업인 SAP가 아직도 ERP 시장에서 그 존재감을 지배적으로 보이는 것은 왜 그런가? 그 분야에서 독보적인 부가가치를 만들고 있고 미국의 어떤 빅테크도 이를 대체하고 있지 못하기 때문이다. AI 분야에서 한국도 이러한 상품과 서비스를 만들 수 있다. 생태계에서 적용의 경제성과 부가가치를 높이는 자동화 도구를 만들어 내는 것이다. 이 도구에는 오랜 비즈니스모델의 혁신이 축적되면서 이를 기업과 개인이 현장에서 유효하게 활용할 수 있는 그 무엇인가 체계와 Solution을 만드는 것에 집중해야 한다.

예를 들어서 범용 초거대 AI, 즉 생성형 AI를 기업과 개인이 실제 과제에 활용하기 위해서는 아직 보강되어야 할 많은 것이 있다. 즉 부가적인 도구들이 필요하다. 반도체 산업에서도 우리 기업은 메인 프로세서의 처리를 지원하는 메모리에 집중한 것이 지금의 의미 있는 반도체 강국을 만들지 않았는가. 남들이 하지 않는 특정 분야를 정하고 그 생태계의 핵심 Value Chain에 진입하여 이를 혁신적으로 만들어서 대체 불가하게 만들어야 한다. 이 분야에 자금을 투자하면 중요한 산업 하나를 만들어 내고 글로벌 AI 생태계에서 중요한 위치를 확보하게 될 것이다. 지금 우리가 집중해야 하는 영역은 초거대 AI와 같은 엄청난 투자가 들며 경쟁이 빅테크들과 치열한 범용적 AI가 아닌 우리 산업이 이미 갖고 있는 경쟁력이 있는 산업의 특정 과제에 맞춘 특수목적 AI를 만드는 것에 집중해야 한다.

우리나라는 많은 분야에서 매우 훌륭한 업무 노하우를 갖고 있고 인적 자원이 매우 우수하다. 예를 들어 상거래 플랫폼의 경우 매우 빠른 배송은 글로벌 비슷한 사례를 찾아보기 어려울 만큼 강점이 있다. 이러한 빠른 배송은 효율적인 처리 프로세스 외에 데이터를 기반으로 한 AI의 지원이 필수이다. 이러한 부분을 Digital 자산화하여 글로벌에 공급하면 매우 경쟁력 있는 시장 리더 될 수 있다. 이를 데이터로 만들어서 AI를 특수목적 지향적으로 학습시킨 AI를 만들어 내야 한다. 신선식품의 새벽 즉시 배송이 가능한 AI를 만들면 이는 글로벌 시장에서 통하는 AI 제품이 될 것이다. 다른 경쟁자들이 쉽게 만들 수가 없다. 앞으로 AI는 범용 AI를 기반으로 한 공통 AI와 기업의 노하우가 학습된 특수목적 AI로 나누어질 것이며 우리가 집중해야 하는 AI는 특수목적 AI이다. 지금 국내 각 기업에서 개별 진행하고 있는 범용 초거대 AI 프로젝트를 국가 차원에서 통합하고 이를 국내기업에 공개하고 공공의 초거대 AI 기반으로 기업들이 혁신적이고 창의적으로 범용 AI와 특수목적 AI를 통합 연계하는 사용자 경험 기반 친화적 인터페이스 개발에서 우위를 점해야 한다. 특수목적 AI는 이를 SaaS 서비스화해서 비즈니스 로직을 계속 반영해 고도화하면서 상품/서비스화한다. 충분히 글로벌에서 통할 수 있다. 글로벌 기업이 우리가 만든 SaaS 형 AI를 그들의 업무에 활용하게 될 것이다. 지금 독일 SAP가 전 세계 ERP 시장을 점유하듯이 대한민국의 AI SaaS가 특수목적 AI 시장을 점유하게 될 수 있다.

그다음 할 일은 범용 AI와 특수목적 AI를 활용해 사람이 일하는 방식을 혁신해 가는 인간과 AI 융복합 시스템을 만드는 것이다. 마케팅, 영업, 생산, R&D 등 여러 분야에서 협업 체계를 만들 수 있다. 고객센터를 예로 들어 보겠다. 대부분 고객센터에서는 걸려 오는 전화를 고객이 기다리지 않고 응대하는 서비스를 제공하기가 어렵다. 항상 고객은 상담원과 통화하기 위해 기다려야 한다. 이를 보완하기 위해 만든 고객 응대 챗봇은 너무 기초적이고 정해진 답만 하기에 챗봇을 통해 고객의 문제가 해결되지 않는다. 하지만 범용 AI와 특수목적 AI 그리고 상담원이 융합되면 고객 응대 시나리오가 달라진다. 고객이 전화하면 일반적 기초적인 질문은 범용 AI를 통해서 응대한다. 고객 질문의 50% 이상이 단순한 질문이기 때문에 지금 생성형 AI 수준의 응대 역량이면 50% 이상의 질문은 대응이 가능할 것이다. 여기서 해결이 되지 않는 질문이나 요청은 특수목적 AI가 응대한다. 회사에 매우 특화된 질문이나 요청은 특수목적 AI가 담당한다. 이때부터 사람 전문가가 개입을 시작한다. 1차 범용 AI에서 대응이 안 된 것들은 그 문제가 복잡할 가능성이 높고 중요한 고객의 요청일 가능성이 있다. 그래서 사람은 특수목적 AI의 응대를 지켜보고 있다가 적절한 시기에 개입해서 문제를 해결한다. 이때 인간 상담원은 특수목적 AI의 지능화된 검색 역량이나 추천 역량에 도움을 받을 수 있다. 고객센터 요청에는 간단한 문의와 복잡한 요청이 복합적으로 공존할 가능성이 높다. 이 경우 요청 시작부터 요청 마무리까지 범용 AI와 특수목적 AI 그리고 사람 상담원이 협업하면 가장 비용효율적으로 고객만족도를 높이는 고객 응대가 가능해진다. 상담센터 2선의 상담원이 AI 상담의 매니저가 되는 셈이다. 사람이 AI를 통제하는 체계이다. AI를 잘 통제하는 사람이 인재이다. 지금까지 존재하지 않았던 고객 응대 체계이다. 그래서 지원시스템, 프로세스, 역할 정의 등 새로운 고객 응대 체계에 대한 설계가 필요하다. 그 체계에는 다양한 도구들이 필요하게 될 것이다.

앞에서 간단한 사례를 이야기했지만, 저 모습이 우리나라 AI 산업이 추구해야 하는 현실적인 방향이라고 생각한다. 지금부터라도 AI 산업에서 우리의 역량과 글로벌 빅테크들의 방향성을 고려해 특화된 분야 선정과 접근방식을 정하고 조용히 밀어붙여야 한다. 이미 다소 늦은 범용 초거대 AI 영역은 글로벌 빅테크의 인프라를 최대한 활용하고, 그 인프라를 잘 활용할 수 있게 하는 부가가치 있는 제품과 서비스에 투자를 주력해야 한다. 병행해서 우리는 특수목적 AI를 전략적으로 육성해 가야 한다. 쉽게 경쟁자가 따라올 수 없는 업무 지식 노하우가 녹아들어 간 특수목적 AI를 국가 AI 자산으로 계속 쌓아 가야 한다.

하나의 AI 알고리즘이 개발되어서 배포되고 현장에서 활용되기 위해서는 데이터 수집, 저장, 정제, 학습 데이터 생성, 학습, 튜닝, 확정, 배포, 수정 등등 많은 과정을 거쳐야 한다. 이런 과정이 자동화되지 않으면 만들어진 AI 알고리즘은 그저 파일럿 시스템이고 지속해 사용할 수 없거나 계속 만들어 내는 것에 너무 큰 비용이 소요되어서 지속성이 없을 가능성이 높다. AI가 기업의 지능화를 구현해 가는 회사를 한번 상상해서 설명해 보겠다. AI가 상시로 활용되기 위해서는 AI를 만드는 과정이 최대한 자동화되어 있어야 한다. AI를 AI가 만드는 수준으로 자동화하고 데이터 레이크, 데이터 파이프라인, AUTO ML 등 관련 인프라를 갖추고 있어야 한다. 데이터 레이크가 준비되어 있고 필요 데이터가 실시간 또는 배치로 계속 유입된다. 데이터 유입의 변화가 곧 시장환경의 변화이다. 유입되는 데이터의 변화를 실시간 감지하면 민감성 있게 시장 변화에 대응할 수 있다. 데이터 큐레이터가 있어서 AI 학습에 필요한 데이터를 계속 정의하고 이를 확보하기 위한 소스를 분석한다. 데이디 레이크는 항상 최신의 상태를 유지해 가며 데이터를 공급해 준다. 데이터 레이크로부터 AI 학습 데이터를 만들고 이 학습 데이터는 다른 AI 학습에 활용되기 위해서 Asset으로 축적되어서 다음 학습 시 데이터를 만드는 시간을 최소화할 수 있는 상태로 공유된다. 특징이 잘 정리된 학습 데이터

Set도 중요한 기업의 자산이 된다. 대량 데이터를 통해 비지도 학습에 의존하면 학습의 효율이 저하되기 때문에 지식 그래프를 만들어서 전문가가 갖고 있는 업무 노하우 범위의 데이터를 정의하고 이를 AI 지도학습에 활용하면 학습의 효과성을 높일 수 있다. 여기서 활용된 지식 그래프는 회사의 중요한 자산으로 특수목적 AI를 만드는 데 활용될 것이다. AI 알고리즘의 선택과 학습도 각 사의 AI 플랫폼이 자동으로 실행하고 배포한다. 유입되는 데이터의 변화는 알고리즘 변화의 필요성을 의미한다. 따라서 유입되는 데이터의 변화를 감지해 자동으로 AI 알고리즘을 갱신 재배포하게 된다. 이렇게 데이터의 수집부터 AI 알고리즘 생성 및 갱신까지 자동으로 돌아가야 지속성 있게 AI를 회사의 프로세스로 정착시킬 수 있다. 다른 방법은 없다. 곧 다가올 AI 겨울에 우리는 상기 과정을 준비해야 한다. 그러면 AI 산업에서 글로벌 Player가 될 수 있다. 기존 전통산업에서 AI를 통한 지능화 기업으로 다시 탄생할 수 있다.

종합해 보면 AI는 4차 산업혁명의 주요 기술이다. 공장 자동화로 만들어 낸 제품 생산의 경제성 혁신이 4차 산업혁명에서는 지능 생산의 경제성 혁신으로 만들어질 것이다. 그동안 디지털 전환은 아날로그를 디지털로 전환하는 것이 혁신이었다면 지금부터는 전환된 디지털에서 지능화를 만들어 내는 혁신이다. 다만 지능화를 만들어 내는 방법 그 자체는 학문적으로 어느 정도 결실이 있다. 지금은 지능화를 만들어 내는 경제성과 주변 시스템과의 통합 및 인간 전문가와의 협업 체계에 집중해야 하는 시점이고 우리나라와 기업은 이 분야에서 세계적 수준이 될 수 있다. 인공지능이라는 코드를 만들어 내는 생산성과 경제성이 산업혁명을 만들어 낼 것이다. 이를 위해서 지금 기업이 해야 하는 일은 전문성이 있는 Citizen Data Scientist를 최대한 육성해야 한다. 현업에서 사업의 도메인에 대한 이해도가 높은 인력들이 AI를 이해하고 활용하게 해야 한다. AI를 만들고 운영하는 체계를 최대한 자동화해야 한다. 데이터 레이크를 최신의 상태로 유지해야 한다. 인간과 AI가 협업하는 업무 처리 프로세스를 재설계해야 한다. 현장에서 적용되는 의미 있는 AI Use Case를 AI 플랫폼에서 자동화하여 경제성 있게 계속 만들어 가야 한다. 만들어진 AI Use Case는 재무적 성과를 만들어 내며 계속 진화한다. Use Case를 만들어 내는 AI가 결국 그 기업의 인재다. AI를 활용해서 기업이 혁신을 만들어 낼 수 있는 위의 방법을 잘 지원하는 것이 새로운 AI 산업이 될 것이고 우리 기업은 이 분야에서 리더십을 확보해야 한다. 늦지 않았고 충분히 가능성이 있다.

탈중앙화 구현,
블록체인 기술이 탈중앙화에 미치는 영향에 대한 통찰

중앙화와 탈중앙화는 상호 대립이 아니고 공존이 될 것이다. 블록체인 기술의 흐름은 중앙화 vs. 탈중앙화의 대립과 조화 속에서 발전하게 될 것이다. 지금까지 경제 세상은 중앙화 체계에서 움직였다고 하지만 이러한 중앙화로 인해서 권한과 이익이 플랫폼 또는 중앙기관에 집중되는 문제는 계속 과제로 남았으며 너무 중앙에 집중되는 것을 분산하고자 하는 탈중앙화 흐름은 사회 변화의 큰 축으로 자리 잡게 될 것이다. 인터넷 혁신으로 인한 플랫폼 사업자들의 등장과 발전은 산업의 지형을 크게 변화시키고 생활 방식을 바꾸었지만, 그에 익숙해지면서 점점 권한과 이익이 플랫폼 사업자들에게 집중되는 경향이 너무 뚜렷한 것으로 보인다.

2009년 비트코인 화이트 페이퍼로 세상에 나온 블록체인 기술은 지금도 그 기술의 가치에 대해 격렬한 논쟁이 계속되고 있다. 사토시의 최초 발표 백서에는 화폐라는 단어는 없다. 사토시는 개인 간 신뢰를 기반으로 거래가 가능한 e-cash로 정의하고 있다. 암호화폐라는 단어는 그 이후에 만들어졌으며 화폐라는 단어가 사회적으로 큰 주목을 받게 한 이유는 암호화폐라는 단어에서 화폐라는 단어였다고 생각된다. 사토시의 비트코인 발표 이후 이 개념을 기반으로 한 여러 블록체인 기술 응용 사례가 만들어지면서 블록체인은 산업의 변화에 중요한 혁신 아이콘으로 인식되기 시작했다. 인터넷 발전으로 기존 사업의 사업모델이 변화하고 주요 기업의 순위가 바뀌며 새롭고 놀라운 기업들이 탄생한 것은 이미 모두 알고 있는 사실이다. 블록체인 기술은 인터넷 위에서 구현되는 또 다른 산업의 지형을 크게 바꿀 혁신임이 분명하다. 5년 이내 블록체인 기술에 의한 산업의 사업모델이 변화하고 새로운 혁신기업이 탄생하게 되는 현상이 뚜렷해질 것이다. 블록체인 기술이 탄생한 것 정말 다행이다. 세계 최고의 디지털 전환을 만들어 낼 수 있는 우리에게는 당분간 다시 안 올 기회이다.

저자는 비트코인의 창시자인 사토시의 탈중앙화 시도는 그 영향력으로 볼 때 노벨 경제학상을 받을 수 있다고 생각된다. 세상을 지배하고 있는 중앙화 금융을 탈중앙화 금융으로 변화시킨다면 충분히 노벨상을 받을 가치가 있다고 생각된다. 사실 우리나라는 글로벌 경제 체계에서 중심 또는 중앙이라고 할 수 없다. 탈중앙화 경제 체계가 활성화되면 우리에게 더 유리해질 것이다. 탈중앙이 공존하는 경제 체계에서 우리 기업이 주류가 될 수 있다. 그러면 과연 현재 사회/경제 체계에서 탈중앙화 체계는 가능할 것인가? 정말 홍미로운 주제이고 향후 그 결과가 너무나 궁금하다.

블록체인 기술을 이야기할 때 토큰에 대해 생각하지 않을 수 없다. 블록체인 기술을 토큰 이코노미가 아닌, 토큰 이코노미가 없는 활용을 생각해 볼 수는 있지만 이는 기술적으로는 그냥 분산 데이터베이스 기술에 불과하다. 데이터는 그 저장이 효율성 측면에서는 분산보다 집중형 구조가 더 유리하다. 토큰 이코노미를 고려하지 않은 블록체인 기반 분산 데이터베이스의 적용 분야에서 의미 있는 산업 적용 사례가 나오지 않는 이유이다. 토큰에 대한 부정적인 시각이 아직 존재하지만, 탈중앙화에는 기본적으로 경제적인 개념이 핵심이고 그 경제 체계를 만들어 가는 것이 토큰 이코노미이기 때문에 블록체인의 활용을 말할 때 토큰 이코노미를 말하지 않을 수 없다. 일부 투자나 투기 용도로 인식되고 있는 것은 아주 일부분에 해당하며 토큰 이코노미가 블록체인 기반 탈중앙화에 가장 핵심이 된다.

구글, 메타, 네이버, 카카오 등 Web 2 시대에 탄생한 플랫폼 기업들은 외부 개발자, 서비스 제공자, 사용자를 연결하는 기능으로 높은 수익과 데이터를 독점하고 있다. 물론 이런 플랫폼 사업자들이 사업 초기 사용자와 서비스 제공자 등 생태계를 만들어 가는 데 많은 시간과 비용에 투자하고 있는 것도 사실이다. 하지만 그 확보 시기를 지나면서 누적되는 수익과 자원의 독점이 아주 강력하게 만들어지는 것이 Web 2 플랫폼 기업들의 현재이다. 이러한 Web 2 플랫폼 기업들의 독점을 탈중앙화해 생태계 참여자들이 나누어 갖도록 하는 것이 Web 3 기업의 역할이며 그 중심에 블록체인 기반 토큰 이코노미가 있다. 즉 비트코인으로 시작된 블록체인 기술에 의한 산업혁명은 토큰 이코노미에 의해 실현되고 있다. 미래에는 이러한 토큰 이코노미를 잘 설계하고 사업모델에 적용하는 기업이 산업계의 순위 지도에서 상위 그룹에 속하게 될 것이다.

블록체인에서는 자발적 참여자들의 동기부여가 핵심이고 이러한 자발적 참여자들에게 동기를 부여하는 방법이 토큰이다. Web 3 플랫폼에서 토큰은 거래용, 수익 배분용 및 거버넌스용으로 나누어질 수 있으며 보통 거래용으로 시작해 수익 배분용, 거버넌스용으로 진화하게 된다. 즉 플랫폼 내 거래에서 토큰을 주로 사용하는 것으로 시작하지만, 그 코인의 가치 상승으로 인한 수익과 플랫폼을 움직이는 각종 규칙의 결정에 참여하는 거버넌스 토큰의 역할로 확대된다. 특히 플랫폼 참여자가 토큰 이코노미에 의해 서비스 제공자이면서 동시에 사용자이고 소유자이며 정책결정자이기 때문에 블록체인은 Web 2 플랫폼 기업에 비해 더 빠른 속도로 네트워크 효과를 만들어 내게 된다.

향후 예상해 볼 수 있는 흐름은 블록체인 Native 기업의 탄생과 함께 기존 전통기업 또는 Web 2 플랫폼 기업들의 토큰 이코노미 적용 Hybrid 기업 모델이 주목받게 될 것이다. 지금 비트코인을 중심으로 한 디지털 가치 저장 기능과 다양한 알트코인에 내용도 모르고 하는 투기성 흐름도 끊임없이 새로운 것이 나오고 없어지겠지만 부정적 영향은 점차 줄어들 것이고 여러 기업에서 활용되는 기업용 토큰들의 활약을 기대해 본다. 한 가지 블록체인 토큰 이코노미 산업에서 주의 깊게 점검해 보아야 할 것은 탈중앙화를 주장하는 많은 블록체인 토큰 프로젝트들이 그 소유권이 주요 투자자 또는 일부 개발자들에게 집중된 경우가 있다. 이럴 때, 말로는 탈중앙화를 주장하고 있지만 실제 운영은 매우 중앙집중식으로 진행될 가능성이 있고 이는 매우 큰 위험성이라고 할 수 있다. 다시 강조하면 블록체인 기술은 탈중앙화에서 그 가치를 만들어 낼 것이기에 탈중앙화를 가장한 중앙화는 경계가 필요하고 이 부분에 면밀한 모니터링이 필요한 이유이다.

성공한 탈중앙화, 디지털 골드 비트코인에 대한 미래 전망

여기서 비트코인 전망을 잠시 이야기해 보겠다. 결론으로 비트코인은 디지털 골드가 될 것이다. 현재의 비트코인 Layer 1 네트워크로는 거래 속도, 확장성 등으로 화폐가 될 수는 없고 금과 같은 가치 저장의 디지털 자산이 될 것이다. 현재 자산 총액 기준으로 금이 1위이고 애플 시총이 2위이다. 현재 비트코인은 16위 전후를 왔다 갔다 하고 있지만 시총 1위 금과의 차이를 줄여 갈 것이다. 사실 디지털 금으로 비트코인은 현물 금보다 투자 차원에서 더 많은 장점이 있다. 거래에 국경이 없다. 발행의 경우 금보다 한정적이다. 가치를 분할하기 매우 쉽다. 이동성이 매우 훌륭하다. 특히 1억 2천 명 비트코인 보유자들의 가치 네트워크 효과는 새롭고 많은 사업모델을 가능하게 할 것이다.

2024년 ETF 승인으로 비트코인은 분명 새로운 가치의 국면으로 진입했고 반감기가 오는 2024년 상반기를 고려해 볼 때 ETF 승인 이후 주춤

하고 있는 비트코인에 대한 투자의 최적기로 조심스럽게 예상해 본다. 특히 비트코인이 공식 자산으로 인정받으면서 비트코인을 토큰 이코노미로 한 새로운 기업형 비즈니스모델이 주목받을 것이고 비트코인을 기반으로 한 Layer 2 토큰 이코노미가 주목의 대상이 될 것이다. 가까운 미래는 토큰 이코노미에서 비트코인의 탈중앙화된 가치 저장 역할과 비트코인을 기반으로 한 Layer 2 토큰 이코노미, 실물자산 연계 토큰 이코노미가 가장 유망한 Use Case가 나오는 영역으로 전망해 본다.

중앙화와 탈중앙화의 연결 통로 가상화폐거래플랫폼

블록체인 비트코인의 탄생과 함께 2010년쯤에는 다양한 대체 코인이 나오면서 2013~2014년 사이 전 세계는 ICO 열풍이 불었다. 다양한 알트코인이 탄생했고 세상에서는 곧 탈중앙화된 금융 시대가 만들어지는 듯했다. 많은 자금이 코인 산업에 투자되었다. 저자도 그때 블록체인 기술로 사업모델을 만들어서 단기로 성과를 만들어 보려고 시도하면서 많이 고민했었는데 그 당시 결론은 가상화폐거래소 밖에는 당장 사업화할 수 있는 사업모델이 생각나지 않았다. 가상화폐거래소는 당시 ICO 열풍과 함께 큰 성장을 만들어 가는 초기였고 그들이 제공하는 거래소 서비스는 매우 초보적 수준이었다. 기존 증권거래 시스템을 많이 구축해 본 경험에서 보면 너무나 초보 서비스 수준의 플랫폼이었다.

하지만 그 거래소 사업에 들어갈 수 없었다. 이유는 가상화폐 투기 및 버블과 같은 사회 부정 인식과 당시 ESG를 중요하게 생각하는 기업은 이 사업을 시작할 수 없었다. 당시 가상화폐, 코인은 매우 부정적인 단어였다. 저자는 언젠가 중앙화 세상과 탈중앙화 세상이 공존하는 시기가 올 것이고, 법정 화폐와 가상화폐가 공존하는 시기가 올 것이라 확신한다. 이러한 하이브리드 세상에서 거래소는 이 두 세상을 연결해 주는 브릿지 역할을 할 것이다. 브릿지 역할 과정에서 다양한 사업모델이 탄생할 것이기에 이를 선점하는 것이 중요하다. 기존 금융시스템과 가상의 탈중앙 금융시스템을 연결하는 플랫폼이 거래소에서 시작할 수 있다고 주장했으나 당시 사회의 부정적 분위기는 이 사업을 대기업이 시작할 수 없는 장애물이었다. 그때 더 공격적으로 밀어보지 못한 것이 지금 좀 후회된다. 현재 블록체인 산업에서 대표기업은 글로벌로 보아도 단연 가상화폐거래소이며 그 사업의 영역을 브릿지 플랫폼으로 확대해 가고 있는 것으로 보인다.

2014년이 지나면서 규제 당국에서 가상화폐와 ICO에 대한 본격적인 규제가 시작되었다. ICO 버블은 2018년까지 지속되었으며 2014년 이더리움이라는 새로운 프로토콜이 나오면서 블록체인이 추구하는 탈중앙화한 세상으로 가는 혁신은 큰 전환기를 맞게 된다. 비트코인에서는 불가능한 이더리움의 스마트 계약은 중간 통제자가 없는 탈중앙화 세상에서 프로그램 코드로 움직이는 탈중앙화 세상으로의 변화에 매우 혁신적인 발견이었다. 물론 지금은 비트코인에도 스마트 계약을 가능하게 하는 다양한 시도가 진행 중이며, 저자는 이 부분의 발전 가능성을 매우 주의 깊게 보고 있다. 스마트 계약이 가능해지면서 블록체인 기술의 사업모델은 De-Fi(분산 탈중앙금융)에서 큰 변화를 만들어 갔다. 지금은 산업의 규모가 계속 확대되고 있다.

이때 가장 주목받으며 등장한 것이 스테이블코인이다. 스테이블코인은 디지털 특성을 가진 현금이다. 가치 변동이 안정화되고 제도권 금융 즉 은행에 접근할 수 없는 전 세계 수없이 많은 저개발국 사람에게 금융 서비스를 제공할 수 있는 코인이 탄생했다. 블록체인 산업의 발전을 예측해 볼 때 스테이블코인의 역할은 매우 중요하게 작동할 것으로 보이며, 그 동향을 계속 주목해야 한다. 스테이블코인의 등장은 De-Fi의 시작이었다. 스테이블코인을 통한 탈중앙화된 대출 시장이 확대되었다. De-Fi를 통해서 수익을 창출하는 탈중앙화 금융은 미래 큰 사업으로 자리 잡을 것이다. De-Fi를 하려면 스테이블코인이 있어야 한다. 많은 블록체인 업계 큰손들은 알트코인에 투자하지 않는다고 한다. 대부분은 스테이블코인을 보유하고 이를 De-Fi에 투자해 수익을 만들어 간다. 스테이블코인이 자리를 잡으면 기존 법정 화폐를 통해 코인을 사고 코인을 현금화하는 과정을 최소화할 수 있다. 대부분 달러와 그 가치를 연동하기 때문에 스테이블코인은 사실상 달러와 같은 기능을 할 수 있게 된다.

그래서 블록체인 기술을 통한 토큰 이코노미의 구현에는 스테이블코인에 대한 이해가 매우 중요하다. 스테이블코인은 3가지 정도로 구분할 수 있다. 먼저 달러 또는 달러에 준하는 안정적 가치에 패깅하는 달러 스테이블코인이 있다. 테더, USDC, BUSD 같은 스테이블코인이다. 또 다른 한 종류는 알고리즘을 통해 그 스테이블코인의 가치를 유지하는 알고리즘 스테이블코인이 있다. 한동안 암호화폐 사기 논란을 만들었던 한국인이 만든 테라와 루나 코인이 알고리즘 스테이블코인이다. 1테라를 1달러에 연동하고 그 가치의 유지가 달러를 직접 확보하는 것이 아니라 루나라는 암호화폐와 가치를 연동시키면서 그 가치를 유지하는 알고리즘 기반이다. 한때 테라 코인은 연 20% 이상의 이자를 지급하며 큰 인기를 얻기도 했다.

2019년에는 메타플랫폼에서 "리브라"라고 하는 스테이블코인이 등장했고 이는 제도권 화폐를 위협하는 존재로 받아들여졌다. 미국 청문회에서 큰 도전을 받고 리브라 프로젝트는 없어지고 DieM이라는 달러 연동 스테이블코인으로 그 방향이 변경되어서 현재 프로젝트가 진행 중이다. 25억 명의 메타플랫폼 사용자들이 비자, 마스터 카드 결제 시스템과 연계되어서 사용되는 스테이블코인이 된다면 큰 영향력을 발휘하게 될 전망이다.

저자는 블록체인 토큰 이코노미에서 스테이블코인의 발전과 그 영향력에 매우 관심이 크다. 만일 대단히 안정적인 체계를 갖춘 스테이블코인이 나온다면 블록체인 산업에 아주 긍정적인 변화가 예상된다. 많은 논란 속에서 제도권 금융에서도 CBDC(중앙화은행 디지털화폐)가 시작되어서 현재까지도 진행 중이다. 각국의 중앙정부가 중심이 되어서 디지털화폐를 발행하는 프로젝트이다. 비트코인의 존재에서는 큰 위협을 받지 못했던 각국의 중앙은행들이 스테이블코인과 리브라의 등장으로 중앙은행을 중심으로 한 디지털화폐의 필요성을 인식하고 현재 그 타당성을 검토 중이거나 파일럿 프로젝트가 진행 중이다.

중국은 이미 디지털 기축 통화를 꿈꾸며 많은 진행을 이루고 있고 최근 미국도 2022년 3월 바이든 대통령이 CBDC 연구에 대한 행정명령을 내렸고 매 분기 그 진행 상황을 보고하도록 지시했다. 지폐 중심의 기존 법정 통화를 디지털 통화로 전환하는 것은 당연한 흐름으로 보인다. 하지만 스테이블코인의 등장으로 그 진행 속도가 빨라지고 있으며 특히 이를 블록체인 기반으로 구현하는 것을 당연하게 생각하고 있다. 블록체인 기반 CBDC가 향후 어떤 방향으로 자리를 잡게 될 것인지는 아직 좀 불투명하다.

블록체인 기반으로 간다면 기존 시중은행들의 역할은 상당히 변화가 예상된다. 화폐를 만드는 조폐공사는 없어질 것이고 중앙은행이 CBDC를 직접 발행하고 이를 사용자들에게 직접 배포하는 체계가 될 것이며 기존의 시중은행은 CBDC의 보관, 투자 업무 중심으로 전환될 것이다. 시중은행을 통하지 않은 개인 간 거래가 활성화되면서 금융거래의 편의성이 높아질 것을 기대하고 있다. 하지만 현금 사용의 가장 큰 장점인 익명성 보장이라는 측면은 어떤 방향으로 진행될지 아직은 불확실하다.

CBDC가 보편화되면 이제 우리는 현금을 아예 볼 수 없는 세상이 올 것으로 예상된다. CBDC가 활성화되고 비트코인의 디지털 금 역할이 계속될 것이기에 지금부터 여유 자금으로 비트코인을 계속 모아 가면 미래 자산 증식에 도움이 되지 않을까, 조심스럽게 예측해 본다. 블록체인 기반 토큰들의 중심 추구 사항인 탈중앙화 금융이 아니고 중앙화된 디지털화폐를 통해 기존 화폐의 불편함을 개선하는 정도로 진행될 가능성이 높아서 블록체인 기반의 탈중앙화 화폐와는 그 개념이 다르고, 아마 블록체인 토큰과 CBDC는 공존하게 될 것으로 예상된다.

CBDC 그다음 흐름은 De-Fi이다. 탈중앙화 금융이다. 자금을 예치하고 투자하고 대출하는 기존 금융에서 은행, 증권 등 금융 기관 없이 개인 간 자금의 예치, 투자 및 대출을 가능하게 하는 탈중앙화 금융이 아주 큰 산업으로 발전할 것이다. 생각해 보면 중앙 금융 기관 없이 신뢰를 보장하는 기술 시스템에 의해 개인 간 예치, 대출 등 금융거래가 가능하다면

은행 등이 취하는 높은 수수료를 모두의 수익으로 배분할 수 있다. 지금 금융 기관이 수행하고 있는 다양한 금융거래 서비스, 투자 서비스 등이 그대로 가상화폐 환경에서 이루어질 것이고 오히려 가상자산의 특성상 더 다양하고 동적으로 발전할 것이다.

다만 중앙 금융 기관이 제공하던 편의 서비스 등은 부족할 수 있다. 상호대체 관계인 것이다. 높은 수수료를 제공하고 중앙 금융 기관이 관리해 주는 금융 서비스를 이용할 것인가. 아니면 그 수수료를 참여자가 나누고 참여자의 노력으로 금융 서비스를 할 것인가. 아마 두 가지가 모두 존재할 것이다. 자산 포트폴리오상 두 가지를 모두 사용하는 참여자가 확대될 것이다. 향후 추세는 De-Fi라고 해도 중앙 플랫폼의 역할이 완전 탈중앙화가 아닌 계좌정보를 관리해 주는 등 반 탈중앙화 금융 플랫폼이 활성화될 가능성이 매우 높고 이 분야에 대한 투자가 저자는 현재 블록체인 산업에서 투자 1순위라고 예측해 본다.

여기서 현재 운영되고 있는 실제 어떤 탈중앙화 금융 서비스가 있는지 소개해 보겠다. 먼저 소개할 탈중앙금융 대표 플랫폼은 컴파운드(Compound)이다. 이더리움을 기반으로 예금, 대출 서비스를 하는 플랫폼이다. 내가 만일 현재 스테이블코인을 보유하고 있다면 스테이블코인을 컴파운드 플랫폼의 유동성 풀에 맡기고 높은 이자를 기대해 볼 수 있다. 이자율은 당시 유동성 풀의 규모와 대출을 하고지 하는 사용자들의 상황에 따라 변하게 된다. 기준금리를 정하는 중앙은행도 없고 시중은행도 없다. 단지 돈을 맡기는 사람과 빌리는 사람의 수요와 공급 비율에 따라 금리가 결정된다. 중간자의 역할이 상대적으로 적어서 금융 참여자들의 이익을 최대화할 수 있다. 중간자가 없이도 블록체인 기술을 바탕으로 신뢰성 있는 거래를 할 수 있다.

비슷한 탈중앙금융 플랫폼이지만 새로운 서비스를 하는 아베(AAVE)라는 플랫폼도 있다. 기본적으로 사용자를 직접 연결하고 거버넌스 토큰을 발행하는 구조는 유사하지만, 플래시론 이라는 재미있는 금융상품이 있다. 돈을 빌리고자 하는 사람이 대출받고 상환하는 전체 프로세스를 1개의 스마트 계약에서 처리한다. 즉 상환이 이루어지지 않으면 그 대출 스마트 계약은 블록에 기록되지 않기 때문에 대출 자체가 무효가된다. 따라서 담보가 필요 없는 무담보 대출 서비스이다. 단기 차익거래 등에 활용될 가능성과 다른 플랫폼의 공격용으로 사용될 가능성이 있지만 매우 흥미롭고 블록체인 네트워크에서만 가능한 금융 서비스상품이다. 이더리움을 갖고 있는 투자자도 이더리움의 가치를 높이는 것에 기대가 있는 것이 대부분이었지 이더리움을 빌려주고 투자수익을 기대하는 이러한 금융의 세상이 있다는 것은 대부분 몰랐을 것이다. 특히 경제를 움직이는 세대이면서 많은 자산을 보유하고 있는 50대 이상 경제 주체들은 더욱 이러한 탈중앙금융 존재조차 모른다. 이들이 탈중앙금융으로 적극 들어와야 De-Fi라는 완전히 새로운 거대한 경제 체계가 현실이될 것이다. 얼마 남지 않았다.

또 소개하는 흥미로운 탈중앙화 금융 플랫폼은 유니스왑(UNISWAP)이다, 기존 가상화폐는 중앙화된 거래소에서 거래되었지만, 유니스왑은 탈중앙화된 가상화폐거래소이다. 가상화폐를 구매하려는 구매자와 보유 가상화폐를 판매하려는 판매자를 직접 연결한다. 기존 금융권에서 발생하는 모든 금융거래가 탈중앙금융에서 개인 간 직접 거래를 가능하게 하는 탈중앙금융이 가능하고 블록체인 기술의 특성상 새로운 서비스를 접목하기가 매우 쉬워서 이를 레고블록 금융이라고 부르기도 한다. 이러한 탈중앙화 금융은 분명 중요한 산업으로 자리 잡을 것이다. 개인이든 기업이든 이에 대비하는 그 누군가가 혁신에 대한 보상을 받게 될 것이다.

메타버스 세계에서는 대체불가토큰(NFT)

그다음 알아야 하는 블록체인 자산이 대체불가토큰 NFT(Non fungible tokens)이다. 대체 불가능한 토큰이라는 의미이다. 그전에 발행된 토큰들은 모두 대체가 가능한 토큰이었다. 예를 들어서 1비트코인은 모두 같은 1비트코인이고 이를 서로 교환할 수 있다. 하지만 NFT는 각 코인이 모두 독자성이 있는 별개의 코인이다. 별개의 가치를 지닌 코인이니 서로 맞교환이 불가해서 대체불가토큰이라고 한다. 이러한 대체불가하다는 의미는 유일성을 의미하고 어떤 특정 자산을 의미한다.

예를 들어 어떤 디지털 그림이 있다면 그 디지털 그림에 해당하는 코인을 발행하면 그 디지털 파일에 해당하는 유일한 코인이 발행되는 것이다. 무한 복제가 가능한 디지털 세상에서 각종 디지털 자산의 가치를 보존해 주는 것이 대체불가토큰 NFT가 된다. 디지털 파일을 재무적 가치가 있는 자산으로 만드는 데 NFT의 역할은 중요하며, 블록체인 기술의 응용에 중요한 이정표가 되었다. 수없이 같은 복제가 가능한 디지털 파일에서 유일성을 보장해 주는 것이 어떤 의미가 있는 것인지, 또는 어떤 새로운 서비스가 가능한 것인지 이해하는 것은 절대 쉽지 않은 개념이다. 같은 디지털 파일에서 구분해 유일성을 보장해 주는 것이 왜 가치가 있는 것인지 이해하고 인정하기가 절대 쉽지 않다.

그래서 저자도 블록체인과 관련한 많은 응용 사례 중에 NFT의 사례가 매우 흥미롭다. 이해가 안 되면 당분간 실제 사용 사례가 나올 때까지 그냥 인정해야 할지도 모르겠다. 여러 NFT 사례가 있지만 그래도 기업에서 활용되고 블록체인 그룹이 아닌 일반인이 이해하기 쉬운 사례는 단연 스타벅스 사례라고 할 수 있다. 다른 사례는 아직도 약간 블록체인 전문가 그들만의 리그라는 느낌을 벗기 쉽지 않다. 스타벅스는 그 브랜드에 대한 찐 고객층의 충성도가 매우 큰 회사라고 할 수 있다. 이런 기업의 경우 고객층을 더 넓고 깊게 하는 것에 NFT 활용한 커뮤니티 전략의 실행이 매우 유효하게 작동하는 것으로 보인다.

일단 NFT는 커뮤니티를 유지하는 수단이라고 보는 것이 가장 현실적인 것 같다. 커뮤니티를 통한 비즈니스 확대에 NFT는 매우 주효하게 적용되는 것으로 판단된다. 디지털 그림과 같은 커뮤니티 외 NFT는 아직 불확실성이 있고 여전히 블록체인 그들만의 리그라고 생각된다. 실제 고가로 거래되는 NFT는 그들끼리의 거래가 많다. 기업 활용의 사례인 스타벅스는 고객 리워드 프로그램을 NFT로 확대하고 있다. 기존 별점 리워드 프로그램을, NFT를 활용한 찐 고객층 커뮤니티로 진화시키는 것에 성공적인 것으로 판단된다. 아직은 기존 보상 프로그램으로 가능한데 군이 NFT를 적용했을까 하는 의문이 있기는 하지만, 아마도 블록체인 기반 NFT 적용의 핵심인 코인 발행, 거버넌스 토큰 발행, 코인의 2차 거래 및 ICO까지 계획에 있을 것으로 조심스럽게 예상해 본다. NFT 포함해서 모든 블록체인 기반 토큰 이코노미는 큰 그림에서는 기존 프로그램과 무슨 차이가 있는지 알기 쉽지 않지만 세부적으로 들어가면 기존 중앙집중 금융 프로그램의 단점을 해소하고 창의적 거래가 가능하며 그 대상을 폭넓게 확대하는 특징들이 탈중앙금융에 있다. 이를 이해하면 다른 세상이 보인다. 가까이 가야 보인다.

기업의 NFT를 통한 Community 전략 실행은 NFT로 찐 회원 멤버십을 관리하고 발행 코인을 거래할 수 있고 코인 소유자가 커뮤니티 정책 결정에 참여하며 그 코인의 가치가 올라가는 네트워크효과를 기대하고 있다고 생각되며 그 로드맵으로 가는 첫 단계를 아주 잘 진행하고 있다고 판단된다. 브랜드가 중요하고 그 브랜드에 대한 충성 고객이 비즈니스 확대에 영향이 큰 산업이나 기업에서는 꼭 한번 NFT를 통한 커뮤니티 활성화를 고려해야 하는 시점으로 판단된다. 그리고 지금은 조금 주춤해진 메타버스의 활성화도 시간문제이지 꼭 올 미래의 차원이 다른 새로운 공간이다. 디지털 자산의 유일성을 보장하는 NFT는 이 미래 공간에서 중요한 역할을 할 것이기에 미래 사업모델이 뭔가 새로운 서비스 모델을 만들어 낼 것이다. 메타버스 미래 공간에서 NFT를 기반으로 한 토큰 이코노미를 실현하는 비즈니스모델에 대한 고민이 각 기업에 필요한 시점이다.

실물자산의 블록체인 토큰화, 가까운 미래 탈중앙화 기반 토큰 이코노미의 중심

NFT 이후의 흐름은 단연 STO(Security token offering)이다. NFT가

주로 디지털 파일을 자산화하는 토큰이었다면 STO는 실물자산을 토큰화하는 사업모델이다. 기업의 가치에 주식으로 투자하듯이 부동산, 채권, 그림, 지식재산권 등등 실물자산의 투자에 대한 장벽을 최소화하기 위해 만들어졌다. 예를 들어서 부동산에 대한 투자는 금액이 커서 개인이 투자하기에 어려움이 있다. 리츠나 ETF 등 금융상품이 있지만 이도 매우 제한된 물건에 대해서만 제한적 투자가 가능하고 2~3차 거래 또는 국제간 거래에서 제약이 많다. 블록체인 기반 STO는 가치가 있는 거의 모든 실물자산을 토큰화해 이를 개인이 손쉽게 투자하고 거래할 수 있게 하는 시도이며, 이 거래는 중앙 통제자가 없거나 그 역할을 최소화해 블록체인 네트워크를 기반으로 운용되는 개념이다. 2024년 현재 STO 이름만으로도 투자 금액이 몰린다. 그만큼 다양한 실물자산에 대한 투자 요구가 시장에 있다는 의미이고 기존 중앙 금융이 아닌 탈중앙금융의 창의적인 거래 유형을 시장이 요구하고 있다. 하지만 규제와 아주 밀접한 영역이어서 실현이 언제쯤 될지 알 수 없다. 누가 끈기를 갖고 버티면서 혁신을 만들어 낼지 어떤 새로운 기업이 조만간 탄생할지 흥미롭다. 이런 영역이 글로벌 금융에서 우리 기업이 시장 체인저가 될 수 있는 영역이다. 가상화폐거래소가 국내 블록체인 시장에서도 주요한 기업이지만 글로벌로 보면 최고는 아니다. STO 비즈니스모델에서는 최고 기업이 나올 수 있다.

비트코인의 탄생과 함께 다양한 새로운 주제 단어가 있었지만, 저자는 비트코인 이래 가장 사회적, 경제적으로 영향이 있을 주제가 STO라고 생각된다. 일단 기존 경제 주체들이 쉽게 이해할 수 있는 영역이다. 실물자산에 대한 토큰화이기에 그 실현이 매우 빠르게 진행될 수 있다고 생각된다. 하지만 그래서인지 넘어야 할 큰 장벽이 있다. 비트코인의 출현은 중앙 중심의 금융에 큰 위협이 되지는 못했다. 지금도 비트코인은 디지털 골드라고 불리며 중앙 금융을 위협하기보다는 금의 대체 저장 가치 정도로 인식되고 있다. 오히려 최근 비트코인 ETF 출시는 기존 금융 기관에 의미 있는 미래 투자자산의 출현으로 중앙 체제하에서 긍정적이다. 스테이블코인과 리브라의 출현은 디지털화폐로의 가능성 때문에 중앙 금융부터 큰 저항을 받았고 블록체인 중심의 탈중앙화 금융은 De-Fi라는 특정 계층의 그들만의 리그가 되었다. NFT의 등장도 중앙 금융을 위협하지는 못했다. 현존하지 않았던 디지털 파일의 가치를 중심으로 한 NFT 역시 그들만의 리그에 가까웠다. STO도 기존 중앙 금융의 한 부분이 될 수도 있다. 그 방향은 아직 불투명하다.

STO는 실물자산에 대한 거래여서 그 파급 영향이 매우 크다. 그들만의 리그가 아니고 일반 사람들 대부분이 관여하게 된다. 기존 주식이나 금융상품 거래보다 더 큰 규모가 될 수 있다. 현존하는 실물 가치에 대한 토큰화이기 때문에 이는 중앙화 금융에 큰 위협이 될 수 있다. 따라서 기존 중앙 금융은 이를 중앙 금융화하려는 시도가 있을 것이다. 향후 두 가지 흐름에 대한 주의 깊은 관찰이 필요하다. 저자의 생각에는 블록체인 기반 STO가 발행되고 이는 증권이라고 판정해 중앙 통제 기반의 거래소에서 거래가 이루어질 것이다. 이는 블록체인 기반 탈중앙화 금융이라고 할 수 없고 기존 금융의 대상 자산을 확대한 것 정도로 볼 수 있다. 비록 블록체인 기반으로 토큰화한 증권이므로 기존 증권거래 또는 리츠보다 거래의 편리성이 좋아질 것을 기대해 볼 수 있지만, 기존 자산의 증권화 대상 상품이 일부 다양화되는 것 이상의 기대효과가 있을지는 좀 미지수라고 할 수 있다. CBDC와 같은 예이다. 스테이블코인들의 출현으로 정부가 발행하는 블록체인 기반 가상화폐인 CBDC가 출현했는데 크게 달라진 것이 무엇인지 큰 혁신이 기대되지 않는 것처럼. **STO도 그 본질이 중앙체계의 저항으로 무엇이 달라지는 것인지 구분하기 어렵게 될 수도 있지만 시간이 걸리더라도 분명 탈중앙금융이 공존하는 시대는 올 것이고 이것이 탈중앙화 산업혁명이다.**

그래서 저자는 당장 실현되지 않더라도 반드시 올 다음과 같은 산업의 등장을 기대해 보며 그 이미지를 상상해 설명해 본다. 아주 작은 실물자산에 대해, 즉 증권성을 심사 받고 증권이 아니라는 판정을 받을 필요가 없는 일부 자산들에 대해 최소한의 투자자 보호 조건을 걸고 탈중앙화된 블록체인 기반 토큰으로 발행될 것이다. 이 토큰은 거래 플랫폼에 올라가고 이 자산에 관심이 있는 구매자들은 해당 토큰을 거래 플랫폼에서 토큰으로 구매할 수 있게 된다. 해당 자산의 가치와 자산으로부터 발생하는 모든 거래는 프로그램 토큰으로 스마트 계약으로 미리 약속한 규칙으로 자동으로 거래된다. 실물자산 소유자는 해당 자산을 토큰화할 수 있고 그 자산의 소유권을 토큰화해서 판매하며 해당 자산으로부터 발생하는 가치 상승이나 수익을 토큰 보유자들과 나누게 된다. 이 토큰은 2, 3차 거래를 할 수 있다. 중앙 금융상품이 아니기 때문에 적용되는 규제가 금융체계와 다르다. 실물자산을 거래하고 싶은 사람들의 직접 거래를 가능하게 한다. 거래 가치도 수요와 공급의 원칙에 따라 플랫폼에서 결정되며 수요와 공급의 변화에 그 가치가 동적으로 변동된다. 블록체인 기술의 특성으로 지정학적 영향을 적게 받는다. 금융 실물자산에 대한 증권성 토큰과 물건, 상품에 해당하는 비 증권성 토큰이 공존하게 되는 하이브리드 STO 시장이 역시 공존하게 될 것으로 예상해 본다. 의미 있는 혁신은 후자 즉 비 증권성 토큰 영역에서 만들어질 것이다. 최소한의 역할을 하는 STO 플랫폼에서 누구나 자신의 실물자산을 코인으로 발행하고 이 가치를 인정하는 참여자들과 연결해 주는 거래가 가능해지길 기대해 본다. 이 경우 금융회사가 아니어도 비즈니스가 가능하기에 모든 기업은 비 증권성 STO 토큰을 자신의 기업 비즈니스모델에 접목해서 새로운 비즈니스모델을 빠르게 창출할 수 있다. 활성화되면 이러한 비즈니스를 제공하는 기술 플랫폼도 의미 있는 사업이 될 것이다. 세계적인 기업 아마존웹서비스의 시작은 아마존 몰에서 사용하는 유휴 서버를 다른 기업에 빌려주는 것에서 시작했고 지금은 아마존웹서비스의 이익이 아마존 몰보다 더 크다. STO가 활성화되면 STO 그 자체 비즈니스는 물론이고 STO 비즈니스를 가능하게 하는 블록체인 클라우드 플랫폼 비즈니스가 더 커질 수 있다.

초반에는 전체 거래 규모는 크지만, 단일 단위 거래는 소규모인 경우가 대부분이라고 생각되어서 금융거래 규제를 최소화할 수 있다. 거래 플랫폼이 거래 품질을 유지해 주어야 한다. 이 산업의 미래 가능성과 규모는 큰 영향이 있을 것이며 새로운 가치를 창의적으로 만들어 내는 동력이 분명 될 것이다. 규제와 연관성이 매우 크고 그 영향이 절대적이어서 예측이 어렵지만 블록체인으로 혁신을 만들어 낼 수 있는 가정 빠르고 유망한 분야라고 확신한다.

진정한 탈중앙화, 분산 거버넌스 체계로 완성

　그다음 흐름은 Web 3이다. 인터넷이라는 인프라 위에서 만들어지는 사업모델은 Web 1에서 시작해 현재 Web 3까지 왔다. 2000년 초 인터넷 혁신으로 만들어진 산업의 큰 변화는 Web 2에 해당한다. 인터넷 혁신을 통해 많은 거대 인터넷 기반 플랫폼 기업들이 탄생했다. 제조 중심의 기계화, 자동화 생산 2차 산업혁명이 인터넷 중심의 플랫폼 중심 정보화 산업혁명으로 진화한 것이다. 이를 우리는 3차 산업혁명이라고 한다. 산업 전반에 영향과 변화는 산업혁명이라고 말할 수 있을 정도로 산업계에 큰 영향을 주었다. 기업들의 순위에 큰 변화를 주었으며 우리 실생활에 영향을 주었다.

　그다음이 4차 산업혁명이고 그 중심에 AI를 중심으로 한 지능화 혁신과 블록체인을 중심으로 한 탈중앙화 Web 3 혁신이다. 즉 산업 전반의 지형을 크게 변화시키고 우리 실생활에 큰 영향을 주는 수준의 4차 산업혁명은 인공지능에 의한 지능화 혁신과 블록체인에 의한 탈중앙화 혁신이라고 할 수 있다. 여기서 탈중앙화 혁신에 Web 3가 등장한다. 블록체인 기술로 기존 Web 2 기반 거래에서 거래 신뢰성을 부여해 주던 중간자가 없어지고 블록체인 기술이 그 역할을 하게 되는 신뢰 프로토콜은 프로토콜만으로는 탈중앙화 체계가 실현될 수 없다.

　기술을 움직이는 조직의 거버넌스 체계도 탈중앙화되어야 한다. 진정 탈중앙화 혁신이 이루어지는 것의 장애물은 블록체인 기술의 한계보다 거버넌스의 한계이다. 기술은 곧 해결될 것이지만 정말 큰 장애물은 중앙화된 조직의 저항이다. 또한 동시에 중앙화 조직의 저항이 완화된다고 하더라도 탈중앙화 신뢰 프로토콜을 운영하는 조직의 탈중앙화가 반드시 수반되어야 한다. 이를 DAO(Decentralized Autonomous Organization) 라 부른다. 분산 자율조직을 의미한다. 중앙 통제자가 없는 경우에도 그 조직을 움직이기 위해서는 다양한 의사 결정자들의 의사 결정 참여가 이루어져야 한다. 의사 결정을 중앙 통제자가 하는 것이 아니라 그 조직에 참여한 참여자들이 자율적으로 의사 결정해 가는 조직체계를 의미한다. 블록체인의 프로토콜에서 시작한 탈중앙화는 Web 3 거버넌스 혁신으로 완성된다. 기존 중앙화 방식의 의사 결정 체계에 Web 3 거버넌스 의사 결정 체계가 한 기업에서 공존할 수 있다. 저자는 재직 시 이를 실험해 보았다. 의미 있는 결과를 얻을 수 있었다.

탈중앙화 위한 블록체인 기술의 한계, Layer 2 블록체인

기술적인 측면에서 블록체인은 사실 아직 해결해야 하는 문제들이 있다. 거래비용, 확장성, 처리 속도, 상호 운영 측면에서 많은 과제가 있다. 최근 이러한 제한을 해결하기 위한 시도로 Layer 2 블록체인의 등장에 주목해야 한다고 생각한다. 비트코인, 이더리움은 Layer 1 블록체인 네트워크이다. 이러한 Layer 1 블록체인은 이미 많은 곳에서 활용되고 이미 산업의 중요한 축으로 자리 잡아서 현재 운영 중인 네트워크에서 근본적으로 블록체인이 갖고 있는 태생적 과제들을 해결하기 쉽지 않다. 그래서 탄생한 것이 Layer 2 블록체인이다. 기존 블록체인 네트워크상에서 운영되며 기존 블록체인 네트워크가 갖고 있는 과제를 해결해 가고 자신만의 생태계를 만들고 탈중앙화 체계의 완성도를 높이는 블록체인 네트워크이다.

저자가 가장 주목하고 있는 Layer 2 블록체인을 예제로 간단히 소개해 보겠다. **스택스 네트워크**는 스마트 계약을 할 수 없는 비트코인에 스마트 계약을 가능하게 하는 블록체인 네트워크이다. 비트코인의 보유자가 전체 가상화폐 보유자의 절반에 해당하지만, 디지털 골드라고 불리며 가치 저장 단위로만 언급되는 것은 비트코인이 태생적으로 스마트 계약이 불가하기 때문이었다. 스마트 계약이 불가하다는 것은 현실 비즈니스모델에서 탈중앙 응용모델을 만들어 내는 것이 불가하다는 의미이다. 하지만 이 **스택스코인**은 비트코인을 Layer 1으로 하는 Layer 2 블록체인 네트워크로 스마트 계약으로 비트코인이 프로그램 가능 가상화폐가 될 수 있도록 만들며 비트코인의 가치를 높이면서 스스로 블록체인 생태계를 만들어 간다. 특히 미국 SEC로부터 블록체인 기술을 인정받고 출시한 코인으로 그 미래가 매우 기대되는 프로젝트이다. **월드코인**은 오픈AI의 대표인 샘 알트먼이 추진 중인 블록체인 네트워크로 전 세계인의 홍채 정보를 확보해 상호운용성을 기반으로 한 신원 확인과 지갑을 목표로 하는 것으로 보이며 매우 놀라운 시도라고 생각된다. **폴리곤코인**은 기존 이더리움의 단점을 보완하는 블록체인 네트워크로 이미 많은 기업에서 스마트 계약을 기반으로 이더리움과 호환되는 블록체인 네트워크로 NFT 등 다양한 애플리케이션이 운영되고 있다. 만일 기업 주도의 NFT 커뮤니티가 활성화되면 그 가치가 매우 높아질 토큰 이코노미 프로젝트로 예상된다. 그 외에도 **폴카닷코인** 홍미로운 프로젝트이다. 비트코인 이후 각자의 생태계를 만들어 온 블록체인 Layer 1 네트워크는 이제 상호운용성에 대해 심각하게 고민해야 하는 시점에 와 있다. 상호운영 과제가 해결되지 않으면 블록체인 산업은 현재 규모를 돌파하기 어려워 보인다. 이를 해결할 가능성으로 주목하는 코인 프로젝트가 폴카닷코인이다. 서로 다른 블록체인 네트워크 간에 상호운용성을 확보하기 위해서 만들어진 허브 블록체인으로 향후 역할이 기대된다.

앞에서 소개한 Layer 2 블록체인 네트워크 외에도 유망한 시도가 많이 있지만 가장 눈에 들어온 전망과 그 시도가 혁신적인 코인 프로젝트를 소개했다. 이들의 향후 진화를 지켜보는 것만으로도 매우 흥미롭고 우리가 직접 이러한 혁신을 만들어 낼 수는 없는지 고민이 필요한 시점으로 보인다. 모두 탈중앙 세상을 만들기 위한 시도이다. 현재 우리 기업들은 우리 생태계는 다가올 탈중앙 시대를 대비할 기술력도 있고 인재도 있다.

2024년 블록체인 포함 크립토 시장은 비트코인의 ETF 승인이라는 상징에도 불구하고 겨울이 진행 중이다. 테라/루나 사건, FTX 파산, 위믹스 사건 등으로 시장의 신뢰를 잃었다. 신뢰 프로토콜을 기반으로 하는 블록체인 산업이 시장에서 신뢰를 잃어버리는 사건들이 계속 발생했다. 블록체인의 산업 혁명적 변화를 이야기하기보다는 투자자산으로 비트코인 ETF 승인과 반감기 이야기가 거의 전부이다. 블록체인 기술이 신뢰 프로토콜을 기반으로 산업의 탈중앙화 혁신을 만들어 낼 수 있다고 하더라도 탐욕에 가득 찬 사람들이 이를 망칠 수 있다는 것을 다시 확인하면서 블록체인과 크립토 시장이 다시 겨울이 지나가려면 탐욕을 버리고 기술혁신을 통한 산업 생태계의 긍정 영향에 주목해야 할 것이다. 닷컴 버블 이후 닷컴이 새롭고 거대한 혁신기업을 만들어 냈고 시장을 재편했듯이 지금의 크립토 겨울은 진정 혁신적인 크립토 기업을 만들어 낼 것이다. 미래에 대한민국 기업이 그 중심에 서기 위해서 지금 무엇을 추진해야 하는지 깊은 고민이 필요한 시점이다.

2008년 비트코인의 등장부터 2024년 Web 3까지 블록체인 기술의 등장은 사회, 경제 전반에 큰 영향을 주었다. 2024년 지금도 블록체인 기술을 중심으로 한 탈중앙화 금융, 사회로 변화하는 중이다. 변화가 큰 만큼 저항도 크고 장애물도 크다. 마련되어야 하는 사회적, 경제적 약속도 많다. 하지만 이 흐름을 막지는 못할 것이다. 앞으로 세상은 중앙화된 Web 2 플랫폼 기업과 탈중앙화된 Web 3 DAO 기업이 공존하는 하이브리드형태가 매우 유력해 보인다. 그 형태는 중앙화된 Web 2 기업이 일부 Web 3 기능을 채택하는 진화도 있고 Native Web 3 DAO 기업이 중앙화된 Web 2 체계를 채택해 융합 구성하는 진화도 있을 수 있다. 두 가지 형태가 모두 발생할 것이지만 분명한 것은 블록체인 기반 탈중앙화 사회와 경제는 이미 시작되었고 갈수록 그 중요도가 확대될 것이다. 모든 개인과 기업은 이에 대비해야 한다.

디지털 전환을 통해 국내기업이 글로벌 시장에서 중요한 플레이어가 되기 위해서는 블록체인 기술을 통한 산업의 혁신에 전통 거대기업이 지금보다 더 적극적으로 생태계에 참여해야 한다. 블록체인 기술은 탈중앙화라는, 그동안 경험해 보지 못한 산업을 만들어 갈 것이다. 하지만 지금 우리 전통기업들의 블록체인 적용은 너무 낮은 성숙도를 보인다. 블록체인이 가져올 사회, 경제 전반의 혁신에 대해 책임 있는 의사 결정자 레벨에서 통찰력이 절실히 필요하다. 기술의 불확실성을 이야기하고 있는 지금이 가장 적기인 것 같다.

블록체인 산업에서 대한민국은 주류

4차 산업혁명이 본격화될 때 아마 2030년쯤으로 예상하는 시기에 우리나라와 우리 기업은 어떤 분야에서 어떤 포지션을 확보하고 있을까? 탈중앙화라는 변화의 흐름에서 우리는 무슨 준비를 하고 실험해 보고 현장에 적용해 볼 것인가? 블록체인 중심의 탈중앙화는 우리가 지향해야 하는 핵심 산업이다. 우리는 이 산업에서 중요한 역할을 할 수 있는 좋은 조건을 갖추고 있다. 현재 우리나라 통화인 원화는 글로벌 블록체인 토큰 이코노미에서 거래 규모로 주요 거래 통화급이다. 최근 비트코인 거래 결제 통화에서 한국의 원화가 1등을 한 적도 있다. 반도체 이후 글로벌 시장에서 이 정도 위치에 있는 기술은 없었다.

물론 블록체인 생태계에서 아직 일부이기는 하지만 우리나라의 생태계가 4차 산업을 대표하는 기술 중에서 반도체를 제외하고 이 정도 위상인 것은 없다. 미국을 중심으로 한 초강대국들이 중심인 기존 중앙화 경제에서 탈중앙화로의 전환이 가속화되면 관련 기술력이 있는 우리나라가 그 성장을 주도할 수 있는 의미 있는 분야이다. 제2의 인터넷이라고 불리며 탈중앙화로 글로벌 산업/경제 체계를 크게 혁신할 블록체인 중심의 토큰 이코노미에 우리 기업들은 더 집중해서 그 기반을 만들어 가야 한다. 당장 블록체인 토큰 이코노미 전담팀을 CEO 직속으로 만들어야 한다. 블록체인 기반의 Use Case를 발굴하면서 그 역량을 축적해 가야 한다. 지금까지는 블록체인 사업이 블록체인 전문가 그들만의 리그였다면 전통산업 기업들의 비즈니스모델의 축이 블록체인 사업 쪽으로 이동해서 블록체인 관련 산업이 국가 중심 산업이 되도록 해야 하는

시점이다. 스타트업 중심으로 만들어진 성장의 기회에 더 큰 규모의 자본이 투자되어야 하는 시점이다. 탈중앙화 체계를 추구하는 블록체인은 분명 우리나라와 우리 기업에 새로운 기회이고 지금까지 기본 역량을 잘 갖추어 왔기 때문에 이 기회에 역량을 집중해서 새로운 성장 동력이 되도록 육성되길 바라는 마음이다. 참고로 저자는 블록체인의 실생활 적용 마음을 담아서 2024년 설날 자녀들에게 세뱃돈으로 비트코인을 P2P로 전달했다!

Digital
Doctor

ⓒ 이기열, 2024

초판 1쇄 발행 2024년 3월 27일

지은이   이기열
펴낸이   이기봉
편집   좋은땅 편집팀
펴낸곳   도서출판 좋은땅
주소   서울특별시 마포구 양화로12길 26 지월드빌딩 (서교동 395-7)
전화   02)374-8616~7
팩스   02)374-8614
이메일   gworldbook@naver.com
홈페이지   www.g-world.co.kr

ISBN   979-11-388-2883-3 (03320)